# Planificación de proyectos de implantación de infraestructuras de redes telemáticas

Jorge Mora García

ic editorial

**Planificación de proyectos de implantación de infraestructuras de redes telemáticas**



1ª Edición



Editado por: IC Editorial
c/ Cueva de Viera, 2, Local 3
Centro Negocios CADI
29200 Antequera (Málaga)
Teléfono: 952 70 60 04
Fax: 952 84 55 03
Correo electrónico: iceditorial@iceditorial.com
Internet: www.iceditorial.com



ISBN: 978-84-1184-515-1
Depósito Legal: MA 2984-2024

Impresión: PODiPrint
Impreso en Andalucía – España

Nota de la editorial: IC Editorial pertenece a Innovación y Cualificación S. L.

## Presentación del manual

El **Certificado de Profesionalidad** es el instrumento de acreditación, en el ámbito de la Administración laboral, de las cualificaciones profesionales del Catálogo Nacional de Cualificaciones Profesionales adquiridas a través de procesos formativos o del proceso de reconocimiento de la experiencia laboral y de vías no formales de formación.

El elemento mínimo acreditable es la **Unidad de Competencia.** La suma de las acreditaciones de las unidades de competencia conforma la acreditación de la competencia general.

Una **Unidad de Competencia** se define como una agrupación de tareas productivas específica que realiza el profesional. Las diferentes unidades de competencia de un certificado de profesionalidad conforman la **Competencia General,** definiendo el conjunto de conocimientos y capacidades que permiten el ejercicio de una actividad profesional determinada.

Cada **Unidad de Competencia** lleva asociado un **Módulo Formativo,** donde se describe la formación necesaria para adquirir esa **Unidad de Competencia,** pudiendo dividirse en **Unidades Formativas.**

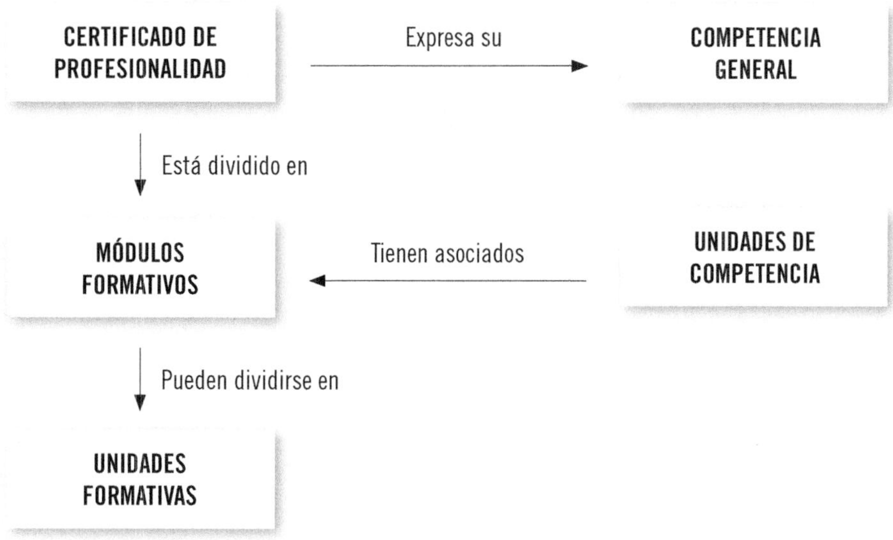

El presente manual desarrolla la Unidad Formativa **UF1877: Planificación de proyectos de implantación de infraestructuras de redes telemáticas,**

perteneciente al Módulo Formativo **MF0229_3: Gestión de la implantación de redes telemáticas,**

asociado a la unidad de competencia **UC0229_3: Coordinar la implantación de la infraestructura de red telemática,**

del Certificado de Profesionalidad **Administración y diseño de redes departamentales.**

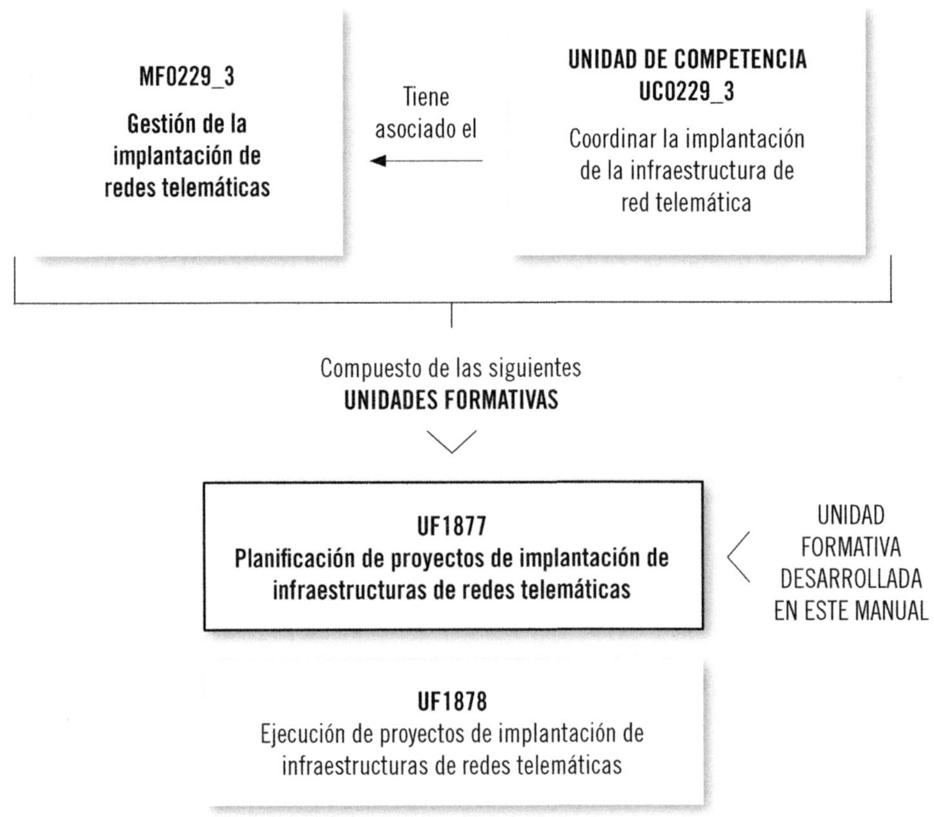

## FICHA DE CERTIFICADO DE PROFESIONALIDAD

**(IFCT0410) ADMINISTRACIÓN Y DISEÑO DE REDES DEPARTAMENTALES** (R. D. 1531/2011, de 31 de octubre modificado por el R. D. 628/2013, de 2 de agosto)

**COMPETENCIA GENERAL:** Diseñar la arquitectura de comunicaciones de un entorno de complejidad media o baja, supervisar su implantación siguiendo el proyecto y administrar el sistema resultante, proporcionando la asistencia técnica necesaria.

| Cualificación profesional de referencia | Unidades de competencia | | Ocupaciones o puestos de trabajo relacionados: |
|---|---|---|---|
| IFC081_3 ADMINISTRACIÓN Y DISEÑO DE REDES DEPARTAMENTALES<br>(R. D. 295/2004, de 20 de febrero) | UC0228_3 | Diseñar la infraestructura de red telemática | • 2723.1014 Diseñador de red<br>• 2721.1018 Administrador de sistemas de redes<br>• Administrador de sistemas telemáticos<br>• Administrador de redes y comunicaciones<br>• Técnico de redes locales y telemática<br>• Supervisor de instalación de redes<br>• Técnico en diseño de redes telemáticas |
| | UC0229_3 | Coordinar la implantación de la infraestructura de red telemática | |
| | UC0230_3 | Administrar la infraestructura de red telemática | |

### Correspondencia con el Catálogo Modular de Formación Profesional

| Módulos certificado | Unidades formativas | Horas |
|---|---|---|
| MF0228_3: Diseño de redes telemáticas | UF1869: Análisis del mercado de productos de comunicaciones | 90 |
| | UF1870: Desarrollo del proyecto de la red telemática | 80 |
| | UF1871: Elaboración de la documentación técnica | 30 |
| **MF0229_3: Gestión de la implantación de redes telemáticas** | UF1877: Planificación de proyectos de implantación de infraestructuras de redes telemáticas | 50 |
| | UF1878: Ejecución de proyectos de implantación de infraestructuras de redes telemáticas | 70 |
| MF0230_3: Administración de redes telemáticas | UF1879: Equipos de interconexión y servicios de red | 70 |
| | UF1880: Gestión de redes telemáticas | 90 |
| | UF1881: Resolución de incidencias en redes telemáticas | 50 |
| MP0396: Módulo de prácticas profesionales no laborales | | 80 |

# Índice

Capítulo 1
**Conceptos básicos y aspectos organizativos del desarrollo de proyectos**

1. Introducción 9
2. Definición y caracterización de un proyecto 9
3. Identificación y descripción de los conceptos implicados (cliente, objetivos, alcance, tiempo, calidad, coste, riesgo, equipo, jefe de proyecto, usuarios, etc.) 11
4. Descripción breve de las tareas y los objetivos de las distintas fases del ciclo de vida de un proyecto 13
5. Identificación de los factores críticos de éxito 19
6. Descripción y comparación de distintos modelos de organización empresarial 20
7. Organización de los recursos humanos en grupos de proyectos 26
8. Explicación de la figura del jefe de proyecto 27
9. Descripción y comparación de distintos modelos de liderazgo ejercidos por el jefe de proyecto 28
10. Identificación y descripción de las características de un equipo de proyecto de alto rendimiento 30
11. Resumen 31

Ejercicios de repaso y autoevaluación 33

Capítulo 2
**Herramientas informáticas y gestión de la documentación en el desarrollo de proyectos**

1. Introducción 39
2. Procesadores de texto, hojas de cálculo y editores de presentaciones 39
3. Identificación de utilidades de código abierto y comerciales de diagramación 43
4. Identificación de herramientas informáticas de código abierto y comerciales para la gestión de proyectos 47
5. Técnicas de elaboración de documentación técnica 53
6. Elaboración de informes y manuales operativos 62
7. Recomendaciones generales sobre identificación, organización de archivos y gestión de sus versiones 84

8. Resumen 91
Ejercicios de repaso y autoevaluación 93

Capítulo 3
**Documentación del proyecto de implantación de la infraestructura de red telemática**

1. Introducción 101
2. Explicación de la finalidad de la documentación que compone un proyecto 101
3. Identificación de los documentos comunes a todo proyecto 103
4. Referencia a la Norma UNE 157001: criterios generales para la elaboración de proyectos 105
5. Memoria 112
6. Planos 122
7. Pliego de condiciones 129
8. Presupuesto 133
9. Desarrollo de un supuesto práctico 139
10. Resumen 171
Ejercicios de repaso y autoevaluación 173

Capítulo 4
**Definición del alcance: identificación de fases y tareas de un proyecto de implantación de infraestructura de red telemática**

1. Introducción 181
2. Definición de los objetivos del proyecto 181
3. Alcance 182
4. Plazo 185
5. Calidad 191
6. Coste 201
7. Descripción de distintos métodos para obtener información sobre el trabajo 211
8. Técnicas de definición del alcance: estructura de descomposición del trabajo (EDT) 225
9. Ejemplificación de distintos tipos de documentos que recojan el alcance de un proyecto de implantación de infraestructura de red telemática 252
10. Resumen 259
Ejercicios de repaso y autoevaluación 261

Capítulo 5
**Técnicas de planificación y gestión de proyectos**

1. Introducción 269
2. Análisis del diagrama de Gantt 269
3. Análisis del método de la ruta crítica (CPM) y de la técnica de revisión y evaluación de programas (PERT) 273

4. Planificación de un proyecto de implantación de infraestructura de red telemática 297
5. Descomposición en tareas 300
6. Secuenciación de tareas 322
7. Estimación de duraciones 331
8. Estimación y asignación de recursos 337
9. Estimación de costes 347
10. Programación 358
11. Desarrollo de un supuesto práctico convenientemente caracterizado mediante la documentación técnica que establezca las especificaciones necesarias en el que se... 369
12. Desarrollo de un supuesto práctico de implantación de una red convenientemente caracterizado mediante documentación técnica que incluya, al menos, los planos y esquemas de la misma, las fechas de inicio y finalización, los procesos utilizados, los recursos humanos y medios de producción disponibles, así como el calendario laboral, la planificación del suministro de productos y equipos, en el que se... 388
13. Resumen 402
Ejercicios de repaso y autoevaluación 405

Bibliografía 409

Capítulo 1

# Conceptos básicos y aspectos organizativos del desarrollo de proyectos

# Contenido

1. Introducción
2. Definición y caracterización de un proyecto
3. Identificación y descripción de los conceptos implicados (cliente, objetivos, alcance, tiempo, calidad, coste, riesgo, equipo, jefe de proyecto, usuarios, etc.)
4. Descripción breve de las tareas y los objetivos de las distintas fases del ciclo de vida de un proyecto
5. Identificación de los factores críticos de éxito
6. Descripción y comparación de distintos modelos de organización empresarial
7. Organización de los recursos humanos en grupos de proyectos
8. Explicación de la figura del jefe de proyecto
9. Descripción y comparación de distintos modelos de liderazgo ejercidos por el jefe de proyecto
10. Identificación y descripción de las características de un equipo de proyecto de alto rendimiento
11. Resumen

## 1. Introducción

Diariamente, cualquier persona realiza una serie de actividades de mayor o menor envergadura con el objetivo de obtener un resultado deseado. Para obtener este resultado se lleva a cabo una planificación que determina el camino que se debe seguir marcando un plazo de tiempo y teniendo en cuenta los recursos disponibles para ello.

Para realizar una correcta planificación de un proyecto existen diversos factores que se deben tener en cuenta dependiendo de los objetivos y las características específicas del mismo. Es fundamental llevar a cabo un plan de desarrollo para el cumplimiento de tareas y objetivos durante la ejecución del proyecto. Este desarrollo implica el análisis detallado de los recursos disponibles, el tiempo de ejecución, la definición de objetivos, la planificación y la ejecución, entre otros aspectos, completando así todas las fases del ciclo de vida de un proyecto.

## 2. Definición y caracterización de un proyecto

Un proyecto se define como una secuencia de actividades con mayor o menor complejidad conectadas y relacionadas entre sí con un objetivo concreto, con un plazo de tiempo definido y un determinado presupuesto para su realización para obtener como resultado un producto, un proceso o un servicio.

Todo proyecto se caracteriza por tener un inicio y un fin, un objetivo concreto y una serie de recursos de tipo humano, material y económico. El ciclo de vida del proyecto determina las actividades, los procesos y las fases de gestión que se deben realizar para llevarlo a cabo.

Sabía que...

Más de 16 millones de personas están involucradas en proyectos y se gasta 10 trillones de dólares en proyectos en todo el mundo.

En la organización de cualquier proyecto deben contemplarse los siguientes aspectos:

- Objetivos y especificaciones del proyecto.
- Estudio de viabilidad, financiación y análisis de riesgos.
- Recursos humanos, equipos y materiales disponibles.
- Gestión y planificación de tiempo, costes y recursos.
- Ciclo de vida.
- Cumplimiento de las normativas de calidad y documentación.

La planificación permite definir el contenido, la organización, los recursos, las acciones, las actividades y los requisitos necesarios para el comienzo del proyecto. Es necesario descomponer cada fase del proyecto en sus diferentes actividades, determinar y establecer un orden en la ejecución de dichas actividades.

**Aspectos incluidos en la planificación de un proyecto**

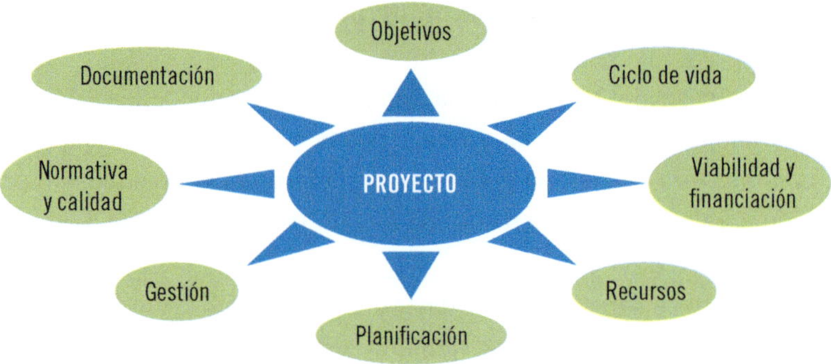

## Actividades

1. ¿Se puede planificar un proyecto estableciendo únicamente su objetivo, su inicio y su final? Justifique la respuesta.
2. Si un cliente exige mayor calidad en el producto final, ¿qué factores principales del proyecto se ven afectos? ¿Aumentaría o disminuiría el valor de estos factores? Justifique la respuesta.

## 3. Identificación y descripción de los conceptos implicados (cliente, objetivos, alcance, tiempo, calidad, coste, riesgo, equipo, jefe de proyecto, usuarios, etc.)

Para realizar una correcta organización de un proyecto se deben elaborar unas actividades de gestión basadas en diversos factores teniendo en cuenta su influencia dentro del diseño del proyecto:

- **Cliente:** es necesario cuantificar todas las necesidades y las especificaciones requeridas por el cliente ya que serán la base de la planificación. A partir de los requisitos necesarios se pueden calcular los diferentes aspectos incluidos en la gestión y la planificación como tiempo, recursos y presupuesto.
- **Objetivos:** todo proyecto parte desde la definición de un objetivo final concreto para el cual se diseña. Todas las fases y la elaboración de un proyecto están enfocadas a conseguir un resultado concreto que determina el cumplimiento exitoso del objetivo marcado en la planificación. Los datos de los últimos años indican que solamente el 16,2 % de los proyectos fue exitoso y que el 31 % fue cancelado antes de su terminación, costando billones de dólares.
- **Alcance:** se pueden diferenciar dos tipos de alcance, el alcance del proyecto y el alcance del producto. En el alcance del proyecto se debe analizar la combinación de todas las tareas y el trabajo para llevarlo a cabo. En el alcance del producto se deben identificar las limitaciones con respecto al producto y comprobar si el resultado cumple con las características y las funciones requeridas.
- **Tiempo:** en la planificación se define una fecha de inicio y final para el proyecto, siendo este plazo de tiempo considerado el tiempo total del proyecto. En este tiempo se definen la secuenciación de las actividades y la estimación de plazos para cada actividad.
- **Calidad:** es necesario que el proyecto asegure la satisfacción sobre los requisitos y las necesidades establecidas. Es imprescindible elaborar una planificación y un control de la calidad tanto del proceso como del producto mediante actividades de seguimiento.
- **Coste:** partiendo de un presupuesto establecido y definido, es muy importante llevar a cabo un proceso de gestión del coste que asegure la

realización del proyecto con el presupuesto aprobado y por tanto hacer una planificación de recursos, estimaciones y control del coste.

- **Recursos:** un recurso se define como la fuente de la cual se extrae un beneficio y pueden ser de tipo humano, económico, temporal, material, equipos, instrumentos o instalaciones.
- **Riesgo:** en cualquier proyecto existe multitud de riesgos que posteriormente, si se materializan, se convierten en problemas que provocan situaciones adversas, por ello es necesario realizar actividades para la gestión de riesgos.
- **Seguimiento:** cada determinado tiempo se debe realizar una comprobación periódica sobre el cumplimiento de las previsiones de la planificación, la funcionalidad y la productividad.

  Para realizar un buen seguimiento del proyecto se deben aplicar técnicas como la elaboración de documentación, reuniones con el equipo e individuales, revisiones de productos y utilización de alguna herramienta *software* de planificación y gestión.
- **Revisiones:** se aplican determinadas revisiones en varios momentos durante el desarrollo del proceso. Estas revisiones abarcan los diferentes aspectos y fases del proyecto como la planificación, la documentación producida, los procedimientos o las partes específicas del producto que pueden considerarse críticas.
- **Equipo:** la organización del equipo de proyecto es un pilar básico en la planificación y tiene como objetivo diseñar la estructura de equipo. El jefe de proyecto debe asignar a cada integrante del grupo su función dentro del equipo dependiendo de sus habilidades, conocimientos, características y perfil.
- **Jefe de proyecto:** el jefe de proyecto es el encargado de asignar los recursos, gestionar las prioridades, la planificación, la gestión de riesgos y de mantener al equipo de proyecto enfocado en los objetivos propuestos.
- **Usuarios:** dependiendo de la orientación del proyecto, se deben tener en cuenta las condiciones de éxito enfocadas en los usuarios finales. Se debe interactuar con los usuarios para conocer las necesidades y analizar el tipo o grupo de usuarios directos para el cual la planificación y el proyecto estarán orientados.

Conceptos en la planificación de un proyecto

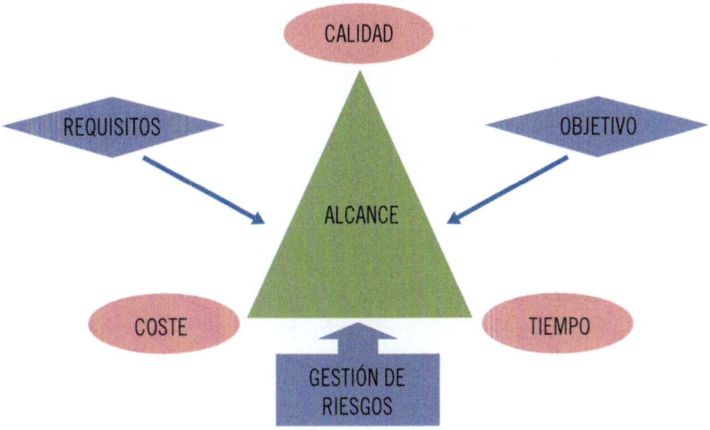

## 4. Descripción breve de las tareas y los objetivos de las distintas fases del ciclo de vida de un proyecto

El ciclo de vida de un proyecto se define como la duración del proceso y la secuencia de actividades necesarias que intervienen en el mismo para alcanzar el objetivo final. Este ciclo abarca desde un estudio inicial de viabilidad, especificación de requisitos del producto, planificación, desarrollo, fabricación y pruebas hasta finalmente su uso operacional. El ciclo de vida de un proyecto está compuesto por las fases de aprobación, definición, planificación, ejecución y cierre.

### 4.1. Aprobación

Inicialmente se realiza una fase preparatoria donde intervienen todos los miembros participantes en el proyecto con la intención de lograr el entendimiento del proyecto y estudiar todos sus aspectos. El objetivo de esta fase es identificar el problema o la necesidad para posteriormente trasladarlo como proyecto identificando igualmente su solución y respuesta.

Se realiza un estudio de viabilidad técnica y operativa además de un análisis económico, análisis de mercado y legal del proyecto. El resultado del estudio en esta fase de aprobación se refleja mediante documentos de tipo presupuestario. Una vez analizada esta propuesta de proyecto, en el caso de ser aprobada por la compañía, se iniciarán las siguientes fases de desarrollo sobre el proyecto.

## 4.2. Definición

La fase de definición comienza a partir de la identificación de una idea que se convertirá en un nuevo proyecto. El principal trabajo en esta fase es establecer los objetivos del proyecto dependiendo de las necesidades y los requisitos del cliente o mercado. Es una fase de gran importancia para alcanzar el éxito en el proyecto ya que unos objetivos mal planteados darán lugar al fracaso a pesar de una correcta gestión.

## 4.3. Planificación

El objetivo de esta fase es planificar todo el trabajo que se debe realizar en el desarrollo del proyecto y enumerar todas las tareas necesarias para poder completarlo en función del tiempo y los recursos disponibles. La planificación incluye las siguientes actividades:

- Estimación de costes, plazos y cronogramas de tiempo.
- Razones que justifican el proyecto y su inversión.
- Elaborar una estrategia, gestionar riesgos y organizar el equipo de trabajo.

## 4.4. Ejecución

La fase de ejecución del proyecto consiste en reunir todos los recursos disponibles y utilizarlos para realizar todas las tareas anteriormente planificadas cumpliendo los requisitos de tiempo, coste y resultado, además de realizar los informes oportunos sobre el estado del proyecto.

Esta fase de ejecución es considerada la más larga y complicada del ciclo de vida de cualquier proyecto y puede estar llena de problemas provocados por una mala gestión de recursos.

Nota

Durante la fase de ejecución se debe realizar un control y una supervisión sobre el plan establecido con el objetivo de identificar los cambios y los riesgos durante la ejecución del proyecto, generando además la documentación necesaria para su aceptación.

## 4.5. Cierre

Una vez que el cliente aprueba la entrega, el trabajo del equipo de proyecto será realizar un informe y una evaluación posteriores al cierre que serán presentados a los directivos de la empresa en base al éxito global del proyecto.

**Gráfica representativa del ciclo de vida de un proyecto**

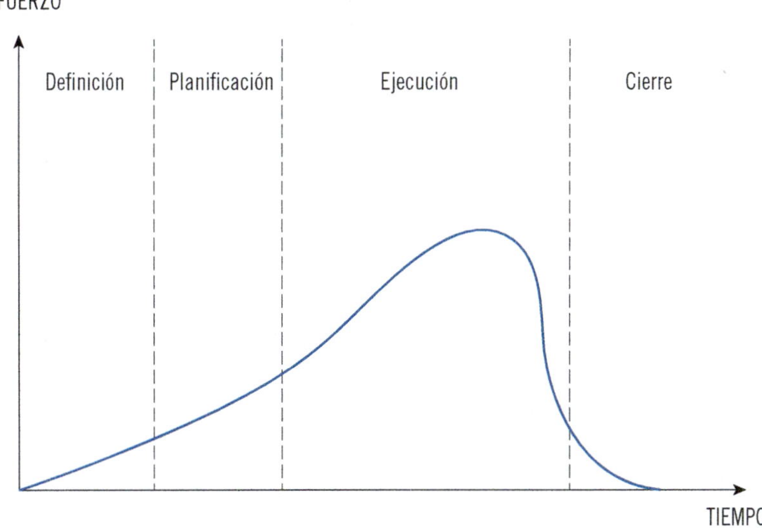

## Actividades

3. ¿Es conveniente comenzar la planificación del proyecto sin antes reunirse con el cliente? ¿Qué información se necesita del cliente?
4. ¿Cuál es la fase más duradera del ciclo de vida de un proyecto? ¿Por qué cree que es la más duradera?
5. ¿Qué ocurriría si en la fase de ejecución se observa la necesidad de tener más recursos de los establecidos en la planificación? ¿A qué parámetros del proyecto afectaría este problema?

## Aplicación práctica

**Un cliente ofrece un proyecto para realizar el diseño y la instalación de un sistema de domótica para uso privado que controle el sistema de calefacción en su hogar. Usted es designado como jefe de proyecto y tiene la siguiente información:**

- **El cliente quiere la instalación completada en un plazo de 6 meses y exige máxima calidad.**
- **Pagaría por la instalación un máximo de 9.000 € y quiere un mantenimiento periódico.**
- **Su casa tiene 150 m² de superficie.**
- **Solo necesita climatización, no pretende instalar otras prestaciones.**

**Las condiciones impuestas por su director general son las siguientes:**

- **Tiene a su disposición para formar el grupo de proyecto a cinco personas como máximo, incluido el jefe de proyecto.**
- **El presupuesto máximo disponible para desarrollar el proyecto es de 3.500 € sin subvención.**
- **Diseñe de forma esquematizada las fases de diseño y planificación del proyecto en función de los requisitos que el cliente impone.**

### SOLUCIÓN

Se comienza detallando los objetivos, las características y los requisitos del proyecto en función de los requisitos del cliente. Así pues, se realiza la definición del proyecto:

Continúa en página siguiente >>

<< Viene de página anterior

| Idea = sistema de climatización | Objetivo = sistema domótico de climatización |
|---|---|
| Lugar = vivienda convencional | Tecnología = sensores, domótica, electrónica |
| Ingresos por el proyecto = 9.000 € | Calidad del sistema = máxima prestación en el área de climatización |
| Prestaciones = climatización únicamente | Dimensiones del desarrollo = vivienda de 150 m$^2$ de superficie |
| Cliente = particular | Uso = privado |
| Presupuesto de la empresa para el proyecto = 3.500 € | ¿Proyecto subvencionado? SÍ/NO<br>¿Financiación? SÍ/NO |

El cliente únicamente pretende instalar un sistema de climatización, por tanto, la tecnología elegida irá dirigida a cubrir esta necesidad, siendo menor el coste del equipo domótico únicamente para climatización que un sistema domótico de control de alarmas, iluminación, puertas y ventanas.

Se diseña la planificación del proyecto en base a los requisitos y enumerando las actividades, estableciendo los plazos de tiempo y los recursos necesarios:

| Material = sensores y equipo de control | Tiempo = 6 meses máximo |
|---|---|
| Equipo = dos programadores, dos instaladores, un jefe | Presupuesto disponible |
| Enumeración de tareas y actividades | Asignación de tareas y recursos |
| *Software* de programación, diseño y test | Costes del proyecto |
| Gestión de riesgos | Cronograma de tiempo |

A continuación se muestra un cronograma que refleja las etapas de planificación del proyecto.

Continúa en página siguiente >>

<< Viene de página anterior

**Cronograma**

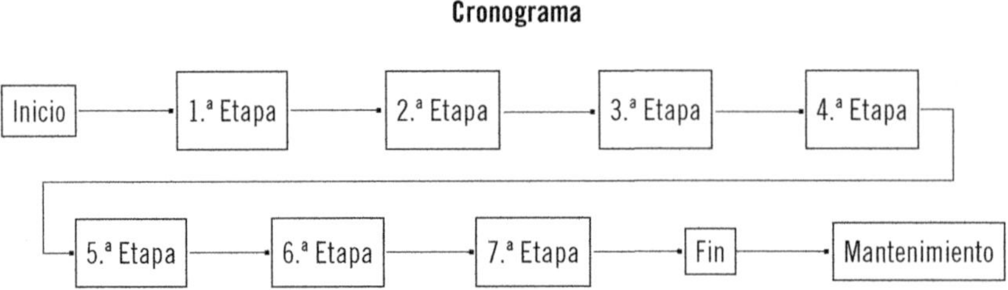


A continuación se muestra una tabla donde se representan todas las actividades, los plazos de tiempo y una estimación de los recursos empleados en función del cronograma:

| Etapa | Actividad | Tiempo | Recursos |
|---|---|---|---|
| 1.ª Etapa | Búsqueda de distribuidor y compra de materiales | 5 días | 5 miembros, presupuesto para materiales |
| 2.ª Etapa | Diseño del sistema | 30 días | 5 miembros, *software* de diseño |
| 3.ª Etapa | Desarrollo de la programación del sistema | 60 días | 2 programadores, jefe de proyecto, *software* y documentación |
| 4.ª Etapa | Pruebas del sistema | 30 días | 5 miembros, equipo de test, resultados |
| 5.ª Etapa | Informes de calidad, verificación y resultados | 10 días | 5 miembros, normas de calidad, documentación |
| 6.ª Etapa | Reunión con el cliente, aprobación y conformidad | 5 días | 5 miembros, documentación |
| 7.ª Etapa | Instalación y montaje del sistema | 10 días | 2 instaladores, material de instalación y planos del sistema |
| TOTAL | | 5 meses | Recursos necesarios |

La planificación está prevista para un total de 5 meses, por tanto, se tiene un mes de margen, lo cual es positivo ya que este mes se considera como un margen para posibles atrasos en las tareas y problemas de cualquier tipo que puedan surgir.

Además, hay que considerar la etapa de mantenimiento posterior a la instalación, pues requiere de una revisión periódica del sistema instalado acordada con el cliente.

## 5. Identificación de los factores críticos de éxito

Los factores críticos de éxito se basan en el cumplimiento de las condiciones para equilibrar los aspectos técnicos, organizativos y de gestión del proyecto:

- Apoyo de la dirección y beneficios de negocio.
- Objetivos, resultados, alcance, limitaciones y expectativas de los usuarios.
- Planificación detallada, control de ejecución, tiempo, costes y recursos.
- Uso de tecnología estable.

Un proyecto será satisfactorio cuando se establece un control sobre estos factores de éxito y se realice una correcta y exacta definición de ellos.

**Factores críticos de éxito en un proyecto**

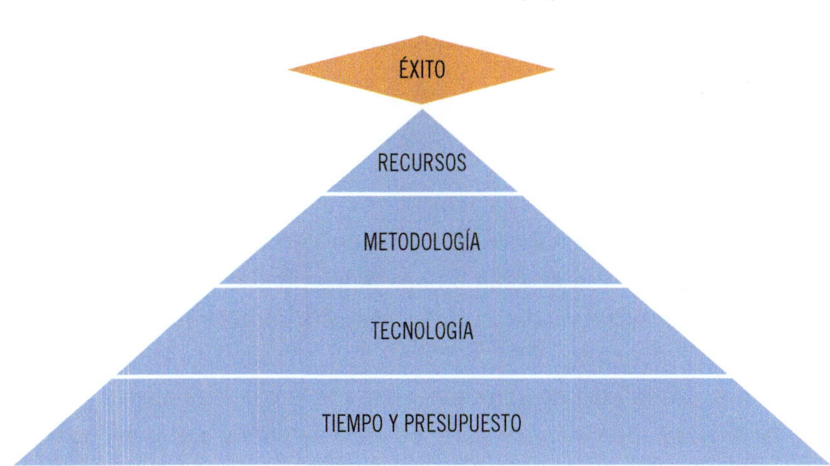


En el mundo se desarrolla un gran número de proyectos que conllevan una gran inversión económica y un riesgo si no se alcanzan los objetivos previstos.

Nota

Es importante saber que el proyecto tiene un retraso temporal de 5 días, por ejemplo, pero también se debe saber si esos 5 días implican un 5 % de desviación o un 50 % de desviación en contra de la planificación realizada.

## 6. Descripción y comparación de distintos modelos de organización empresarial

La organización y la jerarquización empresarial consisten en la aplicación de unos determinados modelos mediante los cuales se realiza un proceso de organización de los talentos humanos, financieros y materiales de los que dispone la empresa para alcanzar los objetivos.

### 6.1. Organización funcional

La organización funcional consiste en reunir en un departamento a todas aquellas personas que se dedican a unas determinadas funciones y aplica el principio de especialización de las funciones para cada tarea.

Permite la posibilidad de aprovechar con eficiencia los recursos especializados, facilita la supervisión por parte de cada gerente y el uso de los conocimientos y las habilidades especializados. En la siguiente tabla se indican las ventajas y los inconvenientes del modelo de organización funcional.

| | **Organización funcional** |
|---|---|
| **Ventajas** | - Cada órgano realiza únicamente su actividad específica<br>- Máxima especialización<br>- Comunicación directa más rápida |

Continúa en página siguiente >>

<< Viene de página anterior

| | Organización funcional |
|---|---|
| **Inconvenientes** | - Pérdida de la autoridad en el mando<br>- Competencias y conflictos entre los especialistas<br>- Ambigüedad en la asignación de responsabilidades<br>- Tiende a la confusión de objetivos |

A continuación se muestra un ejemplo del organigrama para el modelo de organización funcional.

**Organigrama del modelo de organización funcional**

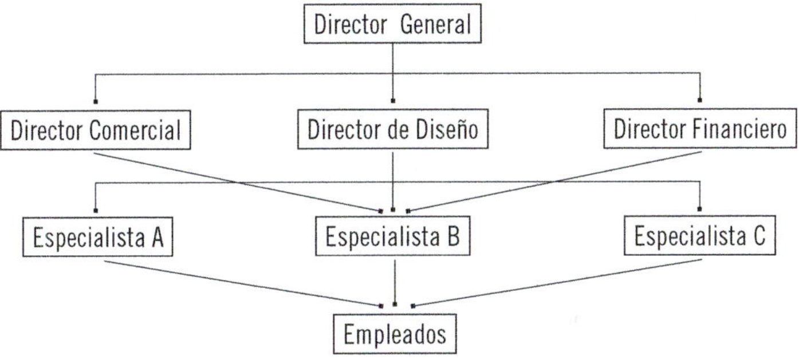


## 6.2. Organización por proyectos

La organización por proyectos se realiza estructurando la empresa mediante grupos multidisciplinares, los cuales tienen plena y total responsabilidad sobre un proyecto determinado. Estos grupos multidisciplinares son dirigidos por un director de proyecto, resultando un modelo complejo propio de grandes empresas donde el poder de sus miembros representa el aspecto dominante de su funcionamiento. En la siguiente tabla se muestran las ventajas y los inconvenientes de una organización por proyectos.

| | Organización por proyectos |
|---|---|
| Ventajas | - El administrador de proyectos tiene total responsabilidad<br>- Mejor coordinación y tiempo de respuesta al cliente<br>- Aumenta la eficiencia, la capacidad y la motivación personales<br>- Existe unidad de mando, es decir, un solo jefe |
| Inconvenientes | - Proyectos simultáneos implican un aumento de recursos<br>- Asegurar recursos críticos supone un aumento de costes<br>- Tendencia a la división entre el equipo y la organización<br>- Incertidumbre sobre el futuro de los componentes cuando termine el proyecto |

A continuación, se muestra un ejemplo de organigrama para el modelo de organización por proyectos.

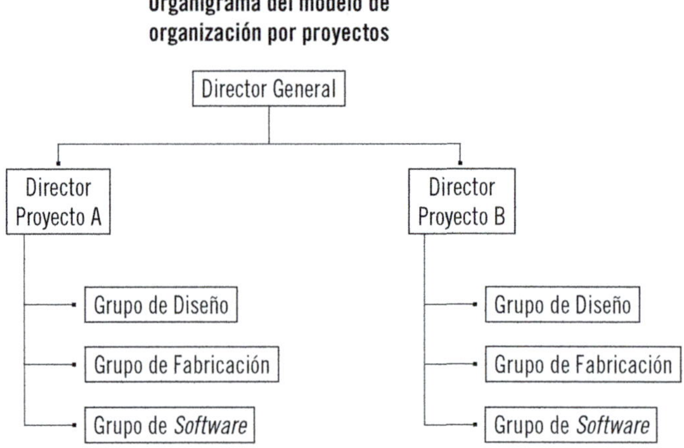


## 6.3. Organización matricial

La organización matricial es una combinación de los dos modelos anteriores que tiene como objetivo crear dos o tres dimensiones para estructurar la dirección intermedia y mejorar la eficiencia de la organización.

Así pues, todo empleado que trabaje dentro de un proyecto con organización matricial tendrá dos o tres jefes que son un jefe funcional, un administrador de proyecto o un gerente de mercado si el modelo es de tres dimensiones.

A continuación se muestra una tabla con las ventajas y los inconvenientes del modelo de organización matricial.

| | **Organización matricial** |
|---|---|
| Ventajas | - Eficiencia para reunir habilidades especializadas<br>- Ayuda a mitigar conflictos entre los objetivos<br>- Mayor motivación y compromiso de los miembros del grupo<br>- Orientada a resultados finales mejorando la calidad |
| Inconvenientes | - La asignación de recursos puede generar roces entre administradores<br>- Complejidad para compartir responsabilidades y lucha de poder entre el administrador y los jefes funcionales<br>- Riesgo de confusión y desorden al no existir el principio de unidad de mando |

## Ejemplo

Se realiza el diseño del organigrama para el modelo matricial en una empresa de telecomunicaciones en el cual se tiene:

- Un director general, un subdirector técnico, un proyecto A y un jefe de proyecto.
- Un grupo de diseño, un grupo de programación y uno de telecomunicaciones.
- Un director de ingeniería, un director de telecomunicaciones y un director de informática.

El organigrama del modelo matricial quedaría de la siguiente manera:

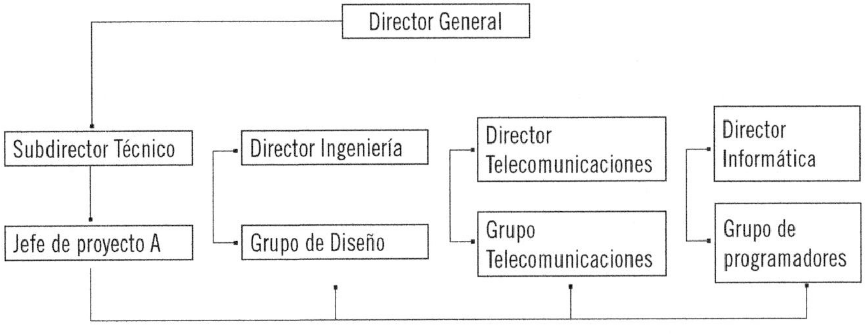

Dependiendo de las actividades que debe realizar cada empresa y las necesidades para cada proyecto o proceso, se determinarán el tipo y el modelo de organización. A continuación se muestra una comparación entre los tres modelos anteriores.

| | Modelo funcional | Modelo de proyectos | Modelo matricial |
|---|---|---|---|
| **Basada en** | Conocimientos y competitividad | Capacidades del individuo | Habilidades y capacidades |
| **Comunicación** | Directa y rápida | Buena coordinación y respuesta | Canales efectivos de comunicación |
| **Orientación** | Especialización y productividad | Multidisciplinar | Resultados y calidad |
| **Jefes** | Varios jefes o especialistas | Un solo jefe | 2 o 3 jefes |
| **Conflictos internos** | Entre jefes y especialistas | Mínimos | Mínimos y con método de solución |
| **Modo de trabajo** | División de trabajo y planificado | Proyectos específicos | Proyectos y áreas funcionales |
| **Busca eficiencia** | Sí | Sí | Sí |

## Aplicación práctica

**Desea crear una empresa relacionada con el sector tecnológico e investigación, pero primero deberá diseñar un organigrama de la organización empresarial en base a las necesidades de su empresa. Su empresa debe contener lo siguiente: departamento comercial, director comercial, empleados, consejo de administración, director de ventas, director general, departamento de ventas, departamento I+D+i y director I+D+i.**

**Diseñe y dibuje un organigrama utilizando el modelo funcional que contenga todos los departamentos descritos anteriormente.**

Continúa en página siguiente >>

<< Viene de página anterior

## SOLUCIÓN

El modelo de organización funcional aplica el principio de especialización para cada tarea, es decir, se deben introducir los especialistas en los distintos niveles de la estructura. De esta forma, para utilizar el modelo funcional se debe:

- Separar cada departamento según sus funciones; en este caso se tienen tres departamentos.
- Mayor autoridad = consejo de administración.
- Enlace entre el consejo de administración y directores = director General.
- Directores de departamentos especializados = ventas, comercial, I+D+I.

Se observan cinco niveles en la jerarquía según los datos:

- Nivel 1 = consejo de administración.
- Nivel 2 = director general.
- Nivel 3 = tres directores de departamento.
- Nivel 4 = departamentos especializados.
- Nivel 5 = empleados.

El organigrama del modelo funcional en este caso quedaría de la siguiente forma:

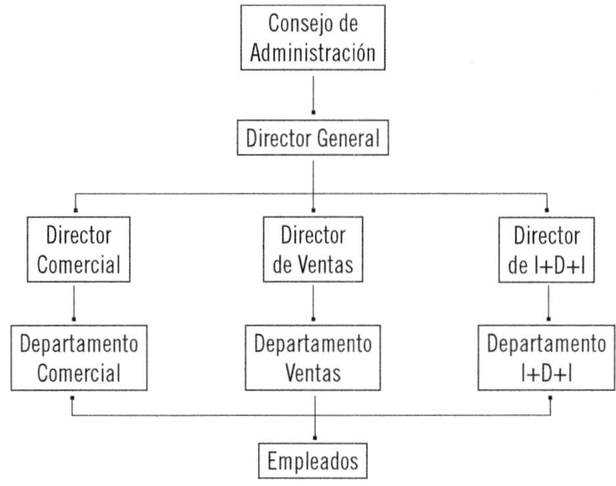

Actividades

6. ¿Es posible combinar la organización funcional y la de proyectos? ¿Qué nombre y características tiene este tipo de organización?

## 7. Organización de los recursos humanos en grupos de proyectos

La gestión y la organización de los recursos humanos en un proyecto incluyen los procesos requeridos para hacer un uso más efectivo de las personas involucradas y completar dicho proyecto. Se establece el equipo de proyecto orientado acorde al desarrollo de las tareas y las actividades dentro del proyecto y en función de las capacidades y las características de cada miembro y sus actividades.

La correcta gestión del grupo humano que formará parte del proyecto se realiza partiendo de unos procesos básicos:

- Planificación de los recursos humanos disponibles.
- Adquirir, desarrollar y gestionar el equipo de proyecto.

En la organización de los recursos humanos en un grupo de proyecto se debe determinar los roles para cada persona, ya sea dentro o fuera de la organización, las responsabilidades y las relaciones de informe.

Importante

En un grupo de proyecto no se puede esperar al último día para anunciar los problemas que vayan surgiendo; cuanto antes se conozcan los problemas, mucho mejor de cara a conseguir el objetivo deseado.

Este proceso mejora las competencias y las interacciones entre los miembros del equipo y por tanto mejora el rendimiento del proyecto ya que aumentan la capacidad de completar sus actividades, mejorar el trabajo en equipo y la unión entre sus miembros. La organización del grupo de proyecto se debe caracterizar por:

- Asignación de papeles y responsabilidades de manera clara.
- Seguimiento del rendimiento individual.
- Comunicación fluida y efectiva.

## 8. Explicación de la figura del jefe de proyecto

El jefe de proyecto se destaca como la figura clave en la planificación, la ejecución y el control del proyecto. Se considera el motor de avance del proyecto mediante la toma de decisiones en base a los objetivos marcados. No adquiere un perfil de simple animador y coordinador sino que tiene el poder ejecutivo y la autoridad para mandar y tomar decisiones dentro del área y los objetivos del proyecto. Las relaciones entre el jefe de proyecto y las demás personas integrantes del grupo de trabajo dependen de la estructura organizativa impuesta en el proyecto.

Todo jefe de proyecto debe tener una perspectiva mucho más amplia que el conocimiento de las implicaciones técnicas referentes al proyecto. Se trata de un gestor que debe cumplir tres tipos de perfiles:

- **Técnico:** dominio de la tecnología principal del proyecto.
- **Gestor:** controlar y alcanzar objetivos mediante aspectos financieros y plazos de tiempo.
- **Relaciones personales:** es el representante del proyecto hacia los clientes, las subcontratas y otras direcciones de la empresa además de dirigir el grupo de proyecto con autoridad, tacto y habilidad.

La misión del jefe de proyecto es la de dirigir el equipo del que dispone para alcanzar los objetivos marcados en el proyecto, destacando entre sus funciones específicas:

- Colaborar con el cliente y los usuarios para la definición concreta de objetivos y responder ante dichos clientes y su superior.
- Mantener al equipo de proyecto enfocado en los objetivos marcados.
- Planificar el proyecto, actividades, plazos y costes previstos.
- Coordinar los recursos empleados y gestión de riesgos.
- Establecer el conjunto de prácticas que aseguran la calidad.
- Tomar decisiones, medidas correctoras y proponer modificaciones.

## 9. Descripción y comparación de distintos modelos de liderazgo ejercidos por el jefe de proyecto

Las habilidades interpersonales de un jefe de proyecto permiten el funcionamiento armónico del grupo según diferentes estilos de liderazgo. Un jefe de grupo eficaz es aquel que utiliza modalidades de liderazgo y sabe combinarlas dependiendo de las circunstancias en cada momento del proyecto.

### Importante

Un líder de proyecto debe ser capaz de mantener una clara y precisa visión de la situación del proyecto en todo momento, si no reacciona oportunamente y de manera eficaz ante las desviaciones, el proyecto podría ser parte de las estadísticas de proyectos fallidos.

Un jefe de proyecto, dependiendo de las situaciones, puede utilizar los siguientes estilos de liderazgo:

- **Visionario:** pretende orientar y dotar a los miembros del grupo de una visión a largo plazo.
- **Afiliativo:** busca la armonía dentro del equipo.
- **Participativo:** pretende crear compromiso entre sus colaboradores y generar nuevas ideas.
- ***Coach:*** busca desarrollar a las personas a largo plazo.

- **Timonel:** busca cumplir los plazos de forma inmediata y con alto nivel de excelencia.
- **Autoritario:** busca que los miembros de su equipo cumplan las tareas de manera inmediata.

A continuación se muestran, a modo comparativo, las características para cada modelo de liderazgo:

| Modelo | Características |
|---|---|
| Visionario | - Responsabilidad de crear una visión clara a seguir<br>- Solicitar opinión a sus colaboradores sobre su visión<br>- La venta de su visión es la parte esencial de su trabajo |
| Afiliativo | - Buscar un agradable ambiente de trabajo<br>- Interés por las necesidades y las preocupaciones de los miembros de su equipo<br>- Valora las características personales y profesionales |
| Participativo | - Confía en las habilidades de sus colaboradores<br>- Busca opinión en la toma de decisiones<br>- Realizar numerosas reuniones |
| Coach | - Ayudar a sus colaboradores a ver sus puntos fuertes y débiles<br>- Orientar y animar en la búsqueda de objetivos a largo plazo<br>- Tiene en cuenta las aspiraciones de sus colaboradores |
| Timonel | - Dirigir dando ejemplo y marcar estándares altos<br>- Establecer objetivos estimulantes<br>- No gustarle el rendimiento bajo |
| Autoritario | - Dar órdenes directas y espera obediencia inmediata<br>- Control exhaustivo mediante supervisión muy cercana<br>- Eliminar el temor en situaciones críticas |

## Actividades

7. Si su jefe le pide opinión sobre una decisión que debe tomar y realiza asimismo periódicamente una serie de reuniones, ¿qué modelo de liderazgo está ejerciendo? Enumerar las características de este modelo.

## 10. Identificación y descripción de las características de un equipo de proyecto de alto rendimiento

En la formación de un equipo de proyecto interesa que sea un equipo de alto rendimiento y para ello no basta solamente con eficacia sino que este debe cumplir con su objetivo. Cuando un equipo funciona bien, los valores de los miembros se potencian y se consiguen mejores resultados.

Para crear un equipo de proyecto de alto rendimiento se deben tener en cuenta las siguientes características:

| Características | |
|---|---|
| Todos los componentes deben saber cuál es el objetivo | Comunicación e información efectiva |
| Voluntad de los miembros para aprender de los demás | Participación activa en sus tareas, problemas y decisiones |
| Orientación a la solución de problemas y no a buscar culpables | Búsqueda de excelencia en aspectos técnicos, de trabajo y resultados |
| La celebración de éxitos provoca motivación | Abordar las tareas y los problemas en conjunto |
| Búsqueda de innovación mediante intercambio de ideas para solucionar problemas | Cambios de metodología de ejecución para buscar nuevas formas más eficientes de trabajo |
| Compromiso de los integrantes con su trabajo y compañeros | Diseño de equipos multidisciplinares para distintas áreas funcionales |

### Sabía que...

El proyecto donde se desarrolló la aplicación de WhatsApp comenzó con una inversión inicial de 250.000 dólares, dos cofundadores y en su primera etapa contaba con 200.000 usuarios. Actualmente cuenta con 1.000 millones de usuarios y fue vendida a *Facebook* por 19.000 millones dólares.

## 11. Resumen

Para abordar cualquier proyecto se debe tener en cuenta una serie de aspectos organizativos para su desarrollo. Un proyecto se caracteriza por tener un objetivo bien definido, una serie de recursos disponibles y un presupuesto concreto.

Para desarrollar correctamente un proyecto se deben realizar actividades de gestión que incluyen diferentes fases para alcanzar el objetivo deseado. Las actividades de gestión determinan el ciclo de vida completo del proyecto donde, además de las fases de definición, planificación y desarrollo, se deben incluir las fases de ejecución, revisión y mantenimiento.

Cuando se elabora la planificación de un proyecto se deben conocer todos los aspectos que influyen en el desarrollo además de la influencia y la relación que existen entre ellos, ya que afectarán de forma directa al alcance del proyecto.

Todo proyecto debe cumplir correctamente unos requisitos técnicos, organizativos y de gestión que eviten la influencia de determinados factores críticos de éxito como el no cumplimiento de plazos, exigencias de calidad o sobrepasar recursos y costes.

En la planificación y la organización se deben tener en cuenta los distintos modelos de organización empresarial para gestionar y asignar las funciones de cada uno de los miembros del grupo de trabajo, saber qué funciones y características de liderazgo debe adoptar un jefe de proyecto e identificar y aplicar valores para confeccionar un grupo de trabajo de alto rendimiento.

## Ejercicios de repaso y autoevaluación

**1. Indique cuál de las siguientes afirmaciones es verdadera o falsa.**

a. Todo proyecto tiene un inicio, un fin, unos recursos y un objetivo.

- ☐ Verdadero
- ☐ Falso

b. No es necesario que un proyecto cumpla las normativas de calidad.

- ☐ Verdadero
- ☐ Falso

c. Para planificar más rápido un proyecto se puede prescindir de las reuniones con el cliente.

- ☐ Verdadero
- ☐ Falso

**2. ¿Qué aspectos se deben tener en cuenta en la organización de un proyecto?**

______________________________________________

______________________________________________

______________________________________________

______________________________________________

______________________________________________

______________________________________________

______________________________________________

**3. En un proyecto, la duración de los procesos y la secuencia de actividades necesarias para alcanzar el objetivo basándose en distintas fases se denomina...**

a. ... seguimiento.
b. ... viabilidad.
c. ... ciclo de vida.
d. Todas las opciones son incorrectas.

4. **¿En qué fase del ciclo de vida se planifican todas las tareas que se deben realizar dentro del proyecto? ¿En qué consiste esta fase?**

______________________________________________________________

______________________________________________________________

5. **Indique cuál de las siguientes fases no corresponde al ciclo de vida de un proyecto.**

    a. Ejecución.
    b. Ordenación.
    c. Definición.
    d. Todas las opciones son incorrectas.

6. **¿Cuál es la fase del ciclo de vida de un proyecto que es considerada la más larga y complicada porque puede surgir numerosos problemas?**

    a. Cierre.
    b. Aprobación.
    c. Ejecución.
    d. Todas las opciones son incorrectas.

7. **Complete el siguiente texto.**

La organización empresarial consiste en aplicar unos __________ para realizar el proceso de __________ y __________ de una empresa y, dependiendo del objetivo, se pueden elegir estos tres tipos: __________, __________ o __________.

8. **Indique en qué consiste el modelo de organización funcional en una empresa. ¿Cuáles son sus ventajas e inconvenientes?**

______________________________________________________________

______________________________________________________________

______________________________________________________________

______________________________________________________________

______________________________________________________________

______________________________________________________________

______________________________________________________________

9. ¿En qué se basan los factores críticos de éxito en un proyecto?

10. ¿Qué objetivo tiene la organización de los recursos humanos en un grupo de proyecto? ¿Qué efecto tiene una buena organización del grupo en el desarrollo de un proyecto?

11. ¿Qué miembro del grupo de proyecto destaca como figura clave? ¿En qué fases es clave? ¿Qué poder tiene sobre el proyecto?

12. Indique qué tres perfiles debe adquirir un buen jefe de proyecto.

13. Relacione cada modelo de organización empresarial con su correspondiente ventaja.

    a. Máxima especialización en las funciones.
    b. Existe unidad de mando.
    c. Orientado a la calidad del resultado.

    b. Organización por proyectos.
    a. Organización funcional.
    c. Organización matricial.

**14. Indique cuál de las siguientes afirmaciones es verdadera o falsa.**

a. En un equipo de proyecto de alto rendimiento solo importa la eficacia.

- ☐ Verdadero
- ☐ Falso

b. En un equipo de proyecto de alto rendimiento se deben abordar los problemas de forma individual.

- ☐ Verdadero
- ☐ Falso

c. En un equipo de proyecto de alto rendimiento la comunicación debe ser directa y efectiva.

- ☐ Verdadero
- ☐ Falso

**15. Relacione cada modelo de liderazgo de un jefe de proyecto con su correspondiente característica.**

| | |
|---|---|
| Autoritario | Numerosas reuniones |
| Coach | Control exhaustivo |
| Participativo | Orienta y anima |
| Afiliativo | Visión clara a seguir |
| Visionario | Ambiente de grupo agradable |
| Timonel | Estimular |

Capítulo 2

# Herramientas informáticas y gestión de la documentación en el desarrollo de proyectos

# Contenido

1. Introducción
2. Procesadores de texto, hojas de cálculo y editores de presentaciones
3. Identificación de utilidades de código abierto y comerciales de diagramación
4. Identificación de herramientas informáticas de código abierto y comerciales para la gestión de proyectos
5. Técnicas de elaboración de documentación técnica
6. Elaboración de informes y manuales operativos
7. Recomendaciones generales sobre identificación, organización de archivos y gestión de sus versiones
8. Resumen

## 1. Introducción

Para planificar y gestionar un proyecto existen herramientas *software* que facilitarán y permitirán realizar una correcta gestión de la documentación para el desarrollo del proyecto. Existen herramientas informáticas de código abierto que ayudarán a la diagramación temporal y de recursos incluidos en el proyecto.

Dependiendo de la situación, el momento y el objetivo que se quiere alcanzar en el proyecto, se deberá utilizar un tipo u otro de herramienta. Cada herramienta está orientada a un fin concreto dentro de la gestión, por tanto, es imprescindible saber qué herramienta se necesita para sacar el máximo provecho a la gestión de la documentación.

Actualmente existen numerosas herramientas *software* de gestión que ayudan a generar la documentación de proyectos, elaboración de informes y documentación técnica. En la elaboración de esta documentación se puede aplicar una determinada estructura de la información además de diseñar guías textuales y visuales para manuales operativos del proyecto.

## 2. Procesadores de texto, hojas de cálculo y editores de presentaciones

Las herramientas informáticas se definen como el conjunto de instrumentos *software* que se puede usar para manejar una determinada información a través de una computadora. Este *software* es utilizado para la gestión de proyectos y permite organizar todas las tareas incluidas en el proyecto para un tiempo concreto.

Dependiendo de la funcionalidad y la orientación, una herramienta informática de gestión de proyectos se puede clasificar para:

| Funcionalidad | Orientación |
|---|---|
| Planificación del proyecto | Duración y tipo de actividades |
| Gestión de riesgos | Avances del proyecto y riesgos |
| Gestión de documentos | Presupuesto |
| Gestión de costos | Programación de recursos |
| Gestión general | Información de cargas de trabajo |

A continuación se describen algunas características y funciones de los procesadores de texto, hojas de cálculo y editores de presentación.

## 2.1. Procesadores de texto

La función básica de los procesadores de texto es permitir realizar la edición y la presentación de documentos de texto de forma rápida, fácil y efectiva. Se utilizan en ámbitos muy diversos, entre ellos para la organización documental de proyectos.

Los procesadores de texto permiten al usuario realizar funciones de creación, edición, impresión, insertar tablas, fórmulas matemáticas, gráficas e imágenes, entre otras. A continuación se muestran algunos ejemplos de procesadores de texto:

| | |
|---|---|
| ***Microsoft Word*** | Empresa Microsoft, dentro del paquete de ofimática *Microsoft Office,* se ha convertido en uno de los procesadores de texto más utilizado |
| ***Word Perfect*** | Comercializado por la empresa Corel, gran popularidad en los años 80 y 90, disponible para diversos sistemas operativos |
| ***LibreOffice*** | Desarrollado por *The Document Foundation.* Se creó como bifurcación de *OpenOffice.* Es multiplataforma y disponible en 114 idiomas, entre ellos en español |
| ***AbiWord*** | Procesador de *software* libre y multiplataforma utilizado en sistemas operativos libres, especialmente para *GNU/Linux* |
| ***LyX*** | Multiplataforma, proporciona herramientas muy potentes para la edición de textos |

Recuerde

La elección de una herramienta de *software* ofimática dependerá de la orientación y la funcionalidad para poder cubrir las necesidades del proyecto.

## 2.2. Hojas de cálculo

Las hojas de cálculo son un tipo de documento que permite manipular datos por medio de cada una de las unidades, denominadas **celdas,** y que están dispuestas en filas identificadas con números y columnas identificadas con letras donde cada celda está direccionada con coordenadas de información correspondiente a su columna y fila; por ejemplo: A6, B25, C45. Utilizando las hojas de cálculo como herramienta se pueden realizar operaciones numéricas, fórmulas matemáticas, cálculos financieros, estadísticos, probabilidad y contabilidad de las empresas. Los elementos de una hoja de cálculo son hojas, celdas, menú y barra de herramientas.

Las hojas de cálculo permiten realizar funciones como generar gráficas y tablas, organizar y representar datos y gestionar de bases de datos. A continuación se muestran algunos ejemplos de procesadores de texto:

| | |
|---|---|
| ***Microsoft Excel*** | Empresa Microsoft, dentro del paquete de ofimática *Microsoft 365* y es multiplataforma |
| ***Calc*** | Paquete libre de *OpenOffice.org* y es multiplataforma |
| ***Lotus*** | Compañía *Lotus Software,* programa popular en los años 80 |
| ***Gnumeric*** | Entorno de *Gnome Office* y es gratuita |

Nota

Una hoja de cálculo es una herramienta idónea para realizar cálculos complejos mediante fórmulas y permite al usuario crear sus propias funciones matemáticas.

## 2.3. Editores de presentaciones

Permiten crear y diseñar presentaciones atractivas con facilidad y compuestas por una serie de diapositivas ordenadas secuencialmente. Las diapositivas pueden proyectarse, contener texto, imágenes, animaciones, sonidos, gráficos, notas y tablas, entre otros contenidos. A continuación se muestran algunos ejemplos de editores de presentaciones:

| | |
|---|---|
| ***PowerPoint*** | Empresa Microsoft, dentro del paquete de ofimática *Microsoft 365* |
| ***Impress*** | Ofimática de *OpenOffice.org* |
| ***Magic Point*** | De *Gnome Office* |

Actividades

1. ¿Es posible generar gráficos utilizando la herramienta ofimática de hoja de cálculo? ¿Qué otras funciones se pueden realizar con una hoja de cálculo?
2. Si se quiere realizar un estudio económico generando un presupuesto del proyecto, ¿es conveniente realizarlo usando un procesador de texto? ¿Cuál cree que sería la herramienta idónea para realizar el presupuesto? Justifique la respuesta.

## 3. Identificación de utilidades de código abierto y comerciales de diagramación

Toda planificación de un proyecto implica un gasto que depende de factores como la complejidad y el tamaño del mismo. Para realizar una planificación eficiente y lógica hay que determinar la relación directa entre las diferentes tareas para llegar al objetivo.

Existen en el mercado diferentes herramientas que permiten realizar la diagramación de procesos en el proyecto. Se pueden encontrar desde herramientas muy básicas de diagramación hasta herramientas muy avanzadas que detallan y aportan información compleja sobre el proyecto.

Además de los procesadores de texto, las hojas de cálculo y el editor de presentaciones, existen otros programas y aplicaciones *software* que permitirán realizar la gestión del tiempo de trabajo sobre el proyecto y su correspondiente diagramación y organización.

**Importante**

Las utilidades de diagramación permiten tener una visión general sobre el desarrollo y la ejecución del proyecto desde su inicio hasta la finalización.

---

Si el deseo es diseñar diagramas técnicos y profesionales sobre los procesos que se llevarán a cabo en el proyecto, hay que tener una herramienta específica, ya sea de código abierto o con licencia comercial, que permita realizar las tareas de diagramación, como alguna de las que se muestran a continuación:

- ***Microsoft Visio:*** permite y facilita la visualización, el análisis y la comunicación de la información compleja relacionada con el proyecto por parte de las personas inmersas en el grupo de proyecto y profesionales externos. *Microsoft Visio* permite pasar textos y tablas complicadas de entender a diagramas de Visio que representan la información en un solo vistazo, realizar diagramas de oficinas, diagramas de base de datos, diagramas de flujo y UML (diagramas de modelado visual estándar). En lugar de crear imágenes estáticas, permite crear diagramas conectados a datos que muestran la información y con posibilidad de actualización. Los diagramas de *Visio* se usan para comprender, procesar y compartir la información correspondiente a los aspectos importantes del proyecto como es el sistema, los recursos y los procesos de organización del proyecto. Existen dos versiones de *Microsoft Visio* disponibles: la versión profesional ofrece una funcionalidad más avanzada mientras que la versión *standard* ofrece una funcionalidad más básica. Su principal desventaja es que hay que pagar para utilizar su licencia y, por tanto, no es *software* libre.

- ***SmartDraw:*** este *software* permite elaborar mapas de ideas, mapas conceptuales, diagramas de flujo, diagramas causa-efecto, organigramas, redes y líneas de tiempo. Sus principales características son el entorno de trabajo, que se configura según el diagrama que se desea elaborar, siendo un programa intuitivo y sencillo. Tiene numerosas barras de herramientas que hacen más fácil el trabajo, además incluye ilustraciones con símbolos, imágenes, formas, colores, fuentes y estilos que permiten dibujar elementos en un diagrama con diferentes estilos para enlazarlos. Permite exportar diagramas, ofrece librerías, plantillas y ejemplos, así como insertar tablas, gráficos de barras, fotografías y archivos de *Word* y *Excel*. El idioma es el inglés y su licencia es comercial, es decir, no es *software* libre.
- ***Dia:*** es un programa para la creación de diagramas técnicos. Es muy parecido en cuanto a su interfaz y funciones a *Microsoft Visio*. Esta aplicación permite la impresión de varias páginas, la exportación en numerosos formatos como EPS, SVG, CGM y PNG. Este *software* usa formas personalizadas creadas por el usuario como descriptores en lenguaje XML. El formato para almacenar y leer gráficos es XML comprimido en gzip. *Dia* es muy utilizado para dibujar diagramas UML (diagramas de modelado visual estándar), diagramas de flujo, diagramas de circuitos eléctricos y red de mapas, siendo un *software* de distribución libre, es decir, sin necesidad de pagar licencia por su uso.

- **Calligra Plan:** aplicación de gestión de proyectos moderadamente grandes que incorpora diversos recursos para su gestión. Ofrece distintas dependencias y limitaciones de tiempo, lo que permite definir las tareas, estimar el esfuerzo necesario para llevarla a cabo, asignarle los recursos y dejarle posteriormente que la aplicación programe las tareas teniendo en cuenta el resto de los trabajos y la disponibilidad de los recursos necesarios. Permite reprogramar la planificación mostrando una comparativa entre los plazos iniciales y los que se llevan a cabo posteriormente.
- ***Apache OpenOffice Draw:*** es un editor de gráficos vectoriales con similares características al famoso programa *CorelDraw* que forma parte del paquete ofimático *Apache OpenOffice.* Su principal característica es que presenta conectores entre las figuras y disponibles en varios estilos de línea facilitando de esta manera el diseño y la creación de organigramas para los proyectos. Incorpora la biblioteca *Open Clip Art Library* que agrega una galería de banderas, iconos, y logotipos para presentaciones generales. Este es un *software* libre, disponible en español e instalable en múltiples plataformas informáticas.
- ***ClickCharts:*** es un programa para el diseño y el modelado de diagramas de forma sencilla y que permite representar los procesos, la organización y los diagramas de secuencias relacionados con el proyecto. Ofrece una forma de organización sobre procesos complejos y detallados de manera fácil de comprender mediante el diseño de organigramas y diagramas de flujo. Contiene una amplia variedad de símbolos y estilos de línea, puede crear UML (diagramas de modelado visual estándar), editar y personalizar colores, rellenos y trazos. Además, ofrece la superposición de hojas para la creación y la impresión de diagramas amplios. Es un *software* gratuito disponible para *Windows, macOS y Android.*
- ***ConceptDraw Office:*** muy sencilla de manejar logrando diagramas muy llamativos y atractivos visualmente. Permite la elaboración de la estructura de descomposición del trabajo (EDT), informes de realización de tarea y visualización del flujo de trabajo eficaz. Detalles sobre las tareas y los recursos, los datos del proyecto pueden mostrarse en forma de mapa mental y diagramas. Permite la creación de organigramas, dibujos técnicos gracias a la librería de objetos de la que dispone, edición de tamaño, color o texto asociado. Todos los documentos generados pueden ser intercambiados entre los sistemas operativos.

## Nota

Las herramientas de diagramación facilitan el trabajo en equipo, ya que permiten trabajar simultáneamente sobre el mismo diagrama de forma conjunta.

A continuación se muestra un cuadro resumen de las utilidades de código abierto y comerciales de diagramación:

| Programa | Características | Plataforma<br>Idioma | Tipo de<br>Licencia |
|---|---|---|---|
| *Microsoft Visio* | Convertir texto y tablas complejas a diagramas, realizar diagramas de oficina, base de datos, de flujo y UML. Permite crear diagramas conectados a datos que muestran información. | *Windows*<br>Español | Comercial |
| *Smart Draw* | Proporciona un entorno de trabajo configurado dependiendo del tipo de diagrama y las barras de herramientas que facilitan el trabajo, ofrece plantillas y ejemplos para comenzar la diagramación. | *Windows* y *Mac*<br>inglés | Comercial |
| *Dia* | Parecido a *Office Visio,* creación de diagramas UML, de flujo y red de mapas. Elaboración de diagramas de circuitos eléctricos. Descriptores XML, lectura y almacenamiento en formato XML. | Multiplataforma<br>español | Código abierto |
| *Calligra Plan* | Permite asignar los recursos de forma automática una vez que se han realizado los cambios respecto a la temporalización de las tareas. | Multiplataforma<br>español | Código abierto |

Continúa en página siguiente >>

<< Viene de página anterior

| Programa | Características | Plataforma Idioma | Tipo de Licencia |
|---|---|---|---|
| ***Apache OpenOffice Draw*** | Similar a *CorelDraw,* presenta conectores entre figuras con varios estilos de línea para los organigramas y dispone de biblioteca para agregar galerías. | Multiplataforma español | Código abierto |
| ***ClickCharts*** | Diagramación de forma sencilla para representar procesos, organización y secuencias sobre proyectos complejos y de forma detallada. Variedad de símbolos y estilos, diagramas UML y edición personalizada de colores, rellenos y trazos. | *Windows* inglés | Código abierto |
| ***ConceptDraw Office*** | Elaboración de informes sobre tareas, descomposición del trabajo y flujo de trabajo. Detalles sobre tareas, recursos y datos del proyecto en forma de diagrama, creación de organigramas, personalización de estilos y dibujos técnicos mediante librería disponible. | *Windows* y *Mac* inglés | Comercial |

Actividades

3. Indique las características de la herramienta *Microsoft Visio.* ¿Es posible utilizar este *software* en el sistema operativo de *macOS*? ¿Es una herramienta gratuita?
4. Indique dos herramientas *software* de diagramación de código abierto y multiplataforma señalando las características de cada una de ellas.

## 4. Identificación de herramientas informáticas de código abierto y comerciales para la gestión de proyectos

Para afrontar de forma profesional un proyecto se necesita algo más que elaborar una lista de tareas; por tanto, hay que buscar una herramienta *software* de ayuda. La herramienta *software* no da la metodología de ejecución del proyecto sino que ayuda a controlar las tareas, los procesos, los plazos de tiempo y los recursos incluidos en el proyecto para alcanzar los resultados con la calidad deseada y unos costes determinados.

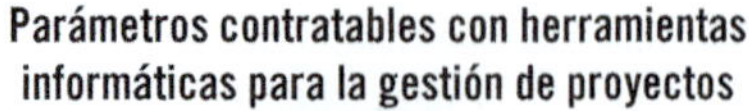


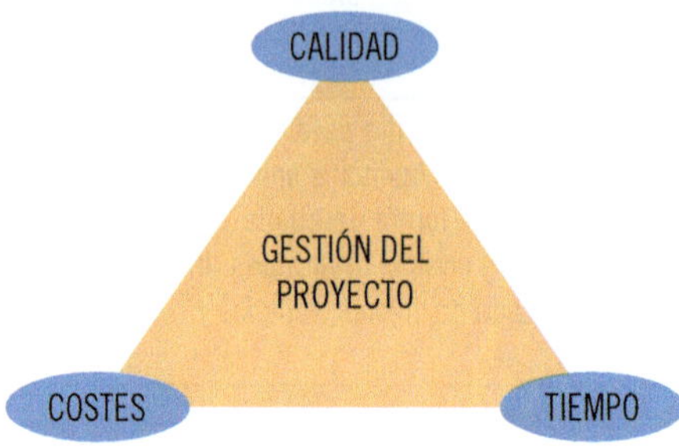


La administración eficiente de un proyecto implica utilizar procesos y herramientas *software* de gestión específicos en cada etapa de inicio, planificación, ejecución y cierre. Las principales funcionalidades de un *software* de gestión de proyectos se muestran en la siguiente tabla:

| Planificación | Control de costes | Gestión de información |
|---|---|---|
| Planificación de actividades | Gestión financiera | Listas de actividades |
| Asignación de recursos | Control de gastos | Generar documentos |
| Control de retrasos | Control de presupuesto | Documentos sobre avances |
| Cronología del proyecto | | Documentos sobre riesgos |

## Nota

Una herramienta *software* de gestión permitirá controlar los aspectos fundamentales del proyecto y realizar una estimación de la desviación existente entre la planificación establecida y la situación real del proyecto.

A continuación se van a enumerar algunas herramientas de código abierto y comercial para la gestión de proyectos:

- ***OpenProj:*** es un *software* libre, disponible para *Windows, Mac* y *Linux* además de ser de código abierto. Fue desarrollado por la empresa Serena Software como sustituto de *Microsoft Project,* el cual exige licencia de uso y no es código abierto. Este *software* ha adquirido una gran popularidad como herramienta de gestión de proyectos con un número elevado de descargas.
- ***Microsoft Project:*** este *software* de escritorio permite gestionar la relación entre tareas y recursos mediante redistribución, incorporando o quitando tareas y la optimización del proyecto. Pertenece al conjunto de *software* comercial, idioma español y disponible para sistema operativo *Windows.*
- ***Oracle Primavera P6:*** es una herramienta de escritorio menos difundida que Microsoft Project pero más potente que dicha herramienta aunque por el contrario menos intuitiva y, por tanto, resultando más difícil la iniciación. Se requiere un usuario con conocimientos previos en programación, permite importar proyectos desde *MS Project* en formato XML, utilización de diagramas de Gantt así como conocimientos en técnicas de elaboración del camino crítico, CPM y estructura de descomposición del trabajo. Es un *software* multiplataforma y comercial.
- ***Basecamp:*** es una herramienta de gestión de proyectos web comercial que permite visualizar todos los proyectos mediante un calendario y las acciones recientes en cada uno de ellos. Se caracteriza por su rapidez, sencillez a la hora de usarlo, facilidad para el seguimiento y sirve como herramienta de comunicación interna dentro del proyecto.
- ***Redmine:*** esta herramienta permite a los usuarios de distintos proyectos realizar el seguimiento de los mismos, posibilitando la optimización de su funcionamiento gracias a las distintas funcionalidades que ofrece. Uno de sus elementos clave es el sistema de seguimiento de incidentes y errores. Permite la integración de la herramienta con un gestor de correo electrónico que notifica a todas las personas involucradas en el mismo los cambios que se producen.
- ***Gantt Project:*** es ejecutable para *Windows, Linux* y *macOS.* Tiene la mayoría de las funciones básicas para la gestión de proyectos como los diagramas de Gantt para programación de tareas y la gestión de recursos.

El inconveniente es que no incorpora funciones para la contabilidad de costos y control de documentos.

- ***FusionDesk Starter Edition:*** es un proveedor global de software de gestión de proyectos con una versión en la nube y un reemplazo de código abierto de escritorio de *Microsoft Project.* Tiene más de 6.800 000 descargas en su versión de escritorio y está disponible en 29 idiomas. Su versión en la nube permite administrar los proyectos en cualquier parte del mundo que disponga de conexión a internet.
- ***TaskJuggler:*** desarrollado principalmente para sistemas *Linux* y *Unix.* Es un gestor de proyectos más potente con respecto a otros editores de diagramas de Gantt y cubre todos los aspectos de un proyecto, desde el principio hasta el final. La desventaja de *TaskJuggler* viene dada porque no es un editor de diagramas de Gantt, es más bien parecido a un lenguaje de programación en el que se basa para describir los recursos y los avances del proyecto.

Nota

Una herramienta de entorno de escritorio es un *software* instalable y utilizable en el ordenador sobre un sistema operativo determinado mientras que una herramienta web es utilizada en un entorno web sin instalación del *software.*

A continuación se muestra una tabla con las funcionalidades y las características más importantes para las herramientas de *software* anteriores:

| Programa | Características | Plataforma Idioma | Tipo de Licencia |
|---|---|---|---|
| *OpenProj* | Diagramas de Gantt y PERT, costos del valor, estructura de descomposición del trabajo (EDT), informes de tareas y estructura de descomposición del recurso gráfico (EDR). | Multiplataforma escritorio | Código abierto |
| *Microsoft Project* | La herramienta más difundida, permite asignar recursos, realizar seguimiento del progreso y la administración del presupuesto, definir camino crítico con PERT y CPM y diagramas de Gantt. | *Windows* escritorio | Comercial |
| *Oracle Primavera P6* | Menos difundida que MSProject, menos intuitiva y más difícil la iniciación en el programa. Se requiere conocimientos previos. Permite importar proyectos en formato XML, diagramas de Gantt, CPM y estructura de descomposición del trabajo (EDT). | Multiplataforma escritorio | Comercial |
| *Basecamp* | Permite visualizar proyectos mediante calendario y sus acciones recientes, es rápido, sencillo, facilita el seguimiento y sirve como herramienta interna de comunicación. | Entorno web | Comercial |
| *Redmine* | Incorpora un sistema de seguimiento de incidentes y errores. Permite integrar la herramienta con un gestor de correo electrónico. | *Windows* escritorio | Código abierto |
| *Gantt Project* | Diagramas de Gantt y PERT, jerarquía de tareas e interdependencias, gráficos sobre cargas de recursos y elaboración de informes en formato PDF y HTML. | Multiplataforma escritorio | Código abierto |

Continúa en página siguiente >>

<< Viene de página anterior

| Programa | Características | Plataforma<br>Idioma | Tipo de<br>Licencia |
|---|---|---|---|
| *FusionDesk Starter Edition* | Orientado a planificación básica, carece de funciones como el diagrama de Gantt y la gestión de recursos. | *Windows*<br>escritorio | Código abierto |
| *Task Juggler* | Administración de costos, exportación de archivos, informes sobre seguimientos y análisis de la planificación y la optimización de tareas. | *Linux* y *UNIX*<br>inglés | Código abierto |

En definitiva, existe una gran cantidad de *software* disponible para la gestión de un proyecto y, por tanto, el principal problema es encontrar la herramienta que mejor se adapte a las necesidades sobre la gestión del proyecto.

## Importante

Para gestionar el proyecto se debe elegir la herramienta de gestión que se adapte mejor a las fases del proyecto teniendo en cuenta características como el sistema operativo donde se ejecuta, el tipo de documentación que genera, las funciones, las utilidades y los tipos de diagramas que la herramienta proporciona.

### Actividades

5. Si se necesita realizar un análisis de los costes de un proyecto utilizando una herramienta de *software* de gestión, ¿es una buena decisión elegir como herramienta Gantt Project? Justifique la respuesta e indique qué herramienta usaría para este análisis.
6. ¿Qué aspectos dentro de la gestión de un proyecto permiten controlar las herramientas *software* de gestión? ¿Cuáles son las funcionalidades que proporcionan estas herramientas?
7. Indique las características de dos herramientas comerciales y dos herramientas de código abierto para la gestión de proyectos.

## 5. Técnicas de elaboración de documentación técnica

La documentación de proyectos sirve para identificar de forma más rápida y fácil todas las características y los aspectos que conforman el proyecto. La elaboración de una correcta documentación proporcionará identidad al proyecto y, de este modo, hace que los usuarios lleguen a conocer las ventajas, los inconvenientes, las funcionalidades, las características, los costes económicos y los beneficios implicados en el desarrollo del proyecto. Para que los documentos técnicos cumplan con todos los requisitos de elaboración deben tener las siguientes características:

- Lenguaje claro y conciso.
- Abarcar todos los aspectos del proyecto.
- Objetivos fáciles de detectar.
- Hacer referencia a las ventajas y los inconvenientes.
- Elaborar los documentos con una estructura adecuada.

En un documento técnico debe reflejarse toda la información necesaria que describe el producto, como su objetivo, funcionalidad y características. Para elaborar una buena documentación técnica se deben incluir los siguientes contenidos y técnicas:

- Descripción general:
    - Identificación del proyecto.
    - Justificación.
    - Objetivo general y específicos.
    - Resultados.
- Diagrama de bloques del sistema.
- Esquemático del sistema, determinando cada módulo.
- Descripción modular:
    - Realizar una descripción de cada módulo.
    - Diagrama esquemático, de estado o vistas, dependiendo del producto.
    - Listado de componentes con todas las características, el tipo, la potencia, el rango de funcionamiento, las especificaciones, etc.
    - Si se hace referencia a un *software*, se debe definir el sistema operativo de funcionamiento, la versión, los requerimientos de memoria, el disco duro, los periféricos, etc.
    - Protocolos de montaje y funcionamiento del módulo.
- Lista global de componentes.
- Análisis de costos de un prototipo y su producción.
- Protocolos de ensamblaje y pruebas de todos los módulos.
- Manual de usuario y operativo.

**Recuerde**

Un documento técnico debe describir el objetivo, la funcionalidad y las características del producto al que corresponde la información que contiene.

Al elaborar documentación técnica es necesario colocar una descripción del producto que informe al lector del alcance deseado. Se debe identificar la fecha de inicio de cada fase de desarrollo e incluir todas las descripciones técnicas además de un cronograma que muestre todas las actividades.

**Información que debe contener una documentación técnica**

- Descripción general
- Diagrama de bloques
- Esquematización del sistema
- Descripción Modular
- Lista global de componentes
- Análisis de costos
- Ensamblaje y pruebas de los módulos

A continuación se muestran unos ejemplos de documentos técnicos correspondientes a un proyecto de redes telemáticas siguiendo los contenidos establecidos en la teoría y que identifican los aspectos y las características más importantes relacionados con el proyecto:

- **Documento de tabla resumen para la descripción general del proyecto:**

<table>
<tr><th colspan="5">Descripción general del proyecto</th></tr>
<tr><td rowspan="2">Título del proyecto</td><td rowspan="2"></td><td>Código</td><td colspan="2"></td></tr>
<tr><td>Fecha</td><td colspan="2"></td></tr>
<tr><td>Fecha inicio</td><td></td><td colspan="2">Fecha fin</td><td></td></tr>
<tr><td>Empresa</td><td colspan="4"></td></tr>
<tr><td>Responsable</td><td colspan="4"></td></tr>
<tr><td>Integrantes</td><td colspan="4"></td></tr>
</table>

Continúa en página siguiente >>

<< Viene de página anterior

| Descripción general del proyecto | |
|---|---|
| **Identificación del proyecto** | Todos los datos identificativos relacionados con el proyecto, el código del proyecto, el nombre de la empresa, la fecha de elaboración del documento, la localización, el sector y el nombre del encargado o responsable del proyecto |
| **Justificación** | Razones por las que son necesarias llevar a cabo el proyecto dentro de las características establecidas |
| **Objetivo** | Ejecución del proyecto en función de las prestaciones y las necesidades requeridas por el cliente que establecen el objetivo por el cual se desarrolla el proyecto |
| **Alcance** | Definición de la totalidad del trabajo que será necesario llevar a cabo para establecer la finalización del proyecto |
| **Resultados** | Análisis de los resultados previstos de acuerdo a las condiciones y las necesidades requeridas |

- **Documento referente al cronograma del proyecto:**

**Documento técnico sobre el cronograma de un proyecto**

| ACTIVIDADES | INICIO | DURACIÓN (DÍAS) | FIN |
|---|---|---|---|
| A | 01/05/2026 | 5 | 06/05/2026 |
| B | 06/05/2026 | 4 | 10/05/2026 |
| C | 03/05/2026 | 10 | 13/05/2026 |
| D | 05/05/2026 | 6 | 11/05/2026 |
| E | 09/05/2026 | 5 | 14/05/2026 |

- **Documento para diagrama de bloques para un sistema de implantación de red telemática:**

**Diagrama de bloques del sistema**

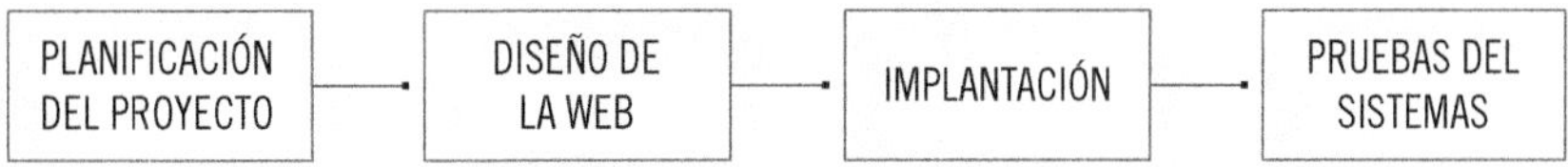


- **Documento descriptivo de actividades dentro del módulo anterior de diseño de la red:**

**BLOQUE DE DISEÑO DE LA RED**

- Definición del equipo de red
  - Equipos de acceso
  - Equipos de distribución
- Distribuidor y ubicación de los equipos de red
  - Definición de la localización de los equipos de red
  - Planos de localización
- Dueño de la estructura del cableado
  - Cableado vertical
  - Cableado horizontal
  - Puesto de usuario
- Esquemático del conexionado de equipos de red

- **Documento técnico del plano esquemático para el sistema:**

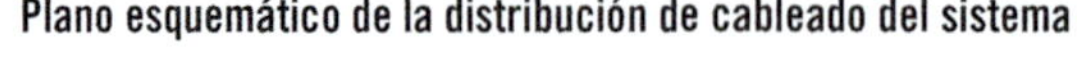


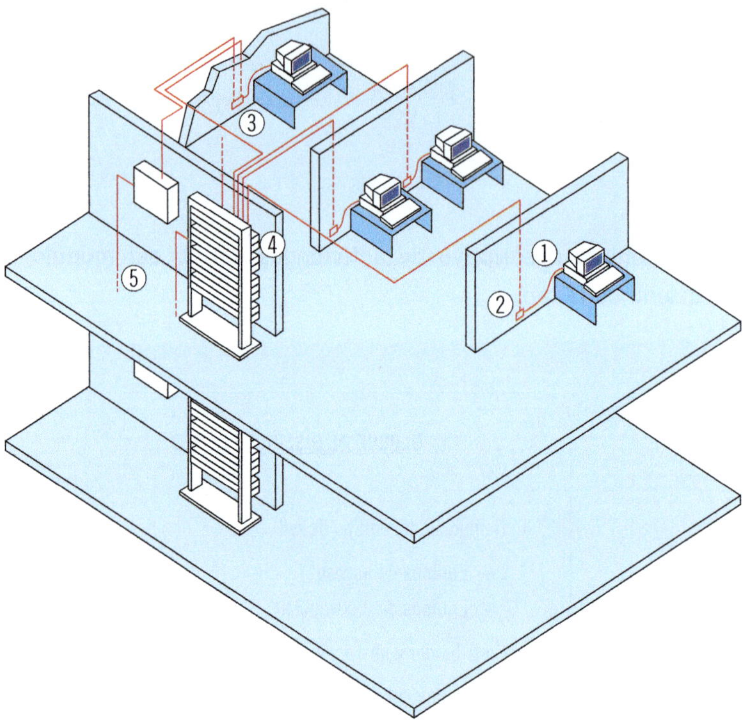


1. Área de Trabajo *(Patch Cord)*
2. Salida (Face Plate)
3. Cableado Horizontal (Cable UTP/FTP)
4. Cuarto de Telecomunicaciones (IDF) *(Rack/Plate Panel)*
5. Cableado Vertical *(BackBone)*

- **Documento técnico del plano para la distribución eléctrica en una planta:**

**Plano sobre la distribución eléctrica en una planta**

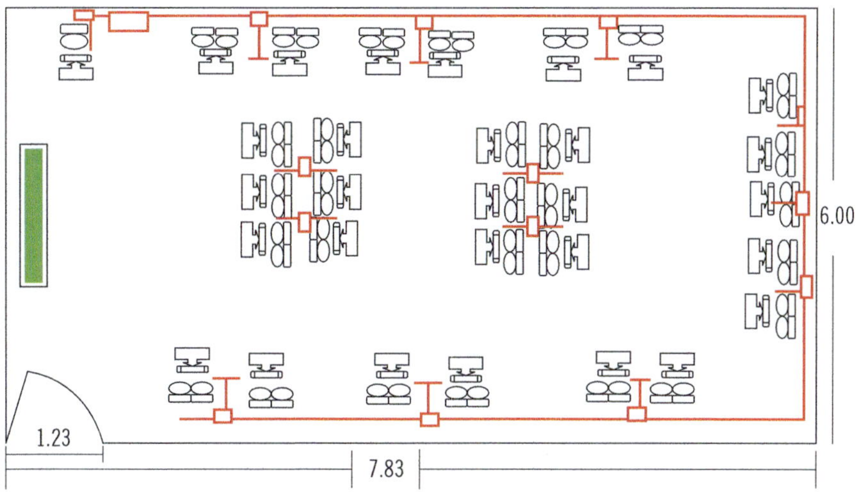


- **Documento descriptivo del módulo correspondiente al cableado horizontal de la red telemática:**

**Descripción de la estructura de cableado horizontal de una instalación de red**

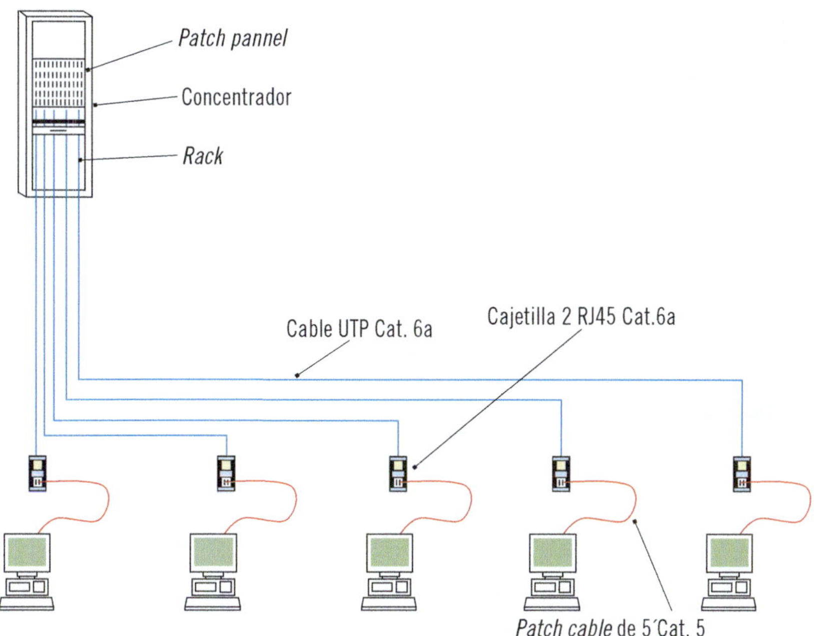

- **Documento que describe el listado de componentes necesarios:**

| N.° | Descripción general | Cantidad |
|---|---|---|
| 1 | Computador personal i9 de 3.70 GHz | 15 |
| 2 | *Switch* 4226T de 26 puertos, proporciona 24 puertos 10/100 con auto detección y dos puertos 10/100/1000 fijos | 3 |
| 3 | Armario *Rack* | 3 |
| 4 | *Patch pannel* de 48 puertos categoría 6 | 4 |
| 5 | Bobina de cable UTP cat 6a 305 m | 4 |
| 6 | Conectores RJ-45 | 300 |
| 7 | Roseta Jack RJ-45 | 30 |
| 8 | Canaletas porta cables | 200 m |
| 9 | Bandejas metálicas porta cables | 250 m |
| 10 | Cajetín externo RJ45 CAT.6a | 20 |
| 11 | Sistema de alimentación ininterrumpida (SAI) | 2 |

## Nota

Actualmente, la documentación técnica de un producto se considera un importante instrumento de *marketing* para las empresas reflejando su imagen e identidad de la marca.

## Actividades

8. ¿Para qué sirve y qué ventajas proporciona la documentación técnica? Enumere los requisitos necesarios en la elaboración de documentación técnica.

Continúa en página siguiente >>

<< Viene de página anterior

9. ¿Qué información debe contener la documentación técnica? ¿En qué consiste la descripción modular dentro de la documentación técnica? ¿Es necesario incluir en la documentación un cronograma y las fechas relacionadas con cada fase de desarrollo del proyecto?

## Aplicación práctica

**Elabore, dentro de la documentación técnica, un cronograma de tiempos que represente los plazos establecidos para las actividades de un proyecto de implantación de red telemática. Las actividades de las que se compone la implantación de la red y sus correspondientes fechas se muestran en la siguiente tabla:**

| Actividad | Fecha de inicio | Fecha fin | Duración |
|---|---|---|---|
| Recogida de información | 14/05/2026 | 16/05/2026 | 3 días |
| Planificación | 19/05/2026 | 20/05/2026 | 2 días |
| Diseño de la red | 21/05/2026 | 4/06/2026 | 14 días |
| Instalación del cableado | 5/06/2026 | 19/06/2026 | 14 días |
| Instalación de equipos de red | 20/06/2026 | 23/06/2026 | 4 días |
| Configuración de equipos de red | 24/06/2026 | 27/06/2026 | 4 días |
| Certificado de la instalación de red | 30/06/2026 | 1/07/2026 | 2 días |
| Pruebas de red | 2/07/2026 | 9/07/2026 | 7 días |
| Documentación | 10/07/2026 | 11/07/2026 | 2 días |

Continúa en página siguiente >>

<< Viene de página anterior

**SOLUCIÓN**

A partir de la tabla de plazos de tiempo establecidos, se diseña el cronograma de tiempo sobre las actividades descritas para la implantación de la red telemática como se muestra a continuación:

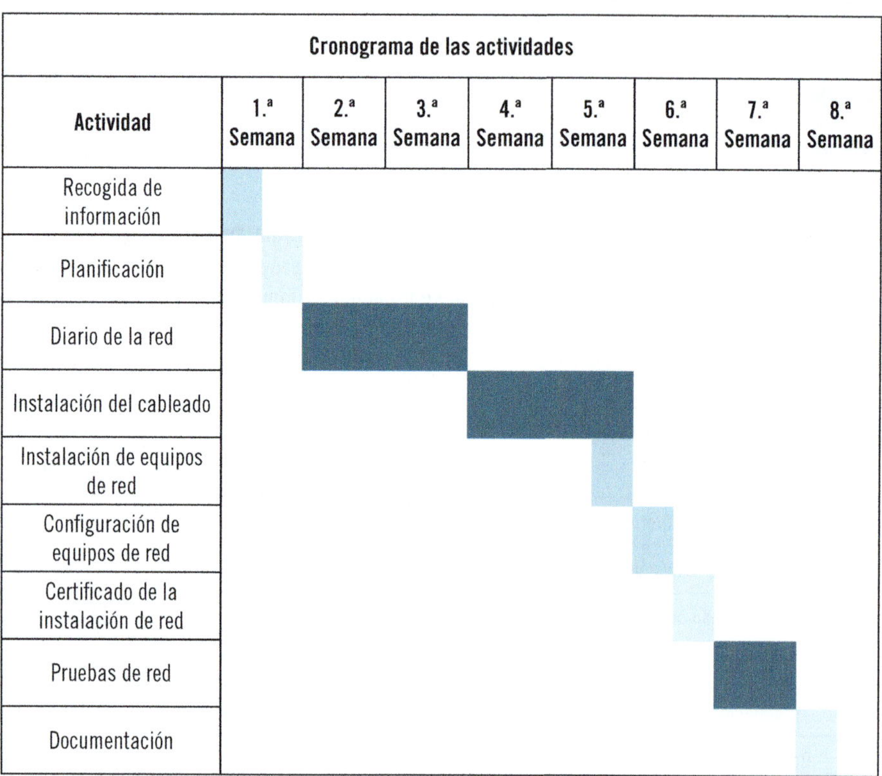

| Cronograma de las actividades | | | | | | | | |
|---|---|---|---|---|---|---|---|---|
| **Actividad** | **1.ª Semana** | **2.ª Semana** | **3.ª Semana** | **4.ª Semana** | **5.ª Semana** | **6.ª Semana** | **7.ª Semana** | **8.ª Semana** |
| Recogida de información | | | | | | | | |
| Planificación | | | | | | | | |
| Diario de la red | | | | | | | | |
| Instalación del cableado | | | | | | | | |
| Instalación de equipos de red | | | | | | | | |
| Configuración de equipos de red | | | | | | | | |
| Certificado de la instalación de red | | | | | | | | |
| Pruebas de red | | | | | | | | |
| Documentación | | | | | | | | |

## 6. Elaboración de informes y manuales operativos

Durante el desarrollo de un proyecto hay que elaborar un conjunto de documentación a la que se llamará **informes y manuales operativos,** que son redactados durante las diferentes fases de ejecución como son la supervisión y el seguimiento del proyecto y que proporcionarán toda la información necesaria sobre el proyecto.

Durante este desarrollo se deben elaborar periódicamente los informes que contienen toda la información del progreso del proyecto y que formarán parte de los resultados del mismo. Los informes de progreso deben incluir toda la información relacionada con los avances de ejecución sobre las actividades, los aspectos críticos de gestión, la solución de problemas y todos los aspectos económicos y financieros. En la elaboración de los informes se deben incluir los siguientes contenidos:

- Datos generales del proyecto.
- Todas las actividades realizadas en el proyecto.
- Todo el proceso de ejecución y sus avances.
- Problemas surgidos y su solución.
- Evaluación de resultados.
- Plan de adquisiciones.
- Evaluación de riesgos.
- Evaluación del plan económico y financiero.

### Importante

La elaboración de informes tiene como principal objetivo proporcionar toda la información sobre el progreso de realización de las actividades incluidas dentro del proyecto durante las fases de seguimiento y control.

---

Los informes se deben realizar periódicamente durante la ejecución del proyecto y tendrán como finalidad comprobar el grado de cumplimiento sobre los objetivos establecidos y poder tomar decisiones para corregir posibles desviaciones con respecto a la planificación.

Un manual operativo es una herramienta eficaz para transmitir el conocimiento necesario al personal operativo y garantizar el cumplimiento de los procedimientos, las actividades, las responsabilidades y las tareas secuenciales y proporcionar al personal operativo todo el soporte de información que necesita.

En toda empresa, los manuales forman parte de las herramientas para que el personal encargado desempeñe correctamente sus actividades mediante flujogramas y adquieran las responsabilidades encomendadas.

**Flujograma**
Representación gráfica de las distintas actividades que componen un procedimiento estableciéndose su secuencia temporal.

Todo manual debe cumplir los siguientes requisitos:

- Ser práctico y didáctico.
- Estilo de redacción sencillo, directo y claro.
- Toda la información debe ser real, actual, con lenguaje comprensible y familiar para los usuarios.
- Debe incluir elementos didácticos que faciliten la comprensión y la aplicación de los aspectos técnicos sobre los sustantivos mediante diseño conceptual, diseño de la captación y procesamiento.
- Debe permitir la evaluación de los objetivos del aprendizaje.

Para elaborar un manual operativo deben tenerse en cuenta aspectos como las características generales del proyecto, las características del diseño conceptual, determinar el contexto de aplicación, la modalidad de capacitación y el perfil del usuario que realizará las tareas operativas.

**Aspectos a tener en cuenta para la elaboración de manuales operativos**

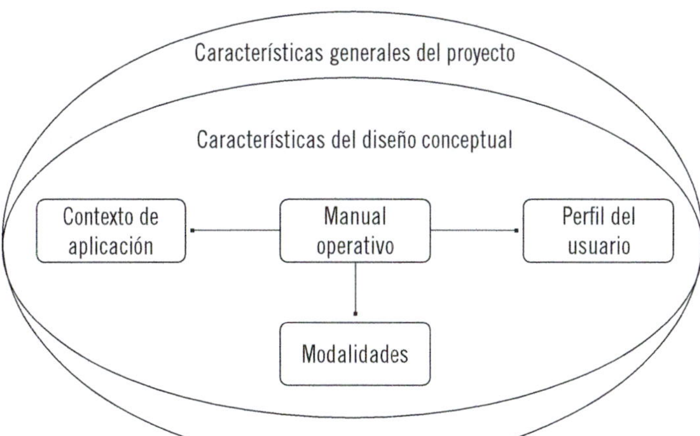


A continuación se muestran algunos ejemplos sobre el contenido de la información correspondiente a la elaboración de informes dentro de un proyecto donde se representará la información sobre los avances y la ejecución de las tareas, la secuenciación de actividades, la evaluación de riesgos y la evaluación económica:

- **Informe dentro de un anexo con información del seguimiento de las tareas dentro del proyecto:**

| Informe sobre el seguimiento de tareas | | | | |
|---|---|---|---|---|
| TAREA | RESPONSABLE | HORAS REPORTADAS | FACTURABLE | COMPLETA |
| Tarea 1 | Manuel Rodríguez Financial | 3,00 | No | Si |
| Hacer consultoría de historias del cliente | | | | |

| Persona | Fecha | Horas | Comentarios |
|---|---|---|---|
| Manuel Rodríguez Financial | 19 Jun 2026 | 1.00 | Prueba de reporte de horas |
| Pablo Comercial | 27 Jun 2026 | 2.00 | Creación de tareas |

Continúa en página siguiente >>

<< Viene de página anterior

| **Informe sobre el seguimiento de tareas** | | | | |
|---|---|---|---|---|
| TAREA | RESPONSABLE | HORAS REPORTADAS | FACTURABLE | COMPLETA |
| Aplicación de normas de calidad 9001 | Manager | 5,00 | No | No |
| Persona | Fecha | Horas | Comentarios | |
| Manuel Rodríguez Financial | 1 Jul 2026 | 5,00 | Elaborar documento de gestión | |
| Planificación general de la consultoría | Manuel Rodríguez Financial | 11,00 | No | Si |
| Planificación de la estrategia y tiempos | | | | |
| Persona | Fecha | Horas | Comentarios | |
| Manuel Rodríguez Financial | 28 Jul 2026 | 8,00 | | |
| Manuel Rodríguez Financial | 11 Ago 2026 | 3,00 | | |

- **Informe sobre el proceso de ejecución, secuenciación y avances del proyecto:**

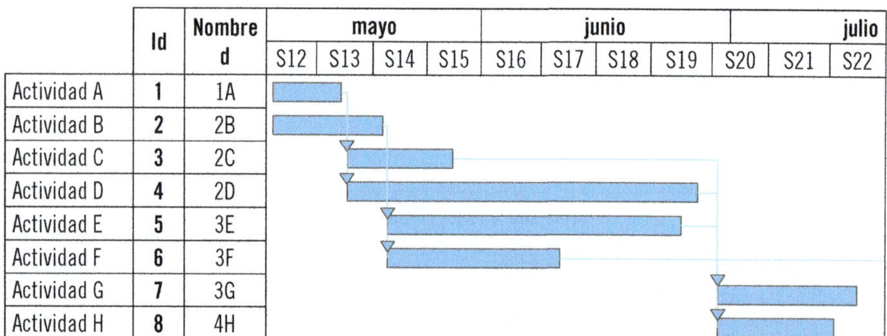


*Informe sobre el avance, la secuenciación de tareas y el progreso en la ejecución de las actividades de un proyecto*

- **Informe sobre la evaluación de riesgos en la ejecución del proyecto:**

**Gráfica representativa de la evolución de riesgos sobre la ejecución del proyecto**

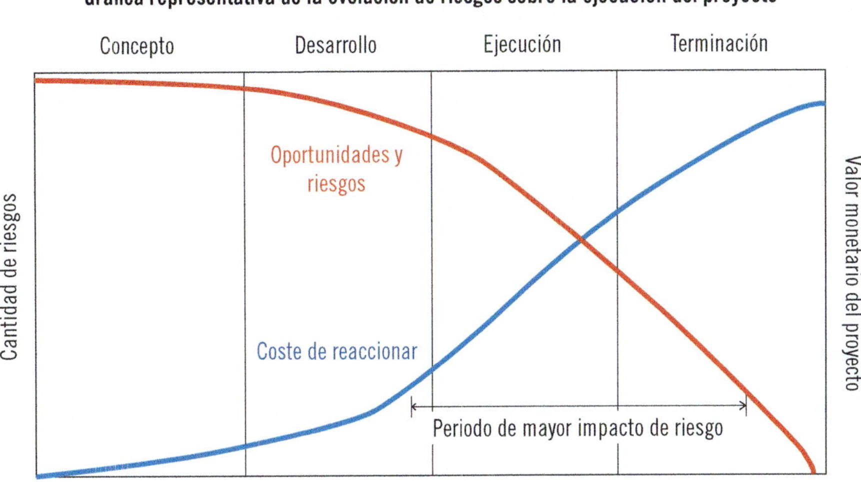

- **Informe sobre la evaluación del coste económico en un tiempo concreto durante la ejecución del proyecto:**

**Gráfica representativa sobre el análisis del coste económico del proyecto**

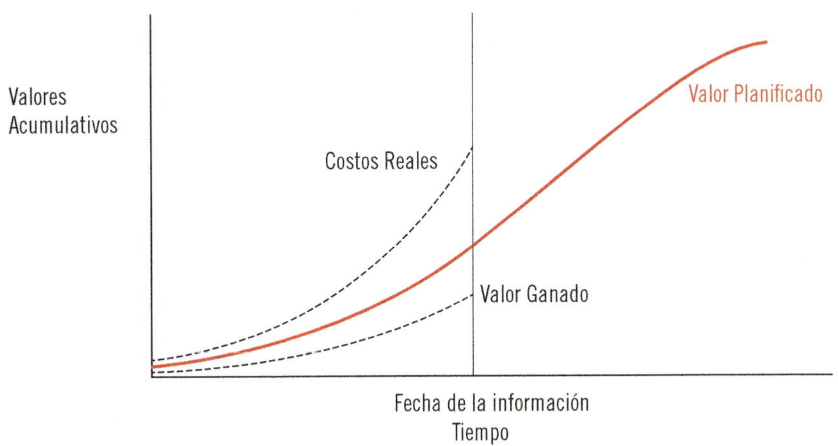

## Actividades

10. ¿Qué objetivos tienen los informes durante la ejecución del proyecto? ¿Qué deben incluir dichos informes?
11. ¿Qué es un manual operativo? ¿Qué requisitos debe cumplir un manual operativo? ¿Es necesario incluir elementos didácticos en un manual operativo? ¿Qué objetivos tienen estos elementos didácticos?
12. Indique algunos ejemplos sobre los diferentes tipos de informes que se pueden encontrar durante el desarrollo de un proyecto.

## Aplicación práctica

**Realice un informe sobre la evaluación del coste económico durante la ejecución de un proyecto de implantación de red telemática.**

**Para cada una de las fases del proyecto se muestra el coste real, el coste planificado y sus valores acumulados. A partir de estos valores se debe elaborar el informe que contenga la representación gráfica para la evaluación de costes al finalizar la fase de implantación de la red telemática señalada en color rojo.**

**Para realizar la evaluación se tienen los datos relacionados con el seguimiento de los costes durante el desarrollo del proyecto para tres fases de ejecución como se muestra en la siguiente tabla:**

| Fase del proyecto | Coste Real | Coste real acumulado | Coste planificado | Coste planificado acumulado |
|---|---|---|---|---|
| 1.ª FASE: Recopilación de datos | 1.700 € | 1.700 € | 1.620 € | 1.620 € |
| 2.ª FASE: Diseño de la red | 2.100 € | 3.800 € | 1.900 € | 3.250 € |
| 3.ª FASE: Implantación de la red | 24.200 € | 28.000 € | 22.170 € | 25.690 € |
| | FECHA ACTUAL | | | |
| 4.ª FASE: Pruebas | ----- | ----- | 3.200 € | 28.890 € |

Continúa en página siguiente >>

<< Viene de página anterior

**Se pretende obtener la comparación entre el coste real y el coste planificado observando sobre la tabla que el coste real ha superado al coste planificado por diversas causas, las cuales se muestran a continuación:**

- **Fase de recopilación de datos: se ha superado el coste planificado por la necesidad de una reunión no programada inicialmente con un experto externo a la empresa que proporcionó mayor información sobre determinados aspectos de la red.**
- **Fase de diseño: se ha necesitado una nueva licencia de un *software* comercial para el diseño de redes.**
- **Fase de implantación: se ha necesitado incorporar un equipo más de distribución durante la implantación de la red con respecto a lo planificado inicialmente, aumentando el correspondiente coste de materiales estimados en la planificación.**

**Se debe representar la evaluación de costes en la siguiente gráfica:**

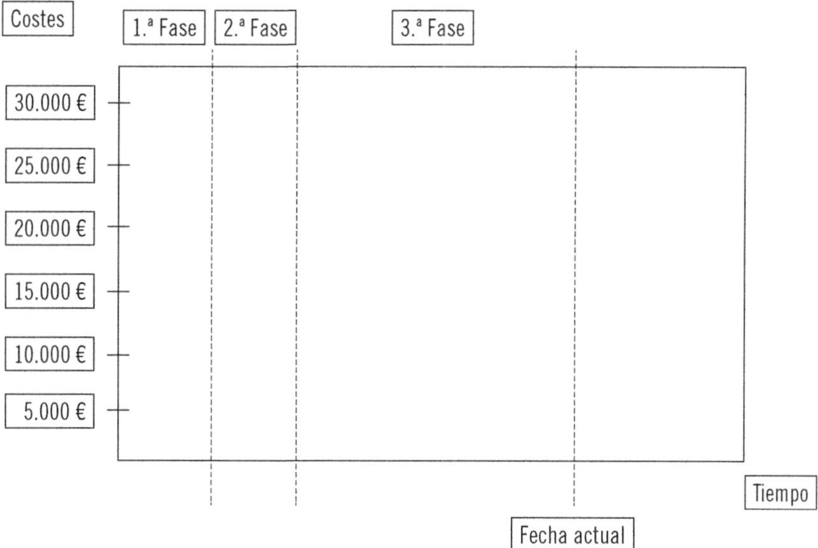


**SOLUCIÓN**

A continuación se muestra la gráfica sobre la evaluación de costes realizada a partir de la tabla de datos:

Continúa en página siguiente >>

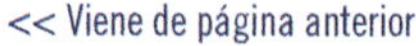

<< Viene de página anterior

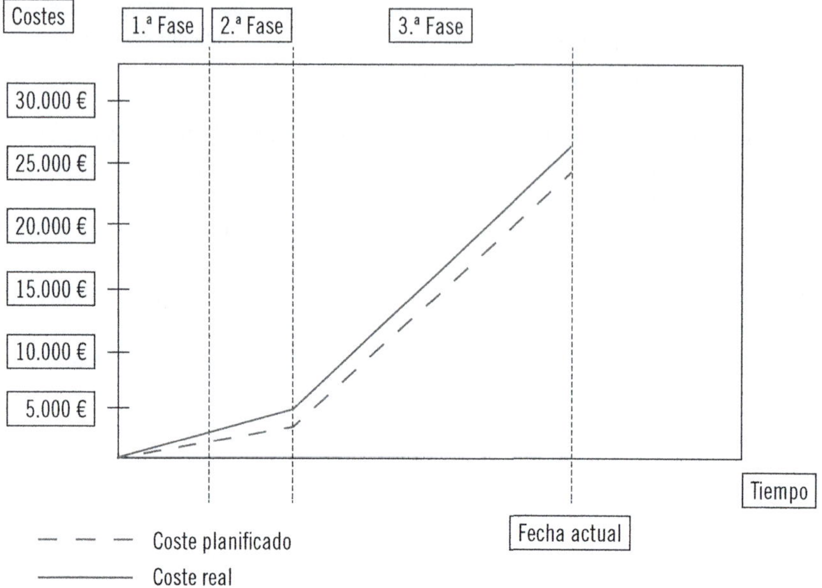


Se observa en la gráfica que en cada una de las etapas se ha producido un sobrecoste con respecto al coste planificado, dando como resultado final para la fecha actual un sobrecoste de 2.310 € al finalizar la tercera fase.

Por tanto, se debe ajustar el coste en la última etapa del proyecto para intentar equilibrar el sobrecoste tomando las medidas necesarias antes de finalizar el proyecto.

## 6.1. Estructura de la información a transmitir

Para elaborar el manual es necesario definir la estructura de la información que se va a transmitir. Dependiendo de las características técnicas y específicas del proyecto que se deben cubrir, los procedimientos y los usuarios a los que va dirigido, el manual se elaborará en base a un modelo estándar y flexible. A continuación se muestra la estructura para un manual operativo:

| | |
|---|---|
| **Portada** | Datos de identificación de la empresa, fechas y datos de control |
| **Presentación** | Define la importancia y la utilidad del proyecto |
| **Índice** | Lista ordenada de capítulos y artículos que contiene |
| **Introducción** | Indica el objetivo, el alcance, el ámbito de aplicación y el contexto del manual |
| **Capítulos sustantivos** | Aspectos generales = funciones, alcance, responsabilidades y organigrama operativo<br>Procedimientos técnicos = diagrama de flujo, objetivos del procedimiento, criterios y requisitos de aplicación, problemas y áreas de aplicación<br>Cronograma = gráfica con el periodo temporal de realización de actividades<br>Glosario = incluye la definición de todos los conceptos incluidos en el manual |
| **Anexos** | Incluye información como tablas de datos y características de montaje funcionamiento de los componentes del proyecto |
| **Otros** | Formatos, ejemplos y catálogos |

Nota

La necesidad de disponer de un manual operativo surge cuando existen actividades complejas que necesitan descripciones precisas y proporcionar una fácil consulta.

A continuación se muestran algunos ejemplos relacionados con el contenido de la estructura de la que se compone un manual operativo de un proyecto. En este caso se incluye un organigrama del equipo de trabajo, el procedimiento técnico para el montaje del cable UTP y su clavija de conexión, un esquema de la distribución y canalización del cableado de la red sobre bandejas porta cables sobre un falso techo y los componentes de una caja de conexión de usuario.

Además, se incluye un ejemplo de la configuración de la red para los equipos de usuario y un anexo técnico dentro del manual sobre el funcionamiento del sistema de ventilación dentro del armario donde se ubican los equipos electrónicos de red.

Dentro de los aspectos generales se puede encontrar el organigrama representativo del equipo de trabajo para el proyecto:

**Organigrama sobre la estructura del grupo de proyecto**

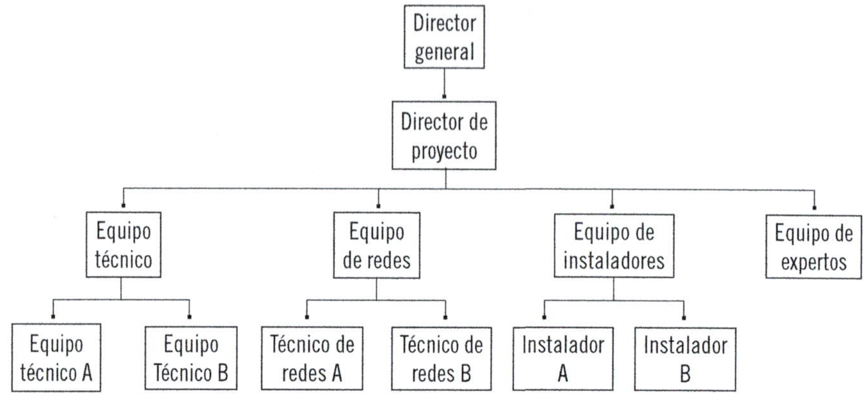


Dentro de los procedimientos técnicos se muestra un ejemplo de instalación con cable UTP de par trenzado con sus correspondientes clavijas de conexión:

- **Primer paso:** pelar la cubierta del cable y eliminar el hilo central.

**Procedimiento para el pelado del cable UTP**

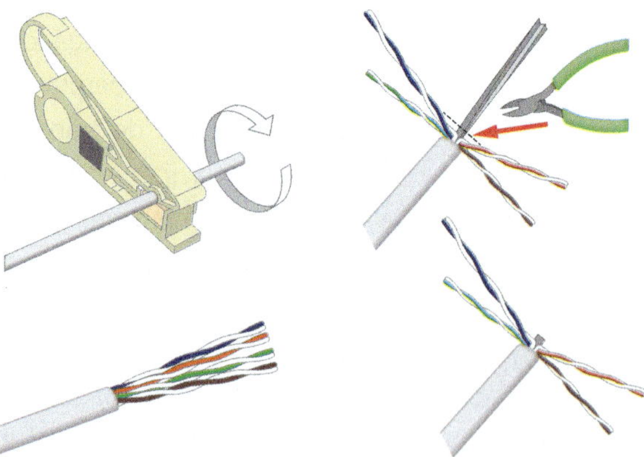

- **Segundo paso:** localización de cada hilo según el estándar elegido y la conexión con el conector.

**Conexión del cable UTP con el conector**

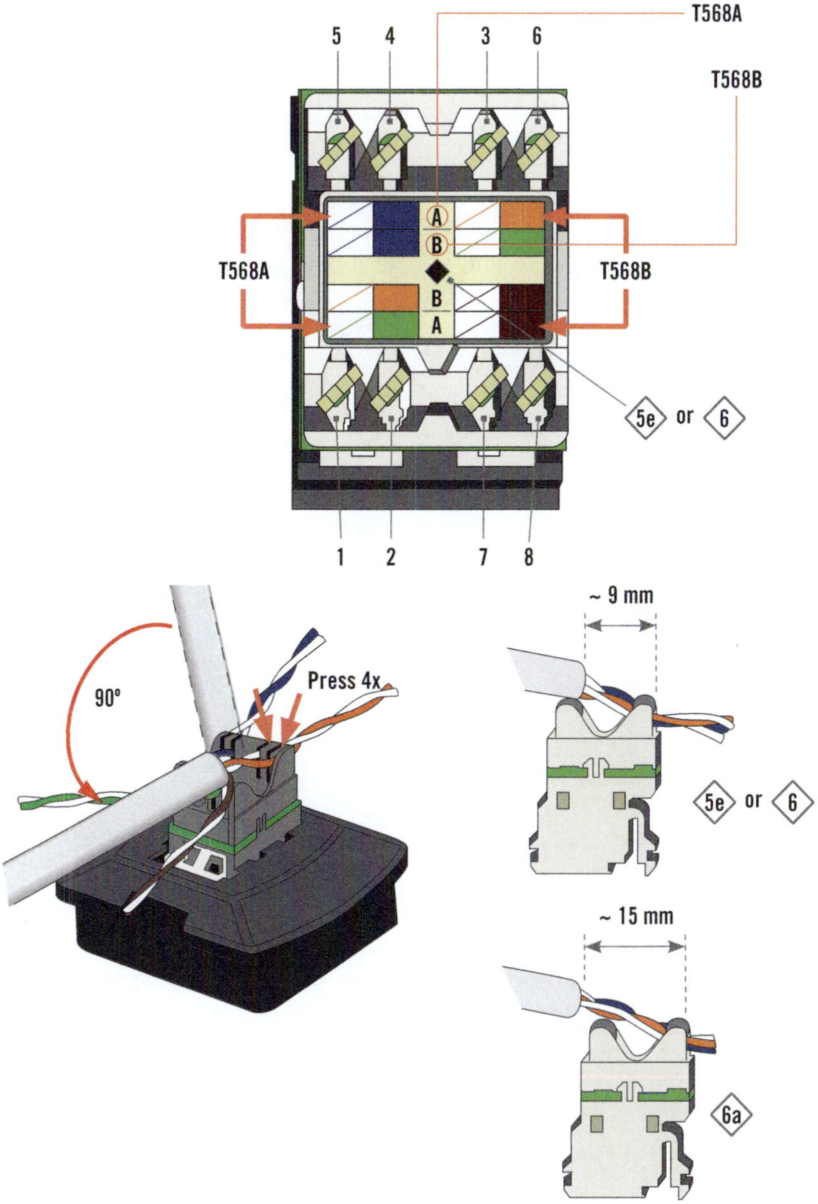

- **Tercer paso:** inserción de los hilos con el conector.

**Inserción del cable UTP con el conector**

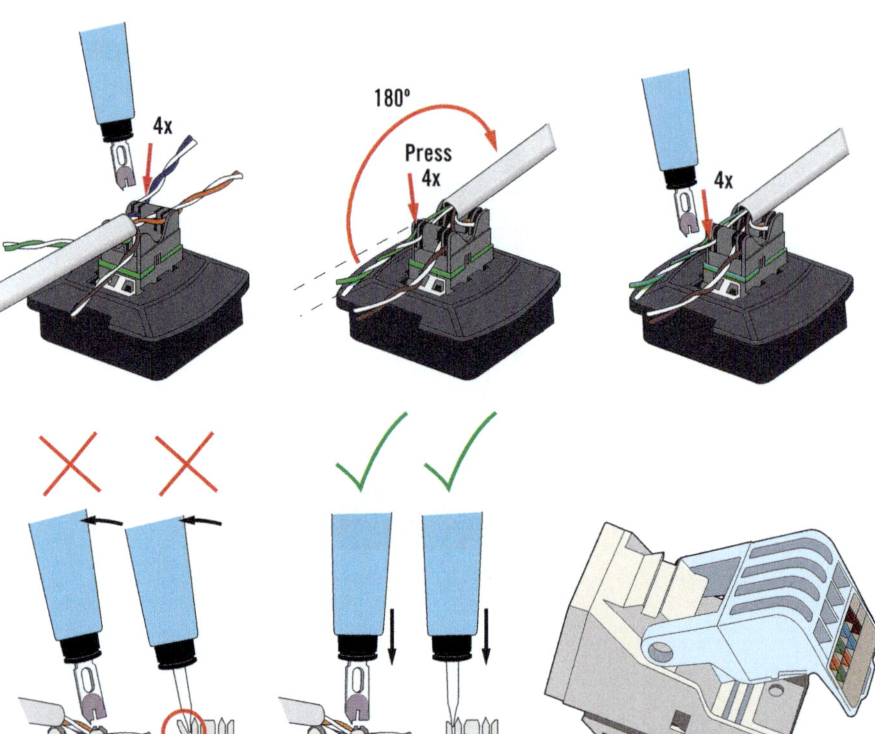


Para la instalación de las bandejas que portan los cables para la conexión de los equipos de la red telemática se muestra la información sobre la forma de distribución de las bandejas portadoras por el falso techo como se muestra en el siguiente ejemplo:

**Distribución de las bandejas portadoras del cableado**

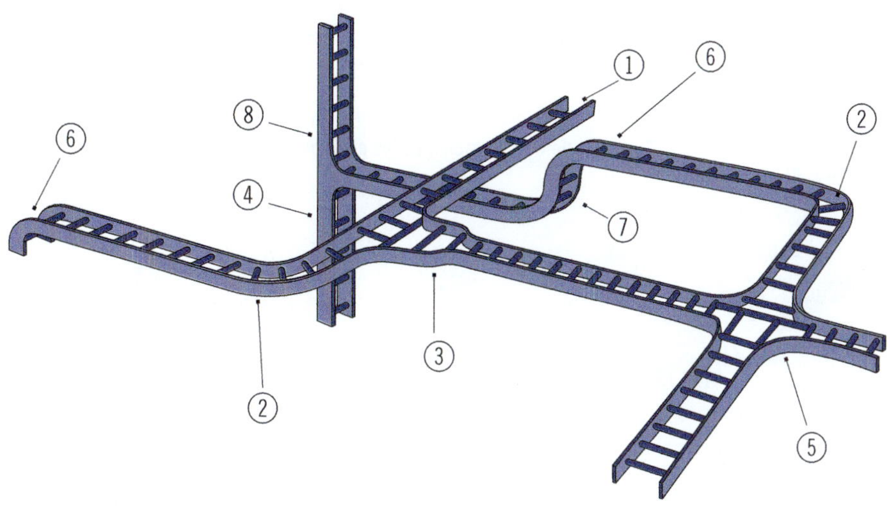


1. Tramo recto de bandeja
2. Codo horizontal de 90°
3. T. horizontal
4. Cruz
5. Reducción
6. Curva vertical exterior
7. Curva vertical interior
8. T. vertical

Para la instalación de las rosetas en el área de usuario se muestra la composición de la caja que se instalará en la pared y su procedimiento para unir sus piezas:

**Despiece de la caja de conexión del usuario**

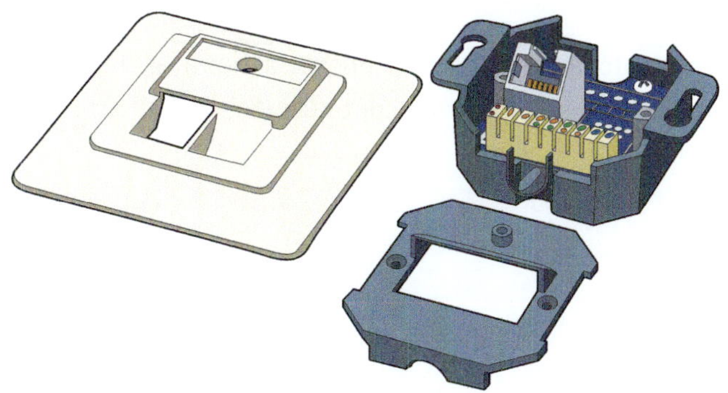

Dentro del manual se muestra información sobre la configuración de los equipos de usuario conectados a la red así como su conexión correspondiente con los equipos electrónicos de acceso y distribución de la red:

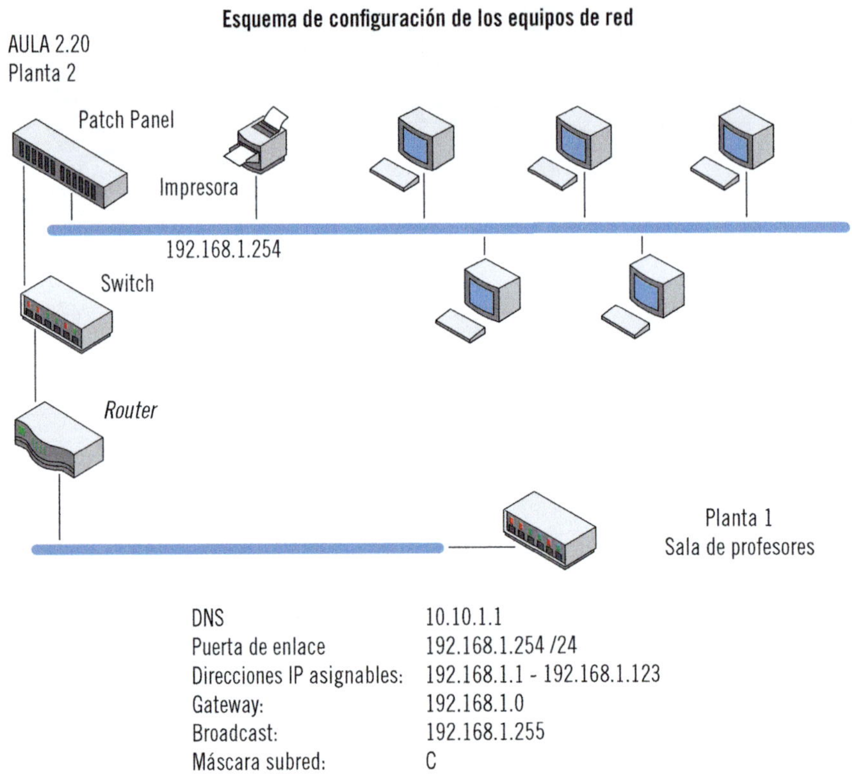


El procedimiento técnico para la puesta a tierra en las instalaciones de cableado estructurado se muestra a continuación:

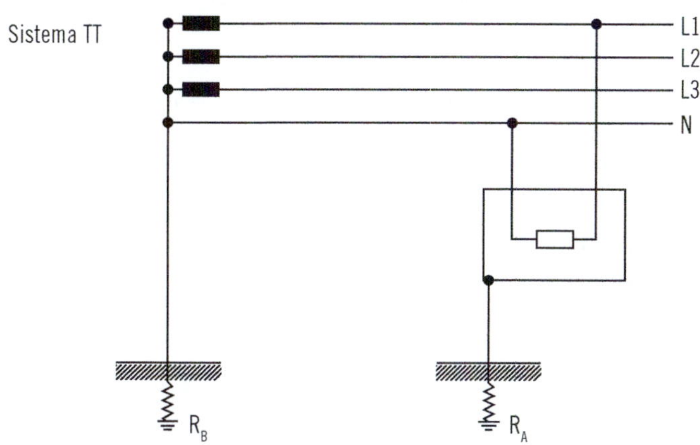


*Sistema de alimentación en trifásica TT. Al estar el neutro a tierra, la tensión entre fase y tierra nunca será una tensión compuesta entre fases.*

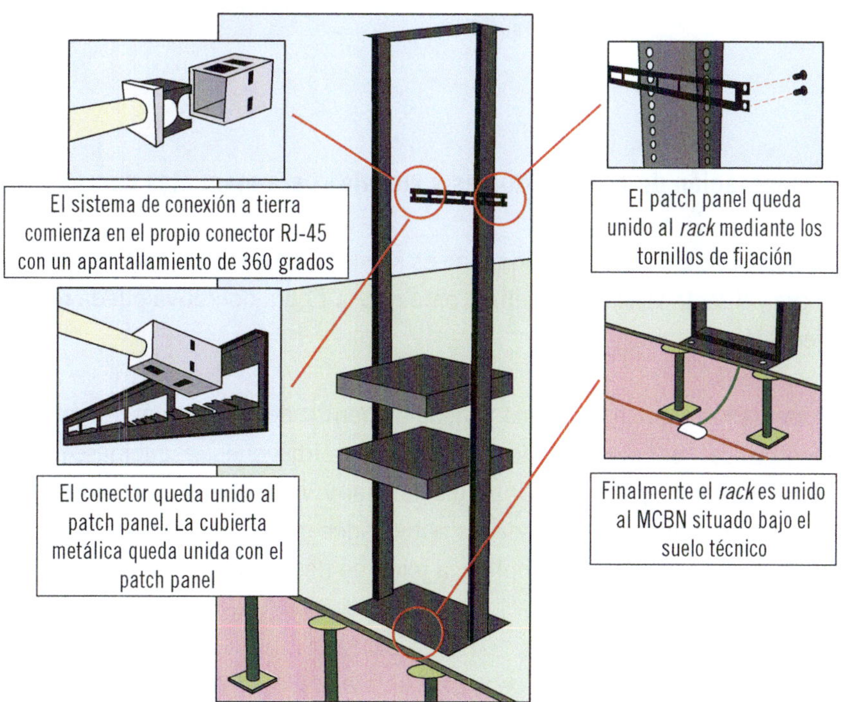

En los anexos se puede encontrar el funcionamiento del sistema de ventilación del armario donde se ubican los equipos electrónicos de red donde la salida de aire se produce por la parte superior y la entrada por la parte inferior:

**Esquema del sistema de ventilación dentro de un armario**

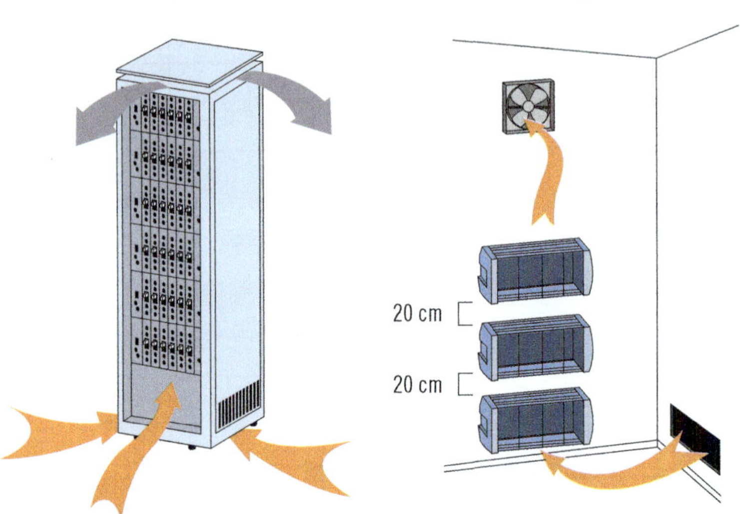


## 6.2. Elaboración de guías textuales y visuales para manuales operativos

El objetivo de un manual didáctico es servir como apoyo expresando de forma clara y directa todo su contenido para que la figura operativa pueda realizar su ejecución.

Para elaborar guías textuales y visuales dentro de un manual operativo se pueden utilizar recursos variados como dibujos, imágenes, esquemas, ilustraciones, fotografías y mapas. Una guía textual y visual debe transmitir claramente las ideas abarcando desde las actividades más simples hasta las actividades más complicadas que implica la toma de decisiones cuando surge algún inconveniente.

Un procedimiento incluido dentro de un manual operativo en forma de guía textual y visual debe contener una descripción del procedimiento y su diagrama correspondiente.

### Descripción del procedimiento

En la descripción del procedimiento debe presentarse secuencialmente cada una de las operaciones que se deben realizar. Cada operación debe ser explicada y se debe explicar en qué consiste, además de reseñar el puesto responsable de su ejecución, usando un texto claro y conciso explicando cómo, con qué, cuándo, dónde y el tiempo durante el que se lleva a cabo el procedimiento.

Definición

**Procedimiento**
Secuencia de operaciones y su método de ejecución realizada por una o varias personas y que son necesarias para realizar una determinada función.

### Diagrama del procedimiento

El diagrama de procedimiento tiene como objetivo facilitar la comprensión del usuario o persona que lo consulta. Los diagramas de flujo representan y permiten visualizar secuencialmente todas las actividades que se deben desarrollar dentro del procedimiento y sus responsables de ejecución.

Su uso principal está relacionado con el análisis de procedimientos para representar una descripción resumida del conjunto facilitando la compresión de dichos procedimientos. Un diagrama de flujos está compuesto por símbolos en el que cada uno de ellos tiene un significado concreto como indica la siguiente tabla.

| Símbolos | Significado | Símbolo | Significado |
|---|---|---|---|
|  | Actividad |  | Documento |
|  | Inicio o terminación de flujo |  | Flujo o línea de unión |
| NO SÍ | Decisión / alternativa |  | Conector de operación |
|  | Conector de página |  | Archivo |
| T | Archivo temporal |  | Insertar nota |

## Importante

Un diagrama de flujo es un recurso gráfico que representa el desarrollo de actividades y que generalmente presenta un único punto de inicio y un único punto de finalización.

### *Ejemplo de diagrama de flujo*

Se elabora un diagrama de flujo que represente un procedimiento que lleve a cabo una actividad; en este caso, la actividad será la de instalar y conexionar un *router* para tener acceso a internet en una oficina o domicilio. El comienzo del diagrama es comprobar si hay servicio de Internet y el final del flujo será la comprobación para del funcionamiento de Internet.

Antes de nada se va a definir el proceso completo para instalar un *router* en una oficina o domicilio particular. Primero se va a enumerar todo el proceso empleando cuestiones que, dependiendo de su respuesta, se deberá actuar de una forma u otra y posteriormente aplicarlas al diagrama. A continuación se muestran los pasos a seguir para instalar un *router* particular:

1. Saber si hay servicio de Internet (decisión/actividad).
2. Saber si se tiene el *router* y su cableado de conexión correspondiente (decisión/actividad).
3. Conectar el *router* y comprobar su funcionamiento (actividad/decisión/actividad).

Basándose en estos pasos se puede elaborar el diagrama que permita al usuario llevar a cabo este procedimiento de instalación del *router*, recordando que el diagrama debe ser resumido, claro y preciso para facilitar la comprensión. A continuación se muestra el diagrama elaborado:

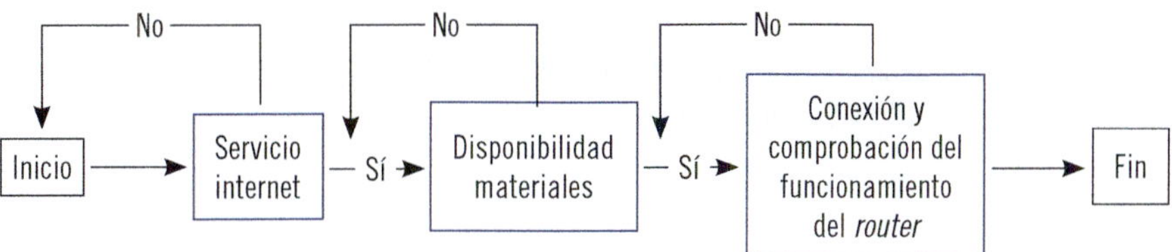


Se puede observar en el anterior diagrama cómo se realiza el recorrido de flujo desde el inicio hasta el final. Los tres símbolos de decisión permiten variar la dirección dependiendo de si se cumple o no la condición escrita en su interior. Los símbolos de color azul determinan las acciones que se llevan a cabo en cada momento durante el recorrido sobre el diagrama.

## Actividades

13. Indique la estructura que debe tener un manual operativo. ¿Qué tipo de capítulos sustantivos se pueden encontrar dentro de un manual operativo?
14. ¿Qué debe contener un procedimiento dentro de un manual operativo? ¿Qué es la descripción del procedimiento?
15. ¿De qué forma se representan las actividades en un diagrama de flujo? ¿Qué uso principal tiene un diagrama de flujo?

## Aplicación práctica

Elabore un diagrama de flujo que represente las fases de implantación para una red telemática. En este caso se debe comenzar con la planificación y terminar con las pruebas de red. El proceso completo secuencialmente se muestra a continuación:

Inicio

1. ¿Planificación completa? (Decisión) y completar planificación (actividad).
2. ¿Diseño completo? (decisión) y completar diseño (actividad).
3. Instalación (actividad).
4. ¿Instalación completada? (Decisión).
5. Pruebas (actividad), pruebas superadas (decisión), solucionar errores (actividad).

Fin

A continuación se muestra el diagrama de flujo que debe ser completado con el proceso secuencial descrito anteriormente:

Continúa en página siguiente >>

<< Viene de página anterior

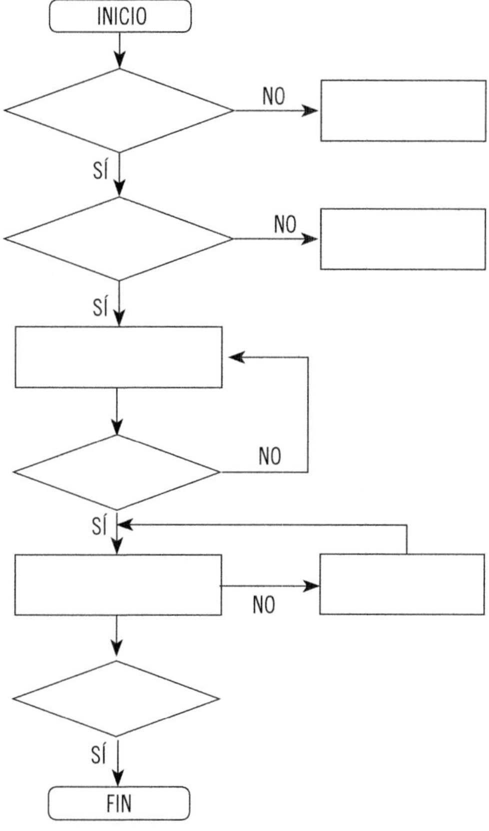


## SOLUCIÓN

Siguiendo la secuenciación del enunciado se completa el diagrama que define las actividades correspondientes a la implantación de una red telemática de la siguiente manera:

Continúa en página siguiente >>

<< Viene de página anterior

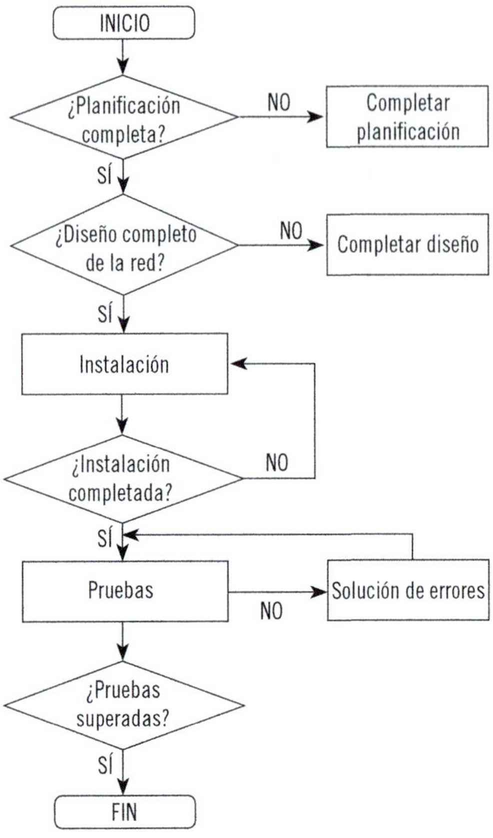


## 7. Recomendaciones generales sobre identificación, organización de archivos y gestión de sus versiones

La documentación generada durante el desarrollo del proyecto es un elemento muy importante para la organización ya que será una fuente accesible de conocimiento y recursos para futuros proyectos. El correcto uso y organización de esta documentación aporta un mejor servicio al cliente, eficacia, calidad y eficiencia dentro de la empresa aplicando los principios archivísticos de procedencia, orden original y contexto.

Es necesario asignar un responsable dentro del proceso documental que será el encargado de realizar la gestión de documentos dentro de la empresa o entidad, y para ellos se deberá elegir una persona con formación y experiencia en la gestión documental.

Los principios para realizar una correcta identificación y organización de documentos son la planificación, la eficiencia, el control y el seguimiento además del coste económico.

**Principios para la identificación y la organización de documentos**

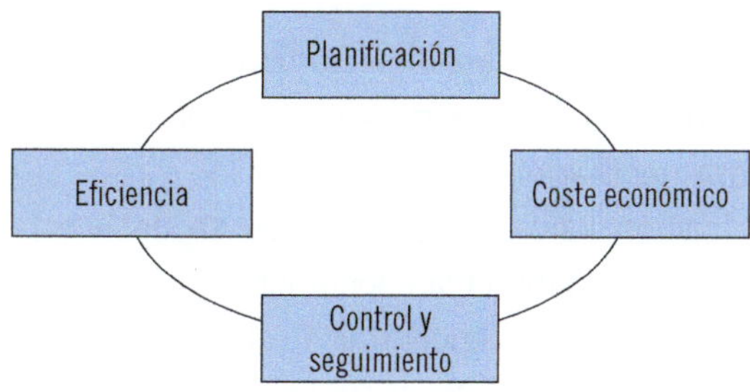


Los documentos se deben agrupar por clases o categorías a nivel de metadatos, bien por series o subdividiendo estas series en subseries y expedientes, manteniendo siempre la secuencia dentro de una misma clase documental y estructura de organización.

## Nota

Un metadato se define como los datos que describen a los documentos de un archivo, su contenido y su estructura a lo largo de su ciclo de vida.

En la elaboración de proyectos se desperdicia una gran cantidad de tiempo simplemente buscando algún tipo de información que la empresa ya posee pero que no tiene una correcta localización. Para identificar y organizar la documentación del proyecto se deben seguir las siguientes recomendaciones:

- Se deben crear unidades documentales de acuerdo a las características de los documentos, el grupo de organización homogéneo o el tipo de documentos que se quiere organizar (documentos textuales, documentos gráficos, soportes electrónicos).
- Para la identificación de carpetas se debe realizar un marcado y una rotulación que permita identificar su ubicación y recuperación dentro de la tabla de retención documental (TRD) con información de su nombre, código, nombre de la serie, código de la serie, número de carpeta, número de folios, etc.
- Los documentos que componen las unidades documentales deben estar foliados, facilitando de esta manera su ordenación, control y consulta cuando fuese necesario.
- Para la ubicación física de documentos se debe establecer un orden según la fecha más antigua del documento generado, es decir, el primer documento que se debe encontrar al abrir una carpeta debe ser más antiguo, mientras que el documento con la fecha más reciente se encontrará al final de la carpeta.

**Organización de documentos**

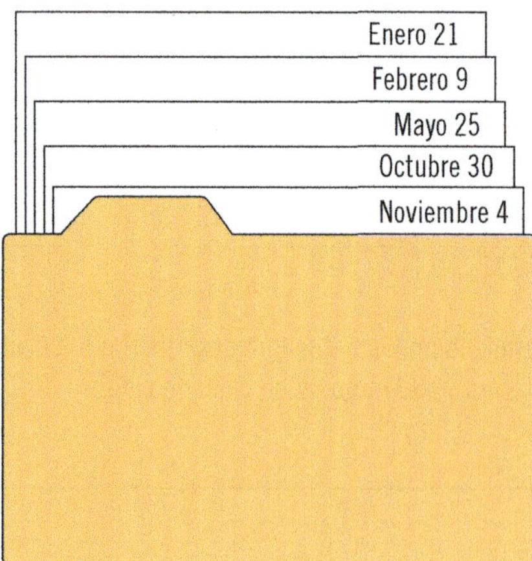

- Se debe contar con suficiente espacio para almacenar la documentación generada y su posible incremento.
- Las condiciones de humedad, temperatura y ventilación deben ser evitadas.
- Nunca se deben guardar copias o duplicados de documentos ya existentes.
- Al archivar un documento se debe verificar que corresponde a la serie que se está archivando.
- Los planos, dibujos y mapas deben tener el número de folio consecutivo que les corresponda (incluso cuando estén plegados).
- Garantizar la seguridad con restricciones de acceso y control sobre los documentos.
- Realizar periódicamente un inventario documental que proporcione información sobre el almacenamiento ordenado de documentos existentes.
- Utilizar herramientas de organización documental como:

    - Cuadros de clasificación documental (CCD): que proporciona la planificación estructural de archivos.
    - Tabla de valoración documental (TVD): que proporciona la identificación mediante el código del archivo.
    - Programa de gestión documental (PGD): que establece la política y las instrucciones de organización de la gestión documental interna.

La organización de la documentación se puede realizar según el carácter del documento que se quiere clasificar. Esta clasificación se puede llevar a cabo de la siguiente forma:

- Clasificación por las actividades del proyecto.
- Clasificación dependiendo del carácter del documento, ya sea un informe de pruebas, información de control, información de fallos, información de costes, etc.
- Clasificación por su origen.
- Clasificación dependiendo del destinatario.
- Clasificación por su contenido.

En un proyecto de implantación de redes telemáticas es recomendable utilizar la clasificación por actividades de las cuales está compuesto dicho proyecto, estableciendo la siguiente clasificación:

- Documentos correspondientes a la dirección y la coordinación del proyecto.
- Documentos pertenecientes a la planificación.
- Documentos pertenecientes a los costes de la implantación.
- Documentos referentes a la ejecución y el proceso de implantación.
- Documentos de detalle sobre la implantación de la red.
- Documentos de compras.
- Documentos referentes a proveedores necesarios en el proyecto.

### Nota

La búsqueda de información durante un proyecto adquiere un 16 % de las horas de trabajo, incluso teniendo información similar ya guardada y disponible.

La gestión documental electrónica debe establecer una estructura lógica que indique la forma en la que se debe registrar un documento en soporte electrónico. Esta gestión y estructura incluye el uso de signos, la indicación del diseño y el formato del documento, entre otros. Todo documento en versión electrónica debe ser funcional, contener un contenido estable, una forma documental fija y establecer vínculos entre archivos.

**Características de un documento electrónico**

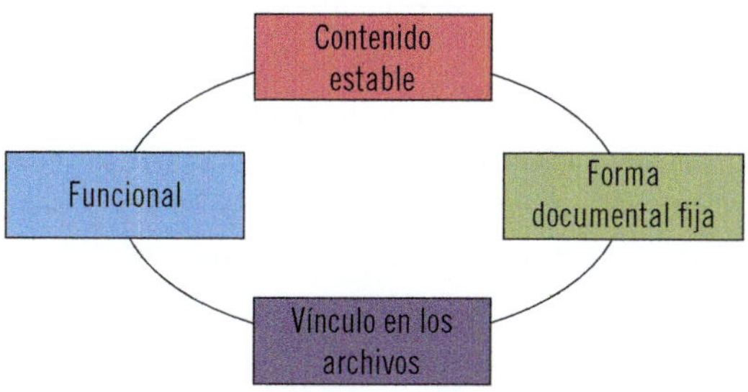


Para la documentación en formato electrónico se puede establecer una estructura de carpetas donde se almacenará de forma organizada los archivos siempre en formato PDF. Se debe respetar la estructura de organización enlazada a partir de un archivo cabecera INDICE.PDF, de forma que se puede acceder a toda la información de la documentación del proyecto. Este archivo INDICE.PDF contiene enlaces a cada uno de los archivos que componen la estructura del proyecto.

A continuación se muestra un ejemplo donde se estructura la documentación correspondiente a la memoria, los planos, las mediciones y el presupuesto además de los anexos en formato electrónico:

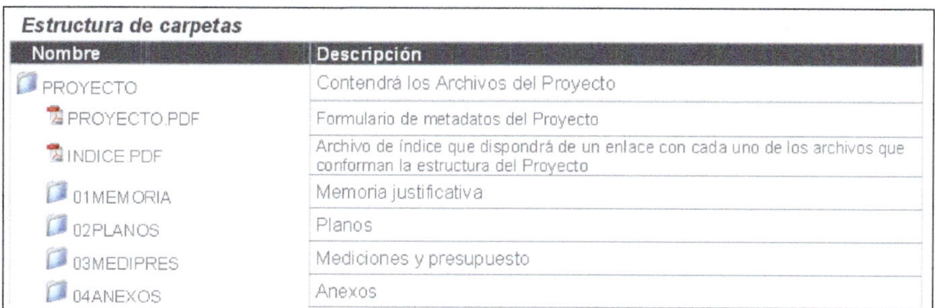

**Estructura de carpetas**

| Nombre | Descripción |
|---|---|
| PROYECTO | Contendrá los Archivos del Proyecto |
| PROYECTO.PDF | Formulario de metadatos del Proyecto |
| INDICE.PDF | Archivo de índice que dispondrá de un enlace con cada uno de los archivos que conforman la estructura del Proyecto |
| 01MEMORIA | Memoria justificativa |
| 02PLANOS | Planos |
| 03MEDIPRES | Mediciones y presupuesto |
| 04ANEXOS | Anexos |

*Estructura de la documentación en formato electrónico*

## Actividades

16. ¿Cuáles son los principios para realizar una correcta organización de documentos? ¿Cómo se define la agrupación de documentos por clases o categorías?
17. ¿Qué tipo de clasificación de documentos se puede llevar a cabo según el carácter del documento? ¿Y para un proyecto de implantación de una red telemática?

En el caso de la documentación en un tipo de soporte físico informático, se puede organizar la documentación en formato CD-ROM, DVD-ROM y dispositivos USB de memoria *flash*. La presentación del soporte electrónico debe ser impresa cumpliendo las siguientes características:

- Nombre/título del proyecto almacenado.
- Fecha de realización de la grabación.
- Número de CD, representando el número de volumen y el número total de volúmenes en el caso de que fuera necesario con la nomenclatura volumen/número de volúmenes (v/n).
- La rotulación debe ser visible y con tinta indeleble de color oscuro.

Los diferentes formatos más habituales en los que se pueden presentar los documentos de tipo texto, imágenes, audio y vídeo se muestran en la siguiente tabla:

| | |
|---|---|
| **Formatos de texto** | TXT, RTF, ODF, PDF, XML, HTML, XHTML, CSV, MS OFFICE |
| **Formatos de imagen** | JPEG, JPG, PDF, PNG, TIFF |
| **Formatos de audio** | AAC, MP3, Ogg/Oga |
| **Formato de vídeo** | MPEG-4, AVI, MP4, FLV, MKV, OGM |

### Sabía que...

Aproximadamente un 85 % de los documentos que se elaboran sobre un proyecto no vuelven a utilizarse de nuevo.

## 8. Resumen

Para abordar cualquier proyecto se debe tener en cuenta una serie de aspectos organizativos para su desarrollo. Un proyecto se caracteriza por tener un objetivo bien definido, una serie de recursos disponibles y un presupuesto definido.

Para realizar correctamente la gestión de la documentación generada en el proyecto se pueden utilizar herramientas informáticas de gestión basándose en las utilidades de diagramación y elaboración de documentos a disposición del usuario.

Para la elaboración de documentación técnica es necesario aplicar una serie de técnicas y cumplir unos requisitos documentales donde se deben incluir todos los informes generados durante el desarrollo del proyecto, manteniendo una estructura determinada de su contenido y estableciendo un sistema de identificación y organización de los archivos.

Los manuales operativos estarán incluidos dentro de la documentación del proyecto y tendrán como objetivo facilitar la comprensión del usuario y proporcionar toda la información necesaria sobre la ejecución de los procesos.

## Ejercicios de repaso y autoevaluación

**1. Indique cuál de las siguientes afirmaciones es verdadera o falsa.**

a. Los procesadores de texto permiten insertar gráficos y tablas.

☐ Verdadero
☐ Falso

b. Se puede realizar una gestión de costes con cualquier herramienta ofimática.

☐ Verdadero
☐ Falso

c. Las celdas en una hoja de cálculo se localizan mediante el número de la fila y la letra de la columna correspondiente.

☐ Verdadero
☐ Falso

**2. Enumere las funciones que proporciona una hoja de cálculo para la gestión de proyectos.**

_______________________________________________
_______________________________________________
_______________________________________________
_______________________________________________
_______________________________________________
_______________________________________________
_______________________________________________

**3. Indique qué *software* de diagramación tiene un tipo de licencia comercial.**

*a. Dia.*
*b. Kivio.*
*c. Microsoft Visio.*
d. Todas las opciones son incorrectas.

4. **¿Qué características tiene el *software* de diagramación *Dia*?**

_______________________________________________
_______________________________________________
_______________________________________________
_______________________________________________

5. **¿Qué proporciona la utilización de herramientas de *software* en la gestión de proyectos?**

    a. Solo documentación.
    b. Eficiencia.
    c. Tiempo.
    d. Todas las opciones son incorrectas.

6. **Complete el siguiente texto.**

    Las herramientas *software* de gestión permiten realizar la ____________ de actividades y el _______ de costes y _______de información proporcionando utilidades como diagrama de _______, gráfico de _____ o _______ de uso de tareas.

7. **Indique las características de la herramienta *software* de gestión *GanttProject*. ¿Qué inconveniente tiene esta herramienta?**

_______________________________________________
_______________________________________________
_______________________________________________
_______________________________________________
_______________________________________________
_______________________________________________
_______________________________________________

8. **Indique los dos *software* de gestión de proyectos que tienen licencia comercial para su utilización.**

    a. *OpenProj y Microsoft Project.*
    b. *Oracle Primavera y Microsoft Project.*
    c. *Oracle Primavera y GanttProject.*
    d. Todas las opciones son incorrectas.

9. ¿Para qué sirve la documentación técnica? ¿Qué le proporciona al proyecto una correcta elaboración de la documentación técnica?

10. ¿Qué requisitos y características debe cumplir un documento técnico? ¿Qué información debe reflejar?

11. ¿Qué información debe incluir un informe? ¿Cuándo se deben realizar los informes?

12. Indique qué debe contener un manual operativo.

**13. Relacione cada elemento con su ubicación dentro de la estructura de un manual operativo.**

a. Alcance del proyecto.
b. Diagrama de flujo.
c. Diagrama temporal.

__ Procedimientos técnicos dentro de los capítulos sustantivos.
__ Cronograma dentro de los capítulos sustantivos.
__ Aspectos generales dentro de los capítulos sustantivos.

**14. Indique cuál de las siguientes afirmaciones es verdadera o falsa.**

a. Un procedimiento dentro de un manual operativo debe contener la descripción del procedimiento y su diagrama correspondiente.

- ☐ Verdadero
- ☐ Falso

b. No es necesario realizar un marcado, rotulación y foliado de los documentos que componen el proyecto.

- ☐ Verdadero
- ☐ Falso

c. El orden secuencial de los documentos se debe establecer desde la fecha más antigua (en la primera posición de la carpeta) hasta el documento con fecha más actual (situado en la última posición de la carpeta).

- ☐ Verdadero
- ☐ Falso

15. **Relacione cada extensión de archivo que puede tener un documento electrónico con su correspondiente formato.**

| | |
|---|---|
| JPG, TIFF | Formato audio |
| PDF, MS OFFICE y XML | Formato de texto |
| MP3, AAC | Formato imagen |
| AVI, MP4 y FLV | Formato vídeo |

Capítulo 3

# Documentación del proyecto de implantación de la infraestructura de red telemática

# Contenido

1. Introducción
2. Explicación de la finalidad de la documentación que compone un proyecto
3. Identificación de los documentos comunes a todo proyecto
4. Referencia a la Norma UNE 157001: criterios generales para la elaboración de proyectos
5. Memoria
6. Planos
7. Pliego de condiciones
8. Presupuesto
9. Desarrollo de un supuesto práctico
10. Resumen

# 1. Introducción

La documentación de proyectos es un factor importante cuando se lleva a cabo un proyecto, ya que proporciona información necesaria sobre las características de dicho proyecto. Para generar esta documentación hay que basarse en un estándar común de presentación de documentos. Una correcta documentación enriquecerá el proyecto, permitiendo al usuario interpretar mejor las características y las funcionalidades del mismo.

La documentación debe incluir todos los aspectos relacionados con el proyecto, como datos sobre la planificación temporal, recursos asignados de tipo material y humano, procesos utilizados, planos, aspectos financieros, informes detallados de seguimiento y control, especificaciones del diseño y ejecución, entre otros.

La Norma UNE 157001 permite aplicar los criterios a la hora de realizar la documentación de un proyecto para un determinado objeto y campo de aplicación. Esta norma establece las características de la documentación y determina los requisitos generales del proyecto.

# 2. Explicación de la finalidad de la documentación que compone un proyecto

Un proyecto de implantación de la infraestructura de una red telemática describe el conjunto de procesos y pasos a seguir desde el momento en el que se plantea un problema inicial hasta que se materializa la implantación de la red telemática.

La documentación que compone el proyecto debe exponer toda la información sobre las fases de implantación de la red telemática, describiendo los elementos y el equipamiento que componen la instalación, su ubicación, características del cableado y normativas aplicadas.

La implantación de una infraestructura telemática debe contar con su correspondiente documentación del proyecto, que tiene como objetivo garantizar que la red telemática cumpla las normativas técnicas establecidas en el reglamento.

Dentro de los documentos se deben incluir aspectos descriptivos y justificativos de dimensionado que permitan la contratación, la ejecución y la legalización para llevar a cabo la implantación de la red telemática cumpliendo el Real Decreto 346/2011 de 11 marzo.

El proyecto, compuesto por la memoria, los planos, el pliego de condiciones y el presupuesto, debe ser firmado por el ingeniero de telecomunicación encargado del diseño de la red telemática.

Todos los documentos que componen el proyecto son informativos pero no todos tienen la misma fuerza legal, ya que los planos y el pliego de condiciones se consideran vinculantes y su información prevalece sobre el resto. El carácter vinculante manifiesta el compromiso de realizar lo que se refleja en esos documentos como definición del proyecto.

Para poder obtener la licencia de obras, los ayuntamientos están obligados a pedir el proyecto de telecomunicaciones junto con el resto de documentación como el proyecto básico arquitectónico, los datos personales, etc. La mayoría de ayuntamientos exige todos los documentos correspondientes al proyecto como requisito indispensable para la obtención del permiso de instalación; sin embargo, hay ayuntamientos que piden la hoja de encargo firmada por el ingeniero y visada por el colegio de ingenieros.

La hoja de encargo es un contrato en el que se reflejan las condiciones en las que la empresa o persona encargada de la instalación de la red acepta la petición de trabajo del cliente y que debe firmar el proyectista. En la primera fase, el ayuntamiento autoriza la instalación y concede la licencia, y a partir de este momento se comienzan a ejecutar las instalaciones. Una vez finalizada la instalación, se realiza la tramitación para que el ayuntamiento inspeccione las instalaciones y los servicios y conceda el acta de puesta en marcha.

Recuerde

Los planos y el pliego de condiciones son considerados documentos vinculantes en cuanto a la ejecución y la definición del proyecto.

Actividades

1. ¿Qué garantiza la documentación de un proyecto? ¿Qué documentos se consideran vinculantes?
2. ¿Qué es la hoja de encargo? ¿Para qué sirve?

## 3. Identificación de los documentos comunes a todo proyecto

La información sobre la implantación de una red telemática se organiza dividiéndola en las partes especializadas, donde la persona encargada de realizar el proyecto de implantación de la red expone y justifica la solución adoptada mediante la recopilación de todos los datos y los cálculos efectuados.

De esta forma, un proyecto de implantación de una red telemática incluirá como mínimo los documentos y sus respectivos objetivos que se muestran a continuación:

- **Memoria:**
  - Justificación sobre la necesidad de la instalación de la red telemática.
  - Indicar el emplazamiento de la instalación telemática.
  - Descripción general del conjunto de la implantación de red telemática, indicando el cumplimiento de la reglamentación vigente.

  - Descripción de las etapas previstas para la puesta en servicio de la instalación telemática.
  - Anexos que contiene el conjunto de estudios sobre aspectos que complementan la información contenida en los demás documentos.

- **Planos:**

  - Información gráfica, ya sea referida al conjunto de la instalación o a los elementos de la instalación con detalles descriptivos.

- **Pliego de condiciones:**

  - Definir, junto con los planos, los distintos elementos de la instalación, determinando las características sobre los materiales de cableado y el equipamiento.
  - Condiciones técnicas y legales sobre la ejecución de la instalación de la red telemática.
  - Forma de mediciones y abono.

- **Presupuesto:**

  - Refleja el análisis del coste para la instalación de la red.

Hay que destacar que algunos de los documentos anteriores tienen un carácter informativo mientras que otros están dirigidos al constructor para proporcionarle la información necesaria en cuanto a la implantación, su forma y el abono de las diferentes partes de la instalación.

### Recuerde

Los anexos describen una explicación más detallada de aspectos concretos del proyecto de forma complementaria a los demás documentos.

Actividades

3. ¿Cuáles son los documentos comunes en todo proyecto? Enumerarlos e indicar los objetivos de cada documento.

## 4. Referencia a la Norma UNE 157001: criterios generales para la elaboración de proyectos

La Norma UNE 157001:2014 permite homogeneizar la presentación de la documentación de cualquier proyecto y que un tercero pueda certificar que la documentación de dicho proyecto cumple o no con los requisitos de la norma. Esto proporciona una garantía de calidad para todos los agentes que intervienen en el ciclo de vida del proyecto, especialmente para la propiedad, los contratistas, los futuros usuarios, los funcionarios y los representantes de la administración que controlan y otorgan los permisos y las autorizaciones.

### 4.1. Objeto y campo de aplicación

La Norma UNE 157001 ha sido concebida como referencia para establecer una garantía tanto para el promotor del proyecto como para el responsable de su materialización, para las administraciones implicadas y los usuarios finales, de que un proyecto destinado a la materialización de su objeto o su autorización es adecuado al uso al que está destinado.

Su objetivo es establecer las características que satisfacen la documentación de los proyectos en cuanto a productos, obras y edificios (excluidas viviendas), instalaciones (incluidas las de viviendas), servicios o soportes lógicos *(software)* para que sean conformes al fin al que están destinados. Por el contrario, no es objetivo de la norma determinar las normas internas para la elaboración del proyecto.

## 4.2. Requisitos generales

La norma establece una serie de requisitos generales para cualquier proyecto:

- El título debe expresar de forma clara e inequívoca el producto, la obra, la instalación, el servicio o el soporte objeto del mismo.
- La documentación necesaria y el orden de prioridad de los documentos en caso de discrepancia entre los mismos.

La documentación necesaria exige que cualquier proyecto conste de ocho documentos denominados **básicos,** que se muestran a continuación, y que se deben presentar en el orden indicado:

| Índice general |
|---|
| Memoria |
| Anexos |
| Planos |
| Pliego de condiciones |
| Estado de mediciones |
| Presupuesto |
| Estudios con entidad propia (cuando proceda) |

### Nota

El uso de la Norma UNE 157001:2014 para la elaboración de proyectos no se considera obligatoria pero sí recomendable su aplicación en la documentación de proyectos.

Los documentos básicos pueden estar agrupados en distintos volúmenes o en uno solo y, dependiendo del tipo de proyecto que se desarrolle, puede no ser necesario incluir todos estos documentos.

La norma exige como requisito general que cada una de las portadas de los documentos básicos y los volúmenes debe incluir el número del volumen, el título del proyecto, el cliente para el que se redacta, los datos de los autores y los datos de la persona jurídica cuando corresponda. Se exige que en cada página de los documentos básicos y en cada uno de los planos incluidos en la documentación se refleje la siguiente información:

| Número de página o de plano |
|---|
| Título del proyecto, número o código de identificación |
| Título del documento básico al que pertenece |
| Número o código de identificación del documento |
| Número de edición o fecha de aprobación |

Todos los documentos deben estructurarse en forma de capítulos y apartados, que se enumerarán de acuerdo a lo indicado en la Norma UNE 50132:1994 - Numeración de las divisiones y subdivisiones en los documentos escritos. Se requiere un lenguaje claro y preciso, libre de términos ambiguos y coherente con la terminología empleada en los diferentes capítulos y apartados de los diferentes documentos del proyecto.

Importante

El uso del tiempo futuro indicará requisitos obligatorios mientras que las sugerencias no obligatorias se expresarán utilizando el condicional o el subjuntivo.

## 4.3. Contenido de los ocho documentos básicos de un proyecto

El contenido de los ocho documentos básicos establecidos por la Norma UNE 157001 se muestra a continuación:

### Índice general

Tiene como misión la localización de los distintos contenidos del proyecto. El índice general contendrá todos y cada uno de los índices de los diferentes documentos básicos del proyecto.

### Memoria

Su función fundamental es la de ejercer de nexo de unión entre todos ellos. Su misión es justificar las soluciones adoptadas y, conjuntamente con los planos y el pliego de condiciones, describir de forma unívoca el objeto del proyecto. El contenido de la memoria debe ir ordenado por capítulos y tener la siguiente estructura:

Capítulo 0. Hojas de identificación
- Primera hoja
- Hoja índice de la memoria

Capítulo 1. Objeto
Capítulo 2. Alcance
Capítulo 3. Antecedentes
Capítulo 4. Normas y referencias
- 4.1. Disposiciones legales y normas aplicadas en el proyecto
- 4.2. Bibliografía
- 4.3. Programas de cálculo
- 4.4. Plan de calidad aplicado en la redacción del proyecto
- 4.5. Otras referencias

Capítulo 5. Definiciones y abreviaturas
Capítulo 6. Requisitos de diseño
Capítulo 7. Análisis de soluciones
Capítulo 8. Resultados finales
Capítulo 9. Planificación
Capítulo 10. Orden de prioridad entre los documentos básicos

La primera hoja de la memoria, es decir la portada, debe contener los datos del proyecto, los datos de la persona que encarga el proyecto, los datos del autor y los datos de la entidad o persona jurídica que recibe el encargo del proyecto.

### Anexos

Este documento está formado por los documentos que desarrollan, justifican o aclaran determinados apartados específicos dentro de la memoria u otros documentos básicos del proyecto. A modo de ejemplo, la norma indica los siguientes anexos:

- Documentación de partida considerada para establecer los requisitos de diseño.
- Cálculos de justificación de soluciones adoptadas, procedimientos de cálculo y resultados finales base del dimensionado o comprobación de los distintos elementos que componen el objetivo del proyecto.
- Estudios realizados sobre seguridad, medio ambiente, emplazamiento del proyecto, estudios geotécnicos, hidráulicos, hidrológicos, etc.
- Otros documentos como catálogos de los elementos que componen el objeto del proyecto, listados, información de soportes lógicos, etc.

### Planos

Los planos, junto con la memoria, deben definir de forma unívoca el objetivo del proyecto. Los requisitos exigidos para este documento son:

- Iniciarse con un índice de planos.
- Contener información gráfica, alfanumérica, códigos y escalas para su comprensión.
- Incluir un cajetín con información sobre el número de plano, el título del proyecto o código de identificación, el número o código de identificación del documento y el número de edición o fecha de aprobación.

Nota

Los cajetines, las indicaciones y el plegado deben cumplir con lo indicado en las normas UNE de la serie 1000.

### Pliego de condiciones

Este documento establece las condiciones técnicas, económicas y administrativas para que el objetivo del proyecto pueda materializarse en las condiciones establecidas evitando posibles interpretaciones diferentes. Este documento debe contener lo siguiente:

- Especificaciones de los materiales y los elementos constitutivos del objetivo del proyecto, calidades mínimas, indicando la norma si existiera, las pruebas y ensayos según la norma, las condiciones de realización y los resultados mínimos que se deben obtener.
- La reglamentación y las normativas aplicables.
- Aspectos del contrato que se refieran directamente al proyecto y que pudieran afectar a su objetivo en su fase de materialización o de funcionamiento. Entre los que se mencionan en la norma destacan los criterios de medición y abono, los criterios para las modificaciones al proyecto original, las pruebas y ensayos, la garantía de suministro y funcionamiento, indicando el alcance, la duración, las limitaciones, etc.

### Estado de mediciones

Tiene como misión definir y determinar las unidades de obra que configuran la totalidad del producto, obra, instalación, servicio o soporte lógico *(software)* objeto del proyecto. Debe incluir el número de unidades y definir las características, los modelos, los tipos y las dimensiones de cada partida de obra o elemento del proyecto. La norma recomienda utilizar el sistema internacional de unidades según UNE-EN ISO 80000:2023 en las partes de 0 a 13.

### Presupuesto

Su misión es determinar el coste económico del objeto del proyecto indicando de manera clara todos los conceptos que influyen en el coste final del proyecto basándose en el estado de mediciones. Un presupuesto debe contener un cuadro de precios unitarios de materiales, precios de mano de obra, unidades de obra y presupuesto global desglosado según el estado de mediciones.

El presupuesto debe indicar de forma clara si los precios incluyen conceptos como gastos generales, beneficio industrial, impuestos, tasas y otras contribuciones como seguros, costes de certificación, permisos, licencias y cualquier otro concepto que influya en el coste final para materializar el proyecto.

### Estudios con entidad propia

La norma reserva para este documento básico todos aquellos estudios que deban incluirse en el proyecto por exigencias legales; por ejemplo, los relativos a prevención de riesgos laborales y al impacto ambiental.

## Recuerde

Los planos, junto con la memoria, tienen la función de definir de forma unívoca el objetivo del proyecto.

## Actividades

4. ¿Qué objetivo tiene la Norma UNE 157001:2014? ¿Cuáles son los ocho documentos básicos que exige la norma?
5. ¿Qué información exige la norma para cada una de las páginas de los documentos básicos?

Continúa en página siguiente >>

<< Viene de página anterior

6. Indique la finalidad de cada uno de los ocho documentos básicos que exige la Norma UNE 157001:2014.

## 5. Memoria

La memoria es un documento básico calificado como fundamental entre los ocho que exige la Norma UNE 157001:2014. Habitualmente, la memoria se estructura en dos partes: la memoria descriptiva y los anexos.

La memoria descriptiva tiene carácter expositivo y sirve de introducción al lector del proyecto y realiza la coordinación entre los diversos apartados de los demás documentos, mientras que los anexos contienen el conjunto de estudios referidos a la información recogida, estudios previos y datos de partida para realizar la implantación de la red telemática.

La memoria debe especificar como mínimo la descripción del edificio/lugar donde se pretende realizar la instalación, la descripción del diseño de red, los servicios que se incluyen en la infraestructura telemática, los puntos de instalación, además de los equipos y los elementos que componen la red.

### Importante

La memoria es uno de los documentos básicos que constituyen el proyecto y asume la función fundamental de nexo de unión entre todos ellos.

## 5.1. Descripción y finalidad de la memoria

La memoria tiene como finalidad justificar la solución adoptada y explicar el objeto del proyecto para la implantación de la red telemática. Debe hacer referencia a los objetivos, las alternativas, el alcance, las ventajas, los inconvenientes y las razones que han llevado a la solución elegida. En definitiva, la memoria del proyecto debe tratar los siguientes aspectos:

- Justificar la necesidad de la instalación.
- Indicar el emplazamiento de la instalación.
- Indicar las diferentes etapas previstas para la puesta en servicio de la instalación.
- La descripción general de la instalación reflejando el cumplimiento de la reglamentación vigente.

## 5.2. Análisis de contenidos y estructura

El documento perteneciente a la memoria está compuesto por la memoria descriptiva y los anexos a la memoria como se indicó anteriormente. El contenido de la memoria debe incluir los aspectos de diseño de red así como las soluciones elegidas para su implantación justificando los resultados finales basándose en la planificación del proyecto y aplicando las normas legales y de gestión de calidad aplicadas sobre el proyecto. A continuación se muestra un ejemplo sobre el contenido y la estructura de la memoria correspondiente a un proyecto de redes telemáticas:

- **Objeto y alcance del proyecto:** se debe indicar el tipo de proyecto, los parámetros característicos y su finalidad. Hay que incluir también los datos del autor y del promotor.
- **Antecedentes:** se indicará el conjunto de necesidades, los hechos o razonamientos mediante los cuales se ha realizado el planteamiento del proyecto. Por ejemplo, la propuesta del cliente, las exigencias del mercado, la necesidad de ampliación, la reducción de costes y los estudios previos.
- **Factores a considerar:** especificaciones del encargo verbales o escritas, las normativas aplicadas y la descripción de la situación actual.

- **Ubicación o emplazamiento:** definición del lugar donde se instalará la red telemática, la ubicación y el emplazamiento de los equipos que componen la red, la localización de los cuartos de telecomunicaciones o cuartos de equipos de la red donde se situarán los armarios que contienen todo el equipamiento electrónico.
- **Requisitos de diseño:** planteamiento de diseño en función de los requisitos y las necesidades de la red telemática, teniendo en cuenta todos los factores que influyen en el proyecto para conseguir llegar a un resultado final satisfactorio y de calidad.
- **Planteamiento de soluciones alternativas y justificación de la solución adoptada:** se describen a nivel global las diferentes soluciones alternativas indicando sus ventajas e inconvenientes, argumentando la elección de la solución adoptada
- **Descripción de la solución adoptada y proceso de fabricación:** describir el programa, la implementación y el proceso productivo.
- **Resultados finales:** se describe el resultado obtenido en el proyecto mediante la ejecución del mismo y analizando si los resultados finales corresponden a los resultados exigidos según los requisitos establecidos.
- **Planificación:** describir todas las fases implicadas en el desarrollo del proyecto desde su inicio hasta su conclusión.
- **Mantenimiento y seguridad:** describir la seguridad tanto en la implantación y el desarrollo del proyecto como en la fase de utilización y mantenimiento.
- **Resumen y conclusiones:** se explican brevemente los objetivos del proyecto y se realiza una valoración sobre el cumplimiento de los objetivos marcados al inicio del proyecto dependiendo del resultado final obtenido.
- **Anexos de la memoria:** complementan la información que contienen determinados apartados de la memoria.

### Nota

La memoria debe redactarse de forma clara evitando la extensión en consideraciones técnicas, las cuales deben incluirse en los anexos.

### 5.3. Ejemplificación de distintos tipos de documentos anexos a la memoria

Los documentos anexos son aquellos que tienen la función de justificar y aclarar determinados apartados de la memoria o cualquier otro documento básico del proyecto. Dependiendo del tipo de información recogida en el anexo, a modo de ejemplo, se puede clasificar de la siguiente forma:

| | **Información sobre** |
|---|---|
| **Anexos de información básica** | - Antecedentes<br>- Programa de necesidades<br>- Limitaciones y condiciones<br>- Cartografía y topografía<br>- Situación actual<br>- Entorno físico, ambiental, humano y social |
| **Anexos de estudio de soluciones** | - Factores que debe cumplir la alternativa planteada<br>- Planteamiento de alternativas viables<br>- Comparación de alternativas |
| **Anexos técnicos y constructivos** | - Descripción del proceso y dimensionado<br>- Anexos de cálculo<br>- Anexos de instalaciones y dispositivos<br>- Otros anexos técnicos como replanteo o descripción del proceso constructivo |
| **Anexos económicos y de plazos** | - Anexo de justificación de precios<br>- Anexo del presupuesto para el promotor<br>- Estudio económico y financiero<br>- Programación de tareas |

En definitiva, en los anexos adjuntos a la memoria se recoge la documentación complementaria del proyecto donde se indican los procedimientos y los cálculos que justifiquen las soluciones adquiridas para conseguir el resultado final. Los anexos contienen los diferentes estudios elaborados durante el proyecto y definen la información y la documentación que constituyen el objetivo del proyecto.

## Ejemplos de anexos

A continuación, se muestran algunos ejemplos de anexos que recogen la documentación complementaria del proyecto de redes telemáticas.

### *Anexo I: cálculos de cableado horizontal*

Este anexo pertenece al tipo de anexos técnicos, concretamente al de cálculos. Su contenido complementa la información sobre el número de bobinas de cable UTP que será necesario para la instalación, por ejemplo, en una oficina de un edificio.

Cada bobina tiene 300 m de longitud de cable y la oficina tiene 20 tomas de usuario. Hay que destacar que en los cálculos se debe dejar un 10 % de holgura de cable.

El contenido de este anexo sería el siguiente:

Se calcula la distancia promedio, que será la suma de la distancia más cercana a una toma de usuario y la distancia más lejana, y se divide entre dos:

| Distancia promedio = (distancia más cercana + distancia más lejana) / 2 |
|---|

El número de corridas de bobina UTP para una bobina de 300 m longitud será:

| D = 300 / distancia promedio |
|---|

El número de bobinas vendrá dado por la ecuación:

| Número de bobinas = tomas de usuario / D |
|---|

Se tienen 20 tomas de usuario, distancia más cercana = 5 m, distancia más lejana = 30 m; los cálculos con un 10 % de holgura serían los siguientes:

- Distancia promedio = (30 + 5) / 2 = 17,5 + 10 % holgura = 19,25 m
- D = 300 / 19,25 m = 15
- Número de bobinas = 20 tomas de usuario / 15 ≈ 1,3 = 1,5 bobinas para esa oficina

***Anexo II: garantía de mantenimiento de la red***

Este anexo correspondería al tipo de anexo de los factores que debe cumplir la instalación telemática. Contiene la garantía de mantenimiento que se realizará sobre la red y la garantía de los equipos. El contenido de este anexo se muestra a continuación.

La instalación de la red telemática cuenta con garantía de 10 años por parte del fabricante en todos los elementos que componen la solución de la infraestructura del cableado.

Se proporciona un servicio de mantenimiento durante tres años, iniciado desde la fecha de instalación y con las siguientes características:

- Recepción de incidencias en horario de lunes a viernes de 8:00 h a 18:00 h.
- Respuesta de la incidencia de 4 horas desde su recepción.

***Anexo III: equipo de trabajo***

Este anexo pertenece al tipo de anexo en el que se incluyen la planificación de tareas y su organización. Se muestra todo el equipo de trabajo necesario para llevar a cabo la implantación de la red, como se muestra a continuación:

- Un capataz.
- Cuatro técnicos de cableado.
- Dos técnicos de redes.

Todo el personal que conforma el equipo de trabajo será dirigido por un jefe de proyecto que supervisará la correcta ejecución de las tareas y las funciones además del cumplimiento de plazos.

***Anexo IV: dispositivos de la red***

En este anexo de tipo técnico se van a definir las características generales y de funcionamiento del sistema de alimentación ininterrumpida (SAI) que permite proteger los equipos de la infraestructura de la red complementando así la información reflejada en la memoria sobre este dispositivo. El objetivo de este anexo técnico es aportar una información detallada sobre este equipo de protección como se muestra a continuación:

- **Características generales:**
  - Modelo: Galleon UP61.
  - Capacidad: 1KVAW.
  - Altura: 88 mm; ancho: 420 mm; profundidad: 438 mm.
  - Peso: 16 kg.
- **Características de protección:**
  - Protección contra alteraciones VAC, protección contra caída de tensión, descarga o sobrecarga.
  - Protección de descarga eléctrica de línea telefónica o datos.
- **Sistema de alarma:**
  - Modo batería: pitido cada 4 segundos.
  - Batería baja: pitido cada segundo.
  - Caída de tensión: pitido cada 0,5 segundos.
  - Fallo: pitido continuo.

- **Interfaz de gestión:**

  - Salidas: dos Schuko hembra con dos líneas de salida operativa programable: alimentación crítica y alimentación secundaria.
  - Interfaz serie RS-232: conector DB9 hembra.
  - Interfaz USB: conector B hembra.
  - Interfaz EPO: conector de dos terminales para apagado de emergencia.
  - Interfaz SNM: zócalo para módulo SNMP que permite gestión a través de LAN.

- ***Software:***

  - *Software* de gestión UPSilon para entornos *Windows.*

*Sistema de alimentación ininterrumpida (SAI) (© Fotografía: Hundehalter vía Wikimedia commons - CC BY-SA 3.0)*

Este mismo anexo técnico se puede realizar para todos los dispositivos utilizados en la implantación de la red complementando así la información técnica de todo el equipamiento de la infraestructura que compone la red.

## Actividades

7. ¿Qué debe referenciar la memoria de un proyecto?
8. Enumere la estructura de la memoria indicando el contenido de cada una de sus partes.
9. ¿Qué tipos de anexos se pueden encontrar en la documentación de un proyecto? ¿Qué información proporcionan cada uno de ellos?

## Aplicación práctica

**Se necesita complementar la memoria del proyecto con un anexo sobre los requisitos y las características sobre las tomas de conexión a la red por parte del usuario. El anexo debe reflejar el conjunto de elementos instalados para cada toma de usuario, definiendo sus cables de conexión y sus características. A partir de la lista de componentes se debe elaborar el anexo de tipo técnico que contiene la información sobre la instalación en un puesto de usuario.**

**La lista de elementos para una toma de usuario son las siguientes:**

- **Latiguillos UTP RJ-45 de categoría 6 con 8 pines y 2,5 m de longitud para conectar los equipos de usuarios con las tomas de voz y datos.**
- **1 caja tipo CIMA RJ-45 compuesta por tres módulos:**
  - **Dos tomas de corriente Shucko doble (dos módulos).**
  - **Dos tomas de tipo RJ-45 (terminación de los conectores) con protección antipolvo (un módulo).**
  - **Etiquetado de las tomas de voz y datos en cada roseta (tomas tipo RJ-45).**

**Se pide explicar dentro del anexo técnico las características de una caja tipo CIMA (sus tres módulos) para los puestos de usuario e indicar las características de los latiguillos UTP para la conexión.**

Continúa en página siguiente >>

<< Viene de página anterior

**SOLUCIÓN**

ANEXO X: CARACTERÍSTICAS DE INSTALACIÓN DE UNA TOMA DE USUARIO.

La conexión del usuario sobre las tomas de servicio se realizarán mediante tomas de tipo RJ-45 hembra de 8 pines de categoría 6.

La terminación de la conexión se realiza sobre una caja tipo roseta doble (dos conexiones RJ-45) formando parte del módulo con dos tomas corriente Shucko doble para la alimentación eléctrica en cada puesto.

Cada punto de red está compuesto por una caja tipo CIMA de tres módulos, un módulo correspondiente a la conexión RJ-45 con capa de protección antipolvo y los otros dos módulos compuestos por tomas Shucko dobles.

Cada roseta tendrá una etiqueta indeleble con su correspondiente numeración correlativa dentro de la red además de la identificación de datos y voz.

Se proporcionarán latiguillos UTP RJ-45 de categoría 6 con 2,5 m de longitud para el conexionado entre el puesto de usuario y los equipos correspondientes.

A continuación se muestra una imagen con las características del módulo para un puesto de usuario.

**Caja tipo CIMA de tres módulos para cada puesto de usuario**

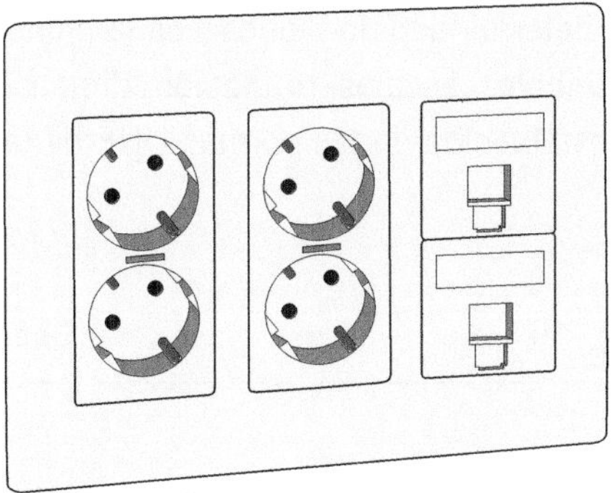

# 6. Planos

Los planos son considerados, junto con la memoria, como los documentos básicos que definen el proyecto. Los planos son los encargados de realizar la definición gráfica del sistema, algunos referidos al conjunto y otros referidos a los elementos y detalles de implantación.

Los planos se consideran un documento importante y fundamental a la hora de realizar el proyecto de implantación y para su posterior ejecución.

## 6.1. Descripción y finalidad de los planos

Los planos son instrumentos utilizados para transmitir una información exacta y concreta sobre el sistema en general o sobre un elemento en particular donde se realiza una completa definición y descripción de la implantación. Deben ser lo suficientemente descriptivos, de forma que tengan el detalle suficiente para poder ser llevados a la práctica sin dudas, evitando problemas y correcciones cuando el proyecto de implantación de la red telemática se esté ejecutando.

Se debe incluir una lista o índice de planos donde se representarán debidamente numerados todos los planos pertenecientes al documento. Cada proyecto tendrá un número determinado de planos y cada uno de ellos debe contener indicaciones como símbolos, escalas, rotulación, dimensiones y un cajetín con toda la información establecida en las normas UNE de la serie 1000.

Importante

Los planos son los documentos más utilizados del proyecto y por ello deben ser completos, suficientes y concisos.

## 6.2. Identificación y descripción de los distintos tipos de planos y sus características

El tipo de plano va directamente orientado a la funcionalidad con respecto a la exactitud de la información que se quiere transmitir. Se pueden encontrar planos de situación, planos de descripción general, de emplazamiento, planos de detalle y esquemas. Para el proyecto de implantación de una red telemática habrá que centrarse en los planos de descripción general, planos de detalles y esquemas, siendo estos los tipos de planos que se utilizarán en el proyecto de redes telemáticas.

A continuación se muestran las características para cada uno de estos tipos de planos.

### Planos generales

Contienen información de las dimensiones generales del objeto o sistema de forma aproximada, ya sea de un edificio, una planta, una oficina, etc. El proyecto de red telemática incluirá los planos generales, por ejemplo, del edificio donde se pretende implantar la red, describiendo de forma general el número de plantas y la ubicación de los cuartos de equipos donde se localizarán los armarios para cada planta.

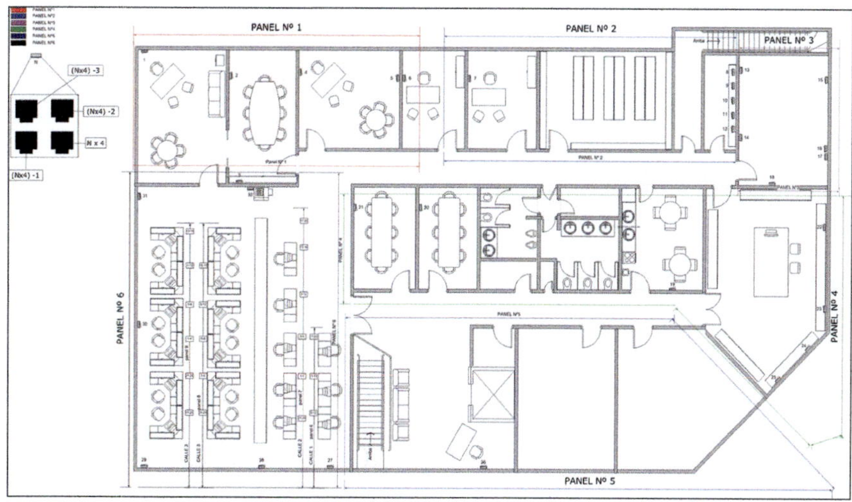


*Plano General (© Fotografía: Jose Garcia vía Wikimedia Commons - CC0)*

## Planos de detalle

Contienen información concreta sobre un determinado elemento de la red telemática donde se pueden definir los detalles de las conexiones de los equipos, las tomas de tierra, las dimensiones de los elementos de conexión y las dimensiones de los armarios donde se ubicarán los equipos. Todos estos detalles pueden ir incluidos en las vistas de planta, sección o alzado.

**Plano de detalle de un armario donde se ubican los equipos de la red telemática**

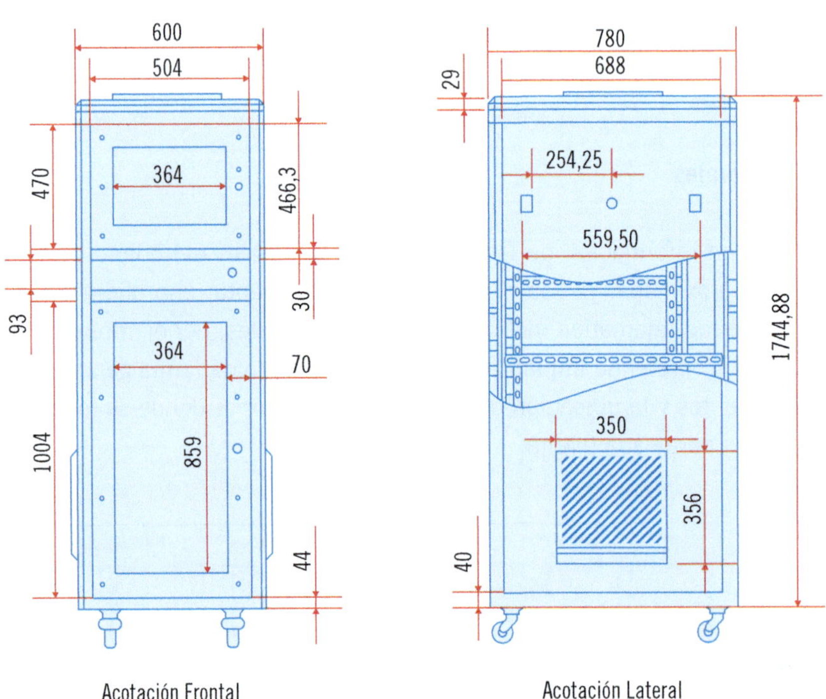


## Esquemas y cuadros de instalación

Informan del modo y la forma de interconexión entre los distintos elementos que componen el proyecto. Este es el tipo de plano que más se va a utilizar en el proyecto. En los planos de esquemas sobre la red se incluirá la siguiente información:

- Un plano por planta donde se informe de los elementos de instalación, la situación y la distribución de las tomas de usuario (voz, datos y teléfono), así como la de los armarios donde se ubicarán los equipos de la red, correspondiente a la distribución en cada planta.
- Informarán sobre el tipo y la distribución del cableado que se va a llevar a cabo para la distribución para voz, datos y electricidad.
- Indicación de la situación y la distribución sobre la distribución del cableado de una planta a otra, es decir, el cableado vertical de la infraestructura.
- Situación y ubicación de los equipos y los puntos de acceso wifi de la red telemática.

A continuación se muestra un ejemplo del esquema de conexión de una red telemática para una planta de un edificio donde se indica los puntos de acceso wifi (azul), la distribución del cableado (rosa), las tomas de usuario y la ubicación del armario que contiene los equipos de la red.

**Esquema de conexión y cableado para una red telemática**

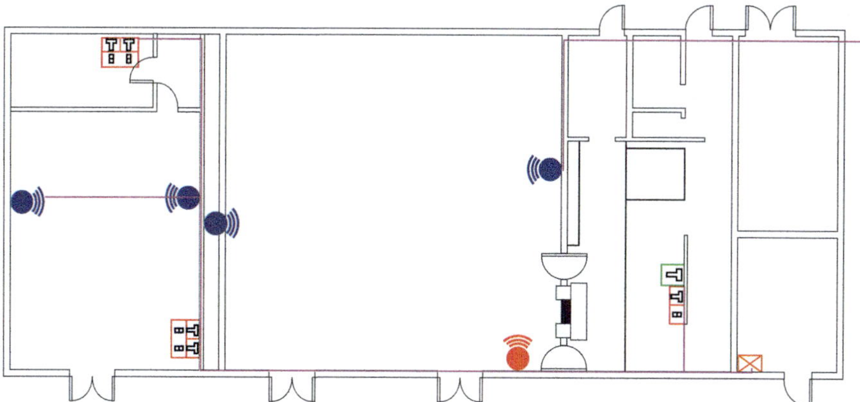

## Nota

Los planos de esquemas son muy importantes en un proyecto de implantación de una red telemática, ya que informan de la conexión que se debe realizar sobre los equipos.

## Actividades

10. ¿Qué deben transmitir los planos de un proyecto? ¿Qué tipos de planos se pueden encontrar según la información que se quiere transmitir? Indicar algunas características sobre cada tipo de plano.

## Aplicación práctica

**Una infraestructura de red telemática está compuesta por equipos de acceso y distribución que se ubican dentro de armarios *rack*. Hay que elaborar un plano de tipo esquemático para informar de la conexión entre los armarios de la red.**

**La ubicación y conexión de estos armarios es la siguiente:**

- **Tres armarios *rack* (uno de ellos principal y dos secundarios).**
- **En la planta baja se sitúa el armario principal, mientras que en la 1.ª y 2.ª planta se sitúan los dos secundarios.**

**El cableado utilizado para la conexión de los armarios es la siguiente:**

- **Cable UTP (en color azul) para conectar el *patch panel* del armario principal con los *switches* de los armarios secundarios.**
- **Cable de fibra óptica monomodo (en color rojo) para conectar el *patch panel* del armario principal con los *patch panel* de los armarios secundarios.**

Continúa en página siguiente >>

<< Viene de página anterior

**A continuación se muestra el esquema (sin ejecutar el conexionado) donde se describen la ubicación de los *switches* y los *patch panel* de cada armario:**

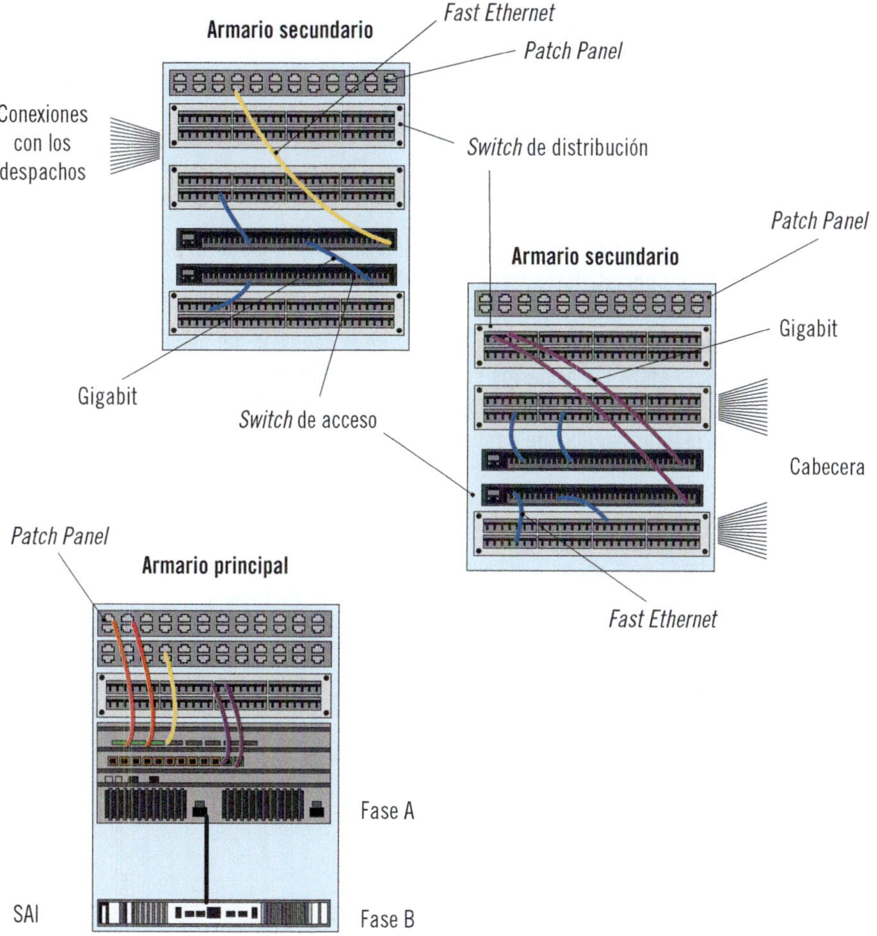


**La conexión interna entre los equipos ubicados dentro de cada armario que se muestra en la imagen anterior es la siguiente:**

Continúa en página siguiente >>

<< Viene de página anterior

- **Armarios secundarios:**
  - **Cable UTP para conectar el *switch* de acceso con el *switch* de distribución (cable azul).**
  - **Cable de fibra óptica multimodo para conectar el *patch panel* con los *switches* de acceso (cable amarillo).**
  - **Cable de cobre para conectar el *switch* de acceso y el *switch* de distribución para conexión de 1 gigabyte (color morado).**

- **Armario principal:**
  - **Cable de fibra óptica monomodo y multimodo para conectar el *patch panel* con los *routers*, conmutadores y controladores.**

**Elabore el plano esquemático donde se informe de la conexión del cableado (los *patch panel* y el *switch)* entre los armarios secundarios y el primario, diferenciando el tipo de cable con color azul o rojo según el conexionado facilitando así la comprensión y la descripción de la información que contiene el esquema.**

### SOLUCIÓN

En la siguiente imagen se muestra el conexionado entre los armarios secundarios situados en la 1.ª y 2.ª planta con el armario principal situado en la planta baja.

Continúa en página siguiente >>

<< Viene de página anterior

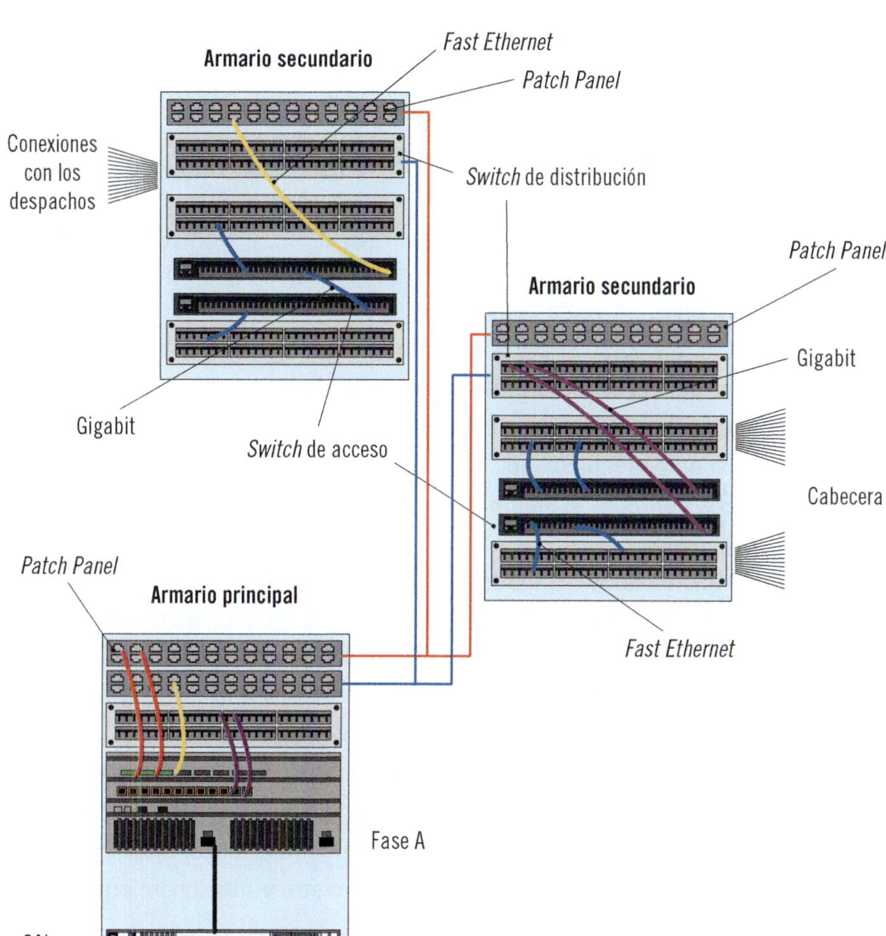


## 7. Pliego de condiciones

El pliego de condiciones tiene como objetivo establecer una serie de condiciones para alcanzar el objeto del proyecto evitando posibles interpretaciones diferentes a las que se desean. Junto con los planos, debe definir los distintos elementos y partes de la obra determinando las características necesarias sobre los materiales y las condiciones de utilización de los mismos, las condiciones de ejecución de obra, las instalaciones que fuesen necesarias y las precauciones que se deben adoptar.

## 7.1. Descripción y finalidad del pliego de condiciones

El documento de pliego de condiciones tiene como finalidad regular los derechos, las responsabilidades, las obligaciones y las garantías entre los agentes que intervienen en el proyecto como son el promotor, el constructor, el proyectista y el director de obra. El pliego de condiciones establece las condiciones técnicas, económicas y administrativas para que el objetivo del proyecto pueda llevarse a cabo en las condiciones especificadas y contiene el conjunto de disposiciones y aspectos técnicos que son convenientes exigir al contratista. Este documento debe contener lo siguiente:

- Especificaciones de los materiales y elementos que constituyen el objeto del proyecto incluyendo calidades mínimas de cada elemento, normativas, materiales, pruebas, ensayos y resultados mínimos.
- Reglamentación y normativas aplicables incluyendo las normas de no obligado cumplimiento consideradas como necesarias.
- Aspectos del contrato que se refieran directamente al proyecto y que afecte a su objeto, bien sea en la fase de materialización o de funcionamiento, que debe incluir criterios de medición y modificaciones, alcance, limitaciones, modo de abono y garantía de suministro y funcionamiento.

## 7.2. Análisis de su importancia legal y contractual

El pliego de condiciones es el documento que tiene mayor importancia en el proyecto desde el punto de vista contractual, ya que fija las condiciones y las formas de realizarlo. La importancia legal y contractual del pliego de condiciones es debida a que es el documento encargado de regular las relaciones entre el propietario, el promotor del proyecto y los contratistas que ejecutarán el proyecto. Por tanto, debe incluir toda la información necesaria para que estas relaciones sean lo más fructíferas posibles ya que de ello depende en gran medida el componente económico del proyecto.

A veces se olvida el aspecto vinculante y contractual del pliego de condiciones, lo que provoca gran cantidad de problemas. Los proyectistas encargados de elaborar la documentación del proyecto introducen en ocasiones algunas técnicas muy costosas de las que se pueden prescindir. En determinadas ocasiones los contratistas suponen que el pliego de condiciones no va a ser exigido de forma estricta y se ofertan precios bajos comparados con los requisitos técnicos, lo que produce consecuencias negativas.

En definitiva, el pliego señala y define los derechos, las obligaciones y las responsabilidades entre el propietario del producto y el contratista.

**Recuerde**

El pliego de condiciones señala y define los derechos, las obligaciones y las responsabilidades entre el propietario del producto y el contratista.

## 7.3. Descripción y caracterización de los distintos tipos de pliegos

El pliego de condiciones determina el modo y la forma de operación durante el desarrollo de los trabajos y habitualmente se divide en tres partes: el pliego de condiciones generales, el pliego de prescripciones técnicas particulares y el pliego de cláusulas administrativas particulares. A continuación se describen más detalladamente cada una de estas tres partes.

### Pliego de condiciones generales

En este apartado se incluye fundamentalmente la descripción de forma general sobre el contenido del proyecto. Se indican sus principales características, todos los aspectos administrativos y legales que deberán tener en cuenta los contratistas, incluyendo también por parte del proyectista una redacción del establecimiento de alcance y objetivo.

El pliego de condiciones se divide a su vez en tres subdocumentos:

- **Condiciones generales:** naturaleza y objeto del pliego, descripción y documentos de la obra.
- **Condiciones facultativas:** donde se regulan las relaciones derivadas de la ejecución técnica de las obras entre la contrata, la propiedad y la dirección facultativa.
- **Condiciones económicas:** donde se regulan las relaciones económicas entre la propiedad y la contrata además de la función de control que ejerce la dirección de obra.

### Pliego de prescripciones técnicas particulares

Este pliego se divide en tres apartados: las especificaciones de materiales, las especificaciones de ejecución y las verificaciones, siempre adecuado a la normativa vigente. Normalmente, los dos últimos se redactan simultáneamente, ya que se explica cómo debe ejecutarse, y a continuación se explican los controles de verificación. A continuación se detallan los apartados de prescripciones técnicas particulares:

- **Especificaciones de materiales y equipos:** condiciones que deben cumplir los equipos, los materiales y las instalaciones según las normativas oficiales españolas y extranjeras.
- **Especificaciones de ejecución y verificaciones:** se define el procedimiento constructivo, la correcta ejecución y el control de calidad de la obra.

### Pliego de cláusulas administrativas particulares

En esta parte se debe hacer referencia y determinar los criterios de medición sobre las obras ejecutadas, realizar su valoración y la forma de abonarlas. Consiste en elaborar un contrato que se regirá por las cláusulas contenidas en el pliego y apoyado en la normativa vigente de contratación administrativa. Se deben incluir los elementos del contrato, la forma de adjudicación del proyecto, la liquidación y las cláusulas específicas del contrato.

Actividades

11. ¿Qué finalidad tiene el pliego de condiciones y quién interviene en su definición?
12. ¿Qué aspectos debe contener un pliego de condiciones? ¿Por qué tiene tanta importancia contractual en un proyecto?
13. Indique y describa los tipos de pliegos de condiciones que se pueden encontrar en la documentación de un proyecto.

## 8. Presupuesto

El presupuesto define la valoración de los costes de la implantación de la red telemática. Se especificará el número de unidades de obra, es decir, se especificará el coste de cada una de las partes en las que se puede dividir el trabajo teniendo en cuenta las características, los modelos, los tipos y las dimensiones de cada uno de los elementos utilizados en la red. La forma de elaboración del presupuesto no está claramente definida ya que no existe una normativa para su realización.

Nota

El margen admisible entre el presupuesto y los valores finales obtenidos en la realidad al ejecutar la obra debe ser inferior al 5 %.

### 8.1. Identificación y descripción de los apartados del presupuesto

Las mediciones y el presupuesto tienen como objetivo reflejar lo más exactamente posible el importe que conlleva la instalación de la red telemática. Con la elaboración del presupuesto se pretende valorar la previsión del coste que supondrá la implantación de la red telemática.

Las unidades de obra se definen como cada una de las partes en que puede dividirse el proyecto, de manera que primero se determina el coste total de cada una de las partes (a lo que se denominará **precios de unidades de obra**) para posteriormente determinar el número de veces que se repite cada unidad de obra, a lo que se denominará **medición.** A continuación se muestran los apartados que se deben incluir en un presupuesto relacionado con la implantación de una infraestructura de red telemática:

- **Mediciones:** las mediciones se definen como el conjunto de operaciones realizadas sobre cada unidad de obra para obtener su cantidad. Esta medición determina las dimensiones de cada unidad de obra. Se realiza sobre los planos definitivos y se estructura en capítulos siguiendo el mismo criterio que en la memoria y el pliego de condiciones.
- **Precios unitarios:** los precios unitarios son los precios correspondientes a los componentes más sencillos y que unidos entre sí forman una unidad de obra con carácter propio, medible y diferente de otras unidades de obra. Los precios unitarios se pueden agrupar en tres conceptos:

  - **Mano de obra:** salario base, seguro social y accidente, siendo variables según convenio.
  - **Maquinaria:** alquiler, energía y conservación de la misma.
  - **Materiales:** precios de mercado de materiales, almacenaje, transporte, manipulación y carga y descarga.

Por tanto, los precios unitarios se pueden definir como los precios de mercado correspondientes a los componentes simples, como salarios según convenios para la mano de obra, los materiales y la maquinaria.

Para elaborar el presupuesto con claridad se pueden realizar presupuestos parciales que abarcan las unidades de obra establecidas para la instalación de la red. Así, el presupuesto general para el proyecto de red telemática será la suma de todas las unidades de obra que componen la implantación de la red.

| Presupuesto general = Suma de las unidades de obra |
|---|

Los documentos correspondientes a los planos, el pliego de condiciones y los cuadros de precios del presupuesto se denominan **contractuales** porque pasan a introducirse en el futuro contrato como cláusulas. De tal manera, es importante elaborar cuidadosamente su construcción al ser vinculantes para el contratista sobre efectos de requisitos y exigencias.

### Ejemplo de presupuesto

Para calcular el presupuesto de la red telemática se van a definir las unidades de obra para cada una de las partes en que se puede dividir el proyecto. Se va a descomponer el proyecto de implantación de una red telemática en cinco unidades de obra:

- Recogida de datos sobre la implantación de la red.
- Diseño de la red.
- Instalación del cableado.
- Instalación y conexión de los equipos.
- Configuración, certificado y pruebas de la red.

Una vez definidas las unidades de obra, se van a calcular los precios unitarios correspondientes a cada unidad de obra teniendo en cuenta los materiales y la mano de obra en cada una de ellas. A continuación se muestra un ejemplo para las tablas de precios unitarios de las cinco unidades de obra (los precios son orientativos):

| **Unidad de obra 1** | | | | |
|---|---|---|---|---|
| Concepto: Recogida de datos sobre la implantación | | | | |
| **Mano de obra** | **Duración** | **Horas** | **Coste** | **Total** |
| 2 técnicos de redes | 3 días | 6 horas/día | 35 €/hora | 1.260,00 € |
| 2 técnicos de cableado | 3 días | 6 horas/día | 20 € /hora | 720,00 € |
| 1 capataz | 3 días | 6 horas/día | 25 € /hora | 450,00 € |
| TOTAL | | | | 2.430,00 € |

| Unidad de obra 2 | | | | |
|---|---|---|---|---|
| Concepto: Diseño de la red | | | | |
| **Mano de obra** | **Duración** | **Horas** | **Coste** | **Total** |
| 2 ingenieros | 2 semanas | 4 horas/día | 35 €/hora | 2.800,00 € |
| 1 capataz | 2 semanas | 4 horas/día | 25 €/hora | 1.000,00 € |
| TOTAL | | | | 3.800,00 € |

| Unidad de obra 3 | | | | |
|---|---|---|---|---|
| Concepto: Instalación del cableado | | | | |
| **Mano de obra** | **Duración** | **Horas** | **Coste** | **Total** |
| 2 técnicos de cableado | 2 semanas | 6 horas/día | 20 €/hora | 2.400,00 € |
| 1 capataz | 2 semanas | 6 horas/día | 25 €/hora | 1.500,00 € |
| **Materiales** | **Unidades** | **Precio unidad** | | |
| Bobina cables UTP (300 m) | 5 | 140,60 € | | 703,00 € |
| Bobina cable fibra (300 m) | 1 | 230,40 € | | 230,40 € |
| Latiguillo de fibra | 30 | 50,50 € | | 1.515,00 € |
| Canaletas | 80 m | 5,79 €/m | | 463,20 € |
| Bandejas metálicas | 400 m | 10,45 €/m | | 4.180,00 € |
| Caja RJ-45 | 70 | 5,90 € | | 413,00 € |
| TOTAL | | | | 11.404,60 € |

| Unidad de obra 4 | | | | |
|---|---|---|---|---|
| Concepto: Instalación y conexión de los equipos | | | | |
| **Mano de obra** | **Duración** | **Horas** | **Coste** | **Total** |
| 2 técnicos de cableado | 3 días | 6 horas/día | 20 €/hora | 720,00 € |
| 1 capataz | 3 días | 6 horas/día | 25 €/hora | 450,00 € |
| **Materiales** | **Unidades** | **Precio unidad** | | |
| Armarios *Rack* | 3 | 325,00 € | | 975,00 € |
| *Router Cisco* | 1 | 2.000,00 € | | 2.000,00 € |
| *Switch* principal UTP | 1 | 4.200,00 € | | 4.200,00 € |
| *Switches* secundarios 24 p | 3 | 700,00 € | | 2.100,00 € |
| Controlador wifi Cisco | 1 | 1.900,00 € | | 1.900,00 € |
| *Patch panel* | 3 | 65,00 € | | 195,00 € |
| Sistema alimentación ininterrumpida (SAI) | 3 | 410,25 € | | 1.230,75 € |
| Teléfono IP | 20 | 90,75 € | | 1.815,00 € |
| Teléfono Digital | 5 | 80,75 € | | 403,75 € |
| *Firewall* | 1 | 315,50 € | | 315,50 € |
| Servidores | 5 | 380,60 € | | 1.903,00 € |
| TOTAL | | | | 18.208,00 € |

| Unidad de obra 5 | | | | |
|---|---|---|---|---|
| Concepto: Configuración, certificado y pruebas de la red | | | | |
| **Mano de obra** | **Duración** | **Horas** | **Coste** | **Total** |
| 4 técnicos de redes | 1 semana | 6 horas/día | 35 €/hora | 4.200,00 € |
| 2 técnicos de cableado | 1 semana | 6 horas/día | 20 €/hora | 1.200,00 e |
| 1 capataz | 1 semana | 6 horas/día | 25 €/hora | 750,00 € |
| TOTAL | | | | 6.150,00 € |

## Actividades

14. ¿Qué es una unidad de obra?
15. ¿Qué apartados se encuentran dentro de un presupuesto? ¿Cómo se calcula el presupuesto general del proyecto?

## Aplicación práctica

**Se quiere estudiar la viabilidad de un proyecto y para ello se necesita realizar el presupuesto general del proyecto. Como se ha comentado en el anterior ejemplo, se va a dividir el proyecto en cinco partes, es decir, en cinco unidades de obra.**

**El cálculo general del presupuesto viene dado por la suma de las unidades de obra que lo componen. Para el cálculo del presupuesto general se van a utilizar los resultados obtenidos en las cinco tablas del anterior ejemplo, obteniendo de esta manera el presupuesto general correspondiente al proyecto de implantación de una red telemática. Los resultados obtenidos en las tablas para cada unidad de obra son:**

- **Recogida de datos (2.430,00 €).**
- **Diseño de la red (3.800,00 €).**
- **Instalación del cableado (11.404,60 €).**
- **Instalación y conexión de los equipos (18.208,00 €).**

**Configuración, certificado y pruebas de la red (6.150,00 €).**

**A partir de estos datos sobre cada unidad de obra en las que se ha dividido el proyecto, proceda a elaborar la tabla que reflejará el presupuesto general del proyecto.**

**SOLUCIÓN**

El presupuesto general se obtiene sumando el coste de cada una de las unidades de obra en las que se ha dividido el proyecto. El presupuesto general que conlleva la implantación de la red telemática se muestra en la siguiente tabla:

Continúa en página siguiente >>

<< Viene de página anterior

| Unidad de obra | Coste |
|---|---|
| Unidad de obra 1: recogida de datos | 2.430,00 € |
| Unidad de obra 2: diseño de la red | 3.800,0 € |
| Unidad de obra 3: instalación del cableado | 11.404,60 € |
| Unidad de obra 4: instalación y conexión de equipos | 18.208,00 € |
| Unidad de obra 5: configuración, certificado y pruebas de la red | 6.150,00 € |
| TOTAL | 31.992,60 € |

## 9. Desarrollo de un supuesto práctico

En este supuesto práctico se pretenden identificar y describir los elementos de los que se compone una implantación de red telemática de comunicaciones. Se describirá la ubicación de los equipos de voz y datos, las herramientas necesarias, los elementos de cableado y sus características, los tipos de distribuciones, los sistemas de identificación, la señalización y los conectores a partir de la documentación técnica que define un proyecto de implantación de red telemática.

Una red telemática permite disponer de información a distancia, hacer uso de servicios o programas disponibles en computadoras de la red denominados **servidores,** además de hacer posible la comunicación dentro de la red. En la memoria del proyecto se justifica la solución de implantación de red adoptada y se explica el objetivo y alcance del mismo. Se recogen las necesidades y los requisitos que debe cumplir la implantación de una red telemática en un edificio de dos plantas. A continuación se muestra el contenido de la memoria para justificar la necesidad de la instalación, su emplazamiento y la descripción general de la solución adoptada:

- Justificación: se desea instalar una red telemática en un nuevo edificio de tres plantas, compuesto por una planta baja, 1.ª planta y 2.ª planta, dotándolo de una infraestructura para una red telemática de voz y datos.
- Objetivo del proyecto: realizar la implantación de red telemática para un edificio de tres plantas (planta baja, 1.ª planta y 2.ª planta) donde se realizará la distribución del cableado, la instalación y la conexión de equipos necesarios cumpliendo los requisitos y las normativas vigentes.
- La infraestructura estará compuesta de la distribución de cableado horizontal para cada planta y de distribución vertical para la conexión de los equipos entre plantas con su correspondiente electrónica de distribución y de acceso.
- Se utilizarán para el cableado elementos canalizadores, elementos de protección y seguridad de los armarios.
- Se garantiza la compatibilidad de todos los equipos de la red, seguridad de acceso, modularidad y total disponibilidad para el funcionamiento.
- Cumplimiento de todas las normativas vigentes establecidas para la implantación de la red telemática.
- Equipamiento:
  - Electrónica de red para distribución de voz y datos.
  - Electrónica de acceso con *switches* y conexión.
  - Tomas de usuario con acceso de voz-datos-electricidad y su etiquetado correspondiente.
  - Tres armarios (un armario principal en la planta baja y dos armarios secundarios situados en la 1.ª y 2.ª planta respectivamente).
  - En cada armario se situarán los equipos electrónicos necesarios para la red, tanto para la distribución como para el acceso.
  - El armario principal incluirá un sistema de alimentación ininterrumpida (SAI).
  - Los tres armarios se ubicarán fuera de las zonas de trabajo del usuario, situándose cada armario en la zona denominada **cuarto de equipo,** ubicados en cada planta como indica la norma TIA/EIA 569 para la instalación de la red.
- Se necesita que la red proporcione servicio en cada una de las plantas del edificio. Todas las plantas del edificio tienen cuatro oficinas. En

cada oficina se van a instalar 12 tomas de usuario, una por cada 10 m cuadrados como establece la Norma TIA/EIA-569.

- Teniendo en cuenta que en una oficina el número de equipos conectados es mayor que el número de usuarios de la oficina, se establece que con la instalación de 12 tomas por oficina se cumple el servicio de red para los usuarios, ya que se estima que en cada oficina se sitúen cuatro o cinco usuarios.
- Se garantiza un mantenimiento de la red posterior a su implantación así como un servicio técnico para incidencias.

### Ubicación de los equipos de comunicaciones de voz y datos

La ubicación correspondiente a los equipos de comunicación de voz y datos se reflejará en el documento correspondiente a la memoria donde se describe espacio en el que se ubicarán los equipos de telecomunicaciones comunes, denominado **cuartos de equipo.** En ellos se ubicarán únicamente los equipos relacionados con los sistemas telemáticos como indica la Norma TIA/EIA-569 para la implantación de la red telemática.

En la memoria se informa de la localización de los cuartos para los equipos que componen la red y de la ubicación de los armarios secundarios en la 1ª y 2ª planta, ubicación del armario principal en la planta baja así como la distribución de cada planta para las oficinas. La distribución de las oficinas es la misma para todas las plantas. Los cuartos de equipos estarán ubicados de forma independiente a las zonas de trabajo del usuario en cada una de las plantas.

En los documentos correspondientes a los planos se muestra la información gráfica sobre la ubicación de los equipos de la red telemática, donde en el primero se indican las medidas del edificio y la distribución de los equipos mientras que en el segundo se muestra la distribución para una planta, la ubicación del cuarto de equipos y de los armarios que contienen los equipos electrónicos de distribución y acceso de la red telemática.

Ubicación de los equipos de comunicación de voz y datos y distribución en planta

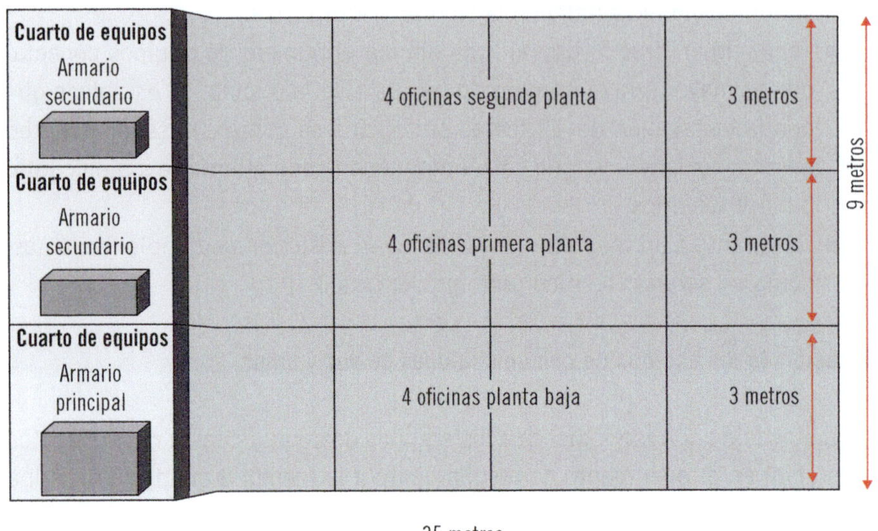


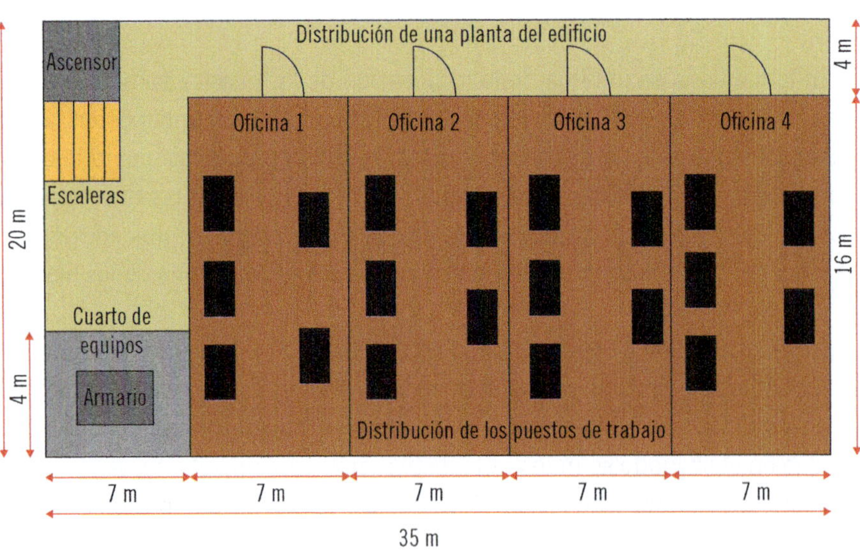

### Medios y herramientas necesarios para aplicar los procesos

La información sobre la topología, el diseño del sistema de cableado estructurado, los equipos electrónicos de comunicaciones, los armarios, las canalizaciones y los conectores está contenida en la memoria del proyecto.

En la memoria se describe la topología de red que se pretende instalar, indicando el diseño físico de conexión entre los equipos que forman parte de la red. La topología de la red ayuda a comprender el funcionamiento y los elementos principales que componen la implantación telemática.

Se va a instalar una red Ethernet 10 Base T basándose en la norma ISO 8802-3 para una velocidad de 10 Mbps, un alcance de 100 m utilizando cables de par trenzado, usando conectores RJ-45 con topología de la red en estrella.

En la topología en estrella todos los dispositivos están conectados a un nodo central a través del cual se realizan todas las comunicaciones. La red que se va a implantar es una red convergente, es decir, una red que transporta voz, vídeos y datos sobre los mismos cables. Todas las transiciones pasarán a través del nodo central, el cual es el encargado de gestionar y controlar las comunicaciones. El nodo central estará ubicado en la planta baja (armario principal), al cual se conectarán los armarios secundarios de las otras dos plantas.

**Topología estrella utilizada en la red**

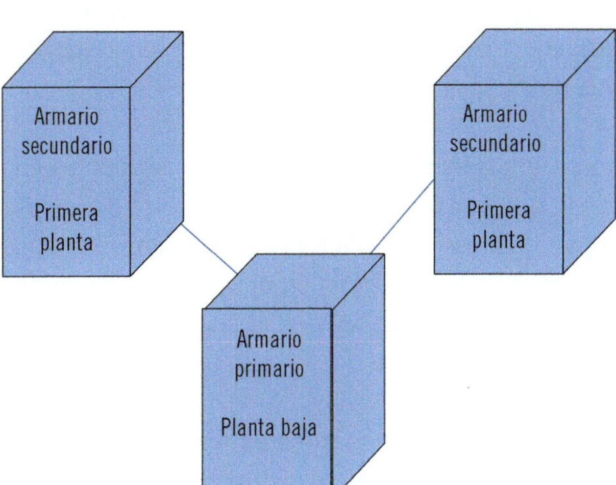

La topología estrella facilita la incorporación de dispositivos, la localización de problemas, además de tener la ventaja de que si un dispositivo falla no causa problemas al resto. Se decide usar topología estrella teniendo en cuenta que un fallo en el nodo central provoca el fallo total de la red, por tanto, se va a aplicar redundancia y sistemas de protección y seguridad para poder responder en caso de caída de este nodo principal.

A partir de la información contenida en la memoria se describe también el cableado estructurado que se va a llevar a cabo, basándose en el estándar EIA/TIA 568-B, que define la configuración de la conexión de los pines para los extremos de los cables. El esquema gráfico sobre la topología de la red se obtiene mediante los planos donde se definen las características de diseño y la conexión física de la red para la topología en estrella. Para establecer el esquema topológico se ha seguido la definición que contiene la norma EN 50173. El montaje de la red se divide en tres subsistemas:

- **Subsistema horizontal:** donde se conectan las tomas de usuario con los *switches* y equipos de distribución ubicados en los armarios secundarios de cada planta.
- **Subsistema vertical:** donde se conectan los equipos de distribución contenidos en los armarios secundarios de la 1.ª y 2.ª planta con el equipo de distribución ubicado en el armario principal en la planta baja.
- **Subsistema de usuario:** donde cada usuario se conecta a la red implantada.

Es necesario definir el esquema general del cableado donde se van a diferenciar las áreas de usuario, el cableado horizontal (distribución), el cableado vertical y la sala de equipos.

Para realizar la implantación se cuenta con los siguientes equipos de distribución y acceso que formarán parte del presupuesto del proyecto en la elaboración de la partida presupuestada sobre el equipamiento requerido y necesario para la red telemática, así como en el pliego de condiciones, donde se establecen las necesidades requeridas en el apartado de especificaciones de equipamiento utilizadas en la red:

- Cuartos de equipos donde se situarán los armarios que contienen los equipos electrónicos de acceso y distribución de la red.

- Tres *patch panel,* uno en cada armario secundario y en el principal.
- *Switches* de acceso y distribución para cada armario.
- Controlador wifi, servidores, router y sistema de protección para el armario principal.
- Terminaciones de conexión, canalización y etiquetado del cableado estructurado.
- 144 tomas de usuario para voz y datos, 12 por oficina (el edificio tiene cuatro oficinas por cada una de sus plantas):
  - 1.ª Planta = 4 oficinas x 12 tomas = 48 tomas.
  - Edificio completo = 48 tomas x 3 plantas = 144 tomas.
  - Se estiman cuatro o cinco usuarios por oficina.
  - Se considera que las 12 tomas de usuario cumplen la necesidad para conectar los equipos de usuario (computadoras, teléfonos, fax e impresoras).
  - La Norma TIA/EIA-569 establece un puesto de usuario por cada 10 m cuadrados. Cada oficina tiene 112 m cuadrados, por tanto, con 12 tomas se cumple el requisito de la norma.

Nota

La memoria del proyecto debe contener toda la información que determina la justificación adoptada sobre la implantación de la red, mientras que los planos, deben mostrar toda la información gráfica sobre la distribución e infraestructura de la red telemática.

Las normativas que se deben aplicar en la implantación de una red telemática se muestran en la siguiente tabla:

| Normativa de cableado |
|---|
| UNE-EN 50173:2018 - Tecnología de la información. Sistemas de cableado genérico |
| ISO/IEC 11801- Information technology - Generic cabling for customer premises |
| IEC 60793-1-1 (2022) - Optical fiber: Part 1 generic specification |
| **Normativa de conducciones** |
| UNE-EN 50310:2016 - Aplicación de la conexión equipotencial y de la puesta a tierra en edificios con equipos de tecnología de la información |
| UNE-EN 50086:1:2008 - Sistemas de tubos para la conducción de cables |
| UNE-EN 50085-2-3:2010 - Sistemas de canales para cables y sistemas de conductos cerrados de sección no circular para instalaciones eléctricas |
| UNE-EN 61357 - Sistemas de bandejas y de bandejas de escalera para la conducción de cables |
| **Normativa de instalación del sistema de cableado estructurado** |
| UNE-EN 50174-1:2018: - Tecnología de la información. Instalación del cableado. Especificación y aseguramiento de la calidad |
| **Normativa eléctrica** |
| Reglamento electrotécnico de baja tensión (RBT, Real Decreto 842/2002) e instrucciones técnicas complementarias del Ministerio de Industria |
| **Compatibilidad electromagnética** |
| UNE-EN 300127 V1.2.1 - Cuestiones de compatibilidad electromagnética y espectro radioeléctrico (ERM) |

### El sistema de distribución de energía y los elementos de protección

La información sobre el sistema de distribución de energía y los elementos de protección se encuentra en la memoria.

En la memoria se describen a nivel global las soluciones que se van a adoptar sobre el sistema de distribución y los elementos que se van a instalar en la red telemática para apartado eléctrico y de seguridad. Este apartado se define en la memoria indicando el alcance de los servicios y sus características, informando sobre el sistema de distribución eléctrico y protección.

Como complemento de la información que contiene la memoria sobre estos elementos de protección y distribución de energía, se adjunta un anexo donde se extrae toda la información referente a la descripción y las características técnicas de cada uno de estos elementos. La información contenida en la memoria es la siguiente:

### *Regletas de distribución*

Para la gestión de la alimentación se van a usar regletas de distribución eléctrica (PDU) que permiten distribuir la energía dentro del armario de forma ordenada. Se van a instalar dos regletas PDU de ocho tomas para el armario principal, mientras que en los armarios secundarios se instalará una regleta PDU de ocho tomas en cada uno de ellos.

Las PDU (unidades de distribución de energía) de *rack* proporcionan una monitorización remota en tiempo real de las cargas conectadas. Las alarmas definidas por el usuario avisan de las sobrecargas potenciales del circuito mediante leds antes de que se produzca un fallo crítico. En el *display* se reflejan los parámetros de alimentación.

El anexo correspondiente a los elementos de distribución y protección que complementa la información anterior describe las características técnicas de la PDU como se muestra a continuación:

- Modelo: *Rack* PDU, Switched, 1U, 12 A/208 V, 10 A/230 V, (8)C13.
- Entrada: 200 V, 208 V, 230 V, conexión de entrada: IEC-320 C14.
- Longitud de cable: 1,98 m.
- Frecuencia de entrada: 50/60 Hz.
- Máxima corriente de entrada por fase: 15 A.
- Temperatura de trabajo: 0-45 °C.
- Humedad relativa de trabajo: 0-95 %.
- Salida: 208 V, 230 V, conexiones de salida: IEC 320 C13.

*Regleta de distribución eléctrica PDU (© Fotografía: Sky Control vía Wikimedia Commons - CC BY-SA 3.0)*

A partir de la memoria del proyecto, se indica que el suministro eléctrico se va a dividir en dos líneas: la línea de corriente estabilizada (conectada al SAI) y la línea de red. La instalación eléctrica se realiza basándose en el Reglamento electrotécnico de baja tensión del Real Decreto 842/2002.

La memoria informa que las 12 tomas de usuario por oficina incluirán las tomas de conexión de datos y voz además de dos tomas de corriente estabilizada (para la conexión de los equipos informáticos) y dos tomas de corriente de red (no conectadas al SAI) para conectar equipos distintos a los informáticos en cada puesto de usuario.

En el cuadro eléctrico de distribución para cada oficina se instalarán tres diferenciales y 12 magnetotérmicos para cada una de las líneas, la estabilizada y la de red, protegiendo la distribución ante posibles fugas de corriente y cortocircuitos de la red mediante la siguiente distribución referenciada en la memoria:

- **Línea estabilizada:**
  - Tres diferenciales (uno para cada cuatro tomas de usuario).
  - 12 magnetotérmicos (uno para cada toma de usuario).
- **Línea de red:**
  - Tres diferenciales (uno para cada cuatro puestos de usuario).
  - 12 magnetotérmicos (uno para cada puesto).

A partir del anexo técnico correspondiente al equipamiento de protección, se obtienen las características técnicas de los diferenciales y los magnetotérmicos usados como protección de la red. Además, estos elementos se reflejarán en las especificaciones de los elementos de protección dentro del pliego de condiciones y en el presupuesto del proyecto dentro del apartado sobre los materiales y el equipamiento de la red:

- **Diferenciales:**
  - Número de polos: dos.
  - Tensión nominal (Vn): 230-400 Vca.
  - Frecuencia nominal (F): 50-60 Hz.
  - Corriente nominal: 40 A.
  - Corriente diferencial de funcionamiento: 30 mA.
  - Diferencial tipo superinmunizado.

- **Magnetotérmicos:**
  - Número de polos: dos.
  - Corriente: 16 A.
  - Poder de corte: 4.500 A.
  - Tensión: 230 V.

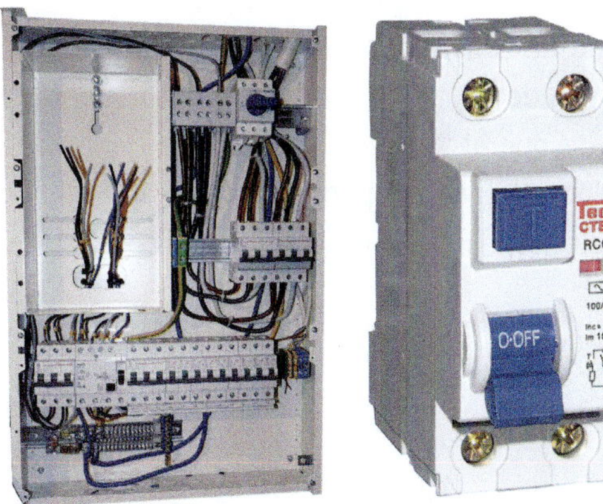


*Izquierda: cuadro eléctrico de distribución. Derecha: Diferencial con magnetotérmico (© Fotografía 1: Dmitry G vía Wikimedia Commons - CC BY-SA 3.0; © Fotografía 2: Jimbob82 vía Wikimedia Commons - CC0)*

### ***Control de seguridad, temperatura y humedad***

A partir de la memoria del proyecto se informa sobre la instalación de un dispositivo EMD (dispositivo de monitorización ambiental) para el control del medio ambiente en los cuartos de equipo y que se instalará en el armario *rack* principal. La memoria indica que los equipos electrónicos que componen la red deben tener un ambiente operativo correcto para su funcionamiento, controlando para ello la humedad y la temperatura ambiental sobre el armario principal mediante sensores. Es necesario instalar este dispositivo que permita controlar mediante monitoreo la temperatura, la humedad y el contacto, vigilando así las condiciones ambientales de la instalación de forma remota.

A partir de la información contenida en la memoria se establece que los equipos operan entre 10 °C y 35 °C con humedad operativa entre 20 % y 80 % de humedad según el fabricante. El dispositivo EMD permitirá definir los rangos de temperatura y humedad para el ambiente operativo en los cuartos de equipos donde la temperatura óptima de funcionamiento es de 25 °C y un 80 % de humedad.

En el anexo correspondiente a las características técnicas de los elementos de protección se encuentra la siguiente información:

- Cantidad de sensores admitidos: 12.
- Cantidad de sensores universales admitidos: 78.
- Definición de las alertas por parte del usuario y monitorización.
- Ambiente operativo: 0-45 °C.
- Humedad relativa de operación: 0-95 %.
- Protocolos HTTP, HTTPS, SCP, SMTP, SSH V1, SSH V2, TCP/IP, Telnet.
- Conexiones de interfaz de red: RJ-45 10/100 Base-T.

**Dispositivo de monitorización ambiental (EMD)**

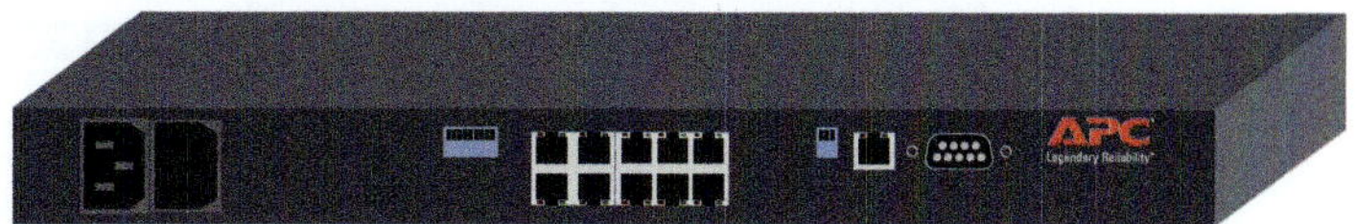


En cuanto a la redundancia del sistema, la memoria y los anexos que aparecen en los documentos del proyecto indican que se va a producir duplicidad en el cableado vertical, enlaces de *router* y servidores para evitar que el fallo de un dispositivo o puerto crítico de un *switch* provoque la inactividad de la red. La duplicidad de elementos se realizará en el armario *rack* principal, que será el encargado de la distribución de la red hacia los armarios secundarios situados en las dos plantas.

## Envolventes, cuadros, armarios y elementos del cableado

En la memoria del proyecto se indica que todos los equipos de voz y datos de la red irán ubicados en los armarios *rack* 19" correspondientes a cada planta. Los armarios *rack* deben tener una serie de características técnicas de acuerdo a la Norma UNE-EN IEC 60297-3-110:2018 / UNE-EN 60297-3-100:200 / EIA/ECA-310-E:2005 en cuanto a seguridad de la envolvente y se ha elegido el siguiente modelo: fabricado con chapa de acero de 2 mm, puerta de entrada transparente con vidrio de seguridad, clave de seguridad para el acceso, montajes verticales ajustables, bastidores individuales y placas pasacables.

A continuación se muestra el contenido de los armarios y elementos del cableado:

- Armario *rack* principal de 19 pulgadas de ancho y con profundidad de 60 cm y 20 bastidores donde se ubican los equipamientos comunes a toda la instalación como por ejemplo los servidores y controlador wifi, el *proxy, router* de conexión y *firewall,* el sistema de alimentación ininterrumpida (SAI), el *switch* principal de la red y el *patch panel* donde se conectan los armarios secundarios de las demás plantas. Se incluye un tablero con enchufes tipo Schuko para conectar los equipos a la alimentación.

**Izquierda: armario secundario. Derecha: armario principal y sus equipos**

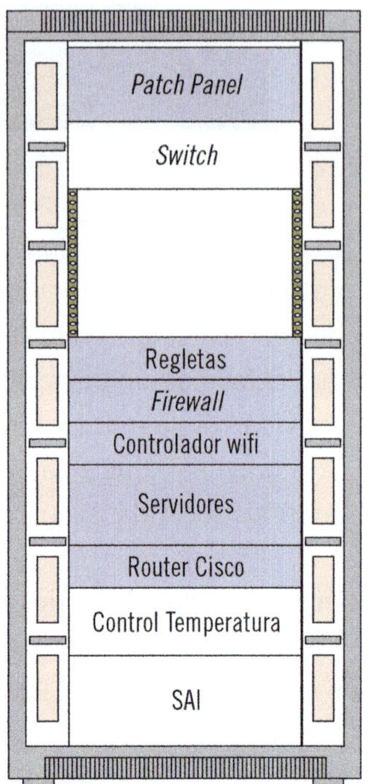


Los armarios *rack* secundarios, también conocidos como **servicios de distribución intermedia,** se van a instalar en la 1.ª y 2.ª planta. Se conectan al armario principal a través de cable UTP de categoría 6 mediante los correspondientes *patch panel.* En los armarios secundarios se ubican los dispositivos de la capa de acceso a equipos compartidos a nivel local y de distribución hacia las tomas de usuario.

### *Elementos de cableado*

A partir de la memoria del proyecto de implantación de la red telemática se extrae la información correspondiente al cableado que se va a realizar en los cuadros y los armarios del sistema siguiendo el esquema de topología de la Norma EN 50173. La conexión en cada armario va a conectar los equipos electrónicos de acceso y distribución situados en su interior para el servicio de la red. Cada equipo ubicado en su correspondiente armario será alimentado eléctricamente por los elementos de distribución PDU instalados en cada armario.

Para llevar a cabo el cableado se van a utilizar cables UTP de par trenzado de categoría 6 para conectar el armario *rack* principal con los secundarios, realizando así la conexión entre plantas del edificio.

De igual manera, se utilizará cable UTP de par trenzado categoría 6 para conectar los *switches* de distribución en cada armario secundario con sus correspondientes tomas de usuario en cada planta.

**Cable UTP par trenzado**

Para la conexión interna de los equipos ubicados en los armarios de cada planta se utilizarán latiguillos de fibra MTRJ que unirán los *switches* de acceso y distribución con los *patch panel* de cada armario. Para las terminaciones de los cables UTP y latiguillos se van a usar conectores RJ-45 siguiendo el estándar EIA/TIA 568B que define la conexión los pines y las conexiones del cableado en sus extremos.

Se evitará la proximidad de la línea eléctrica para evitar interferencias electromagnéticas que puedan reducir la velocidad de datos que ofrece el cable UTP.

Los anexos de memoria informan sobre las características técnicas del cable UTP de categoría 6 que se va a utilizar así como de las terminaciones del cableado RJ-45. La información correspondiente al anexo sobre los elementos del cableado es la siguiente:

- **CABLE UTP par trenzado categoría 6:**

  - El cable UTP no es costoso y ofrece un amplio ancho de banda (hasta 250 MHz con UTP categoría 6) y es fácil de instalar.
  - Se va a utilizar para conectar los ordenadores y los dispositivos de red dentro del edificio.
  - Distancia limitada a 100 m por segmento.
  - Baja inmunidad al ruido y a las interferencias.
  - Calibre del conductor: 23 AWG.
  - Tipo de aislamiento: PVC.
  - Tipo de ensamble: 4 pares con cruceta central.
  - Separador de polietileno para asegurar alto desempeño contra diafonía.
  - Para conexiones y aplicaciones IP.
  - Conductor de cobre sólido de 0,57 mm.
  - Diámetro exterior 6,1 mm.
  - Radio de curvatura: 6 X OD (6 x 6,1 mm = 36,6 mm).
  - Desempeño probado hasta 300 Mhz.
  - Impedancia: 100.

- **CONECTOR RJ-45:**

  - La ubicación de los pines se enumeran desde el 8 en la derecha hasta el 1 en la izquierda.
  - El técnico debe asegurar que los cables quedan completamente introducidos en el extremo del conector RJ-45 y que el conector esté engarzado en la funda del cable para asegurar el contacto eléctrico.
  - Se va a seguir el estándar EIA/TIA 568-B que define la configuración de conexión de los pines o conexiones del cable en su extremo.

**Conexionado y configuración de pines según Norma EIA/TIA 568-B**

Norma T568B

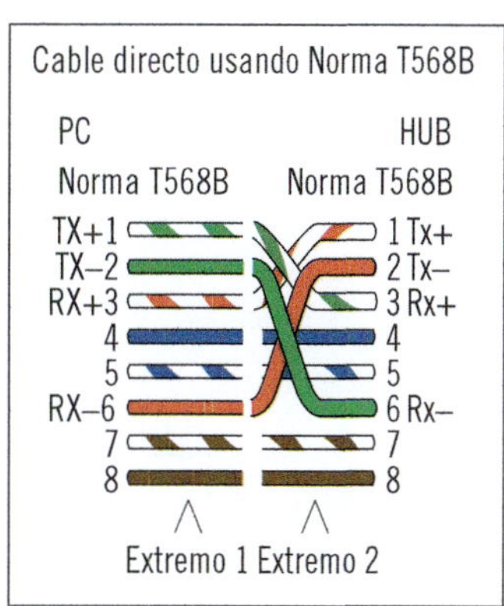


Los planos del proyecto informan sobre la forma de llevar a cabo el cableado de elementos ubicados en los armarios. Estos planos de tipo esquemático contienen la información del conexionado entre los equipos ubicados en el interior del armario, indicando la conexión entre los *swtiches* de acceso y distribución y el *patch panel.*

En cada plano esquemático se indica en su cajetín el título del proyecto, el título del plano, el número de plano, las fechas, las escalas, el autor, el destinatario y las sustituciones como se muestra a continuación:

- Plano N.º 1: conexionado del cable UTP del armario principal con los armarios secundarios y las conexiones internas de cada uno de ellos.
- Plano N.º 2: conexión entre el *patch panel* y el *switch* de un armario secundario.
- Plano N.º 3: ejemplo de configuración para la conexión entre el *patch panel* y el *switch* en un armario secundario.

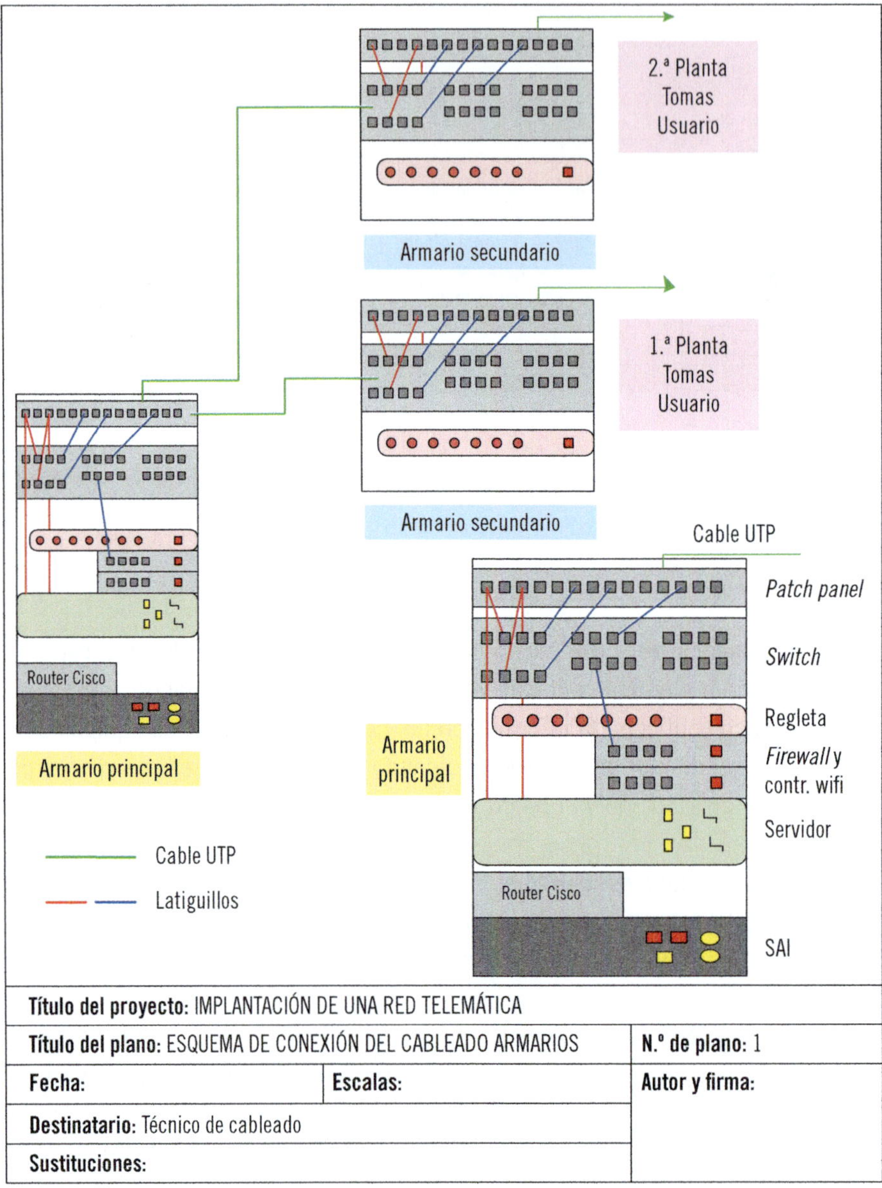


| **Título del proyecto:** IMPLANTACIÓN DE UNA RED TELEMÁTICA | | |
|---|---|---|
| **Título del plano:** ESQUEMA DE CONEXIÓN DEL CABLEADO ARMARIOS | | **N.º de plano:** 1 |
| **Fecha:** | **Escalas:** | **Autor y firma:** |
| **Destinatario:** Técnico de cableado | | |
| **Sustituciones:** | | |

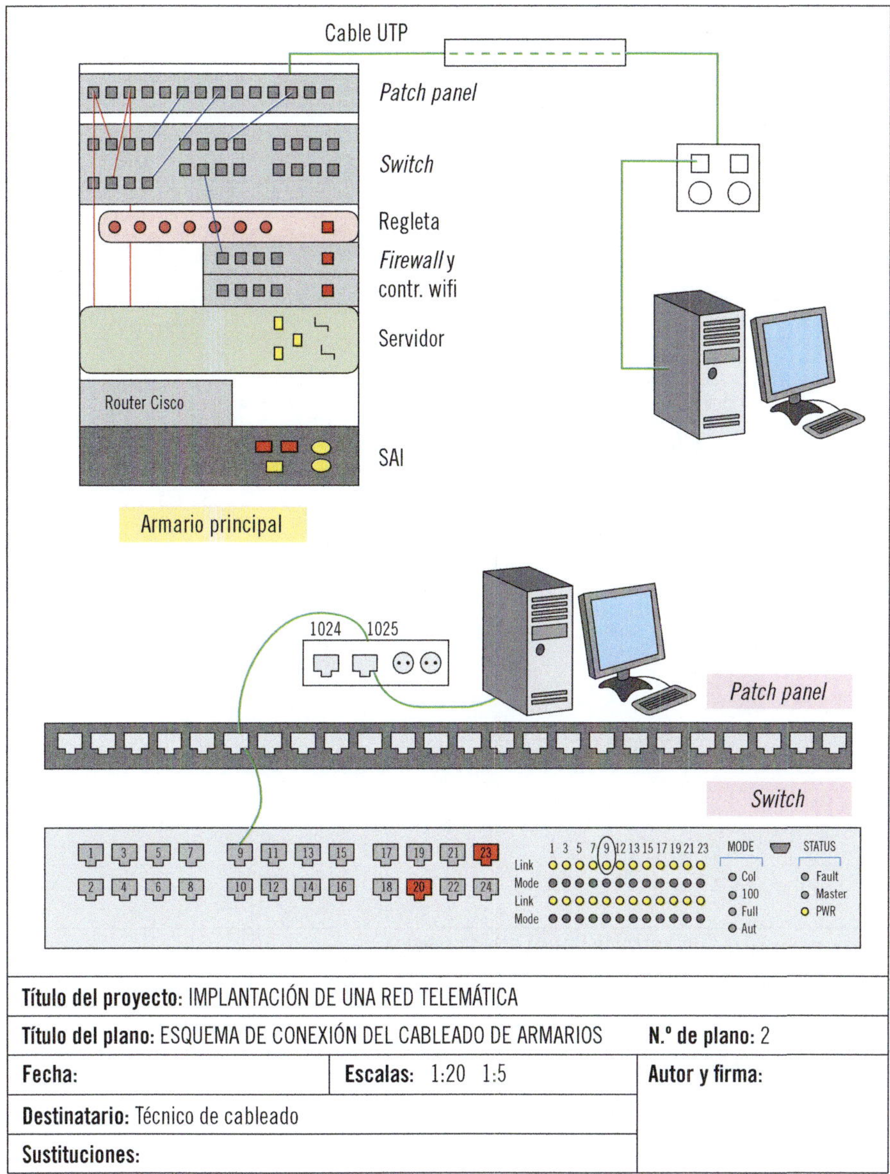


| **Título del proyecto:** IMPLANTACIÓN DE UNA RED TELEMÁTICA | | |
|---|---|---|
| **Título del plano:** ESQUEMA DE CONEXIÓN DEL CABLEADO DE ARMARIOS | | **N.º de plano:** 2 |
| **Fecha:** | **Escalas:** 1:20 1:5 | **Autor y firma:** |
| **Destinatario:** Técnico de cableado | | |
| **Sustituciones:** | | |

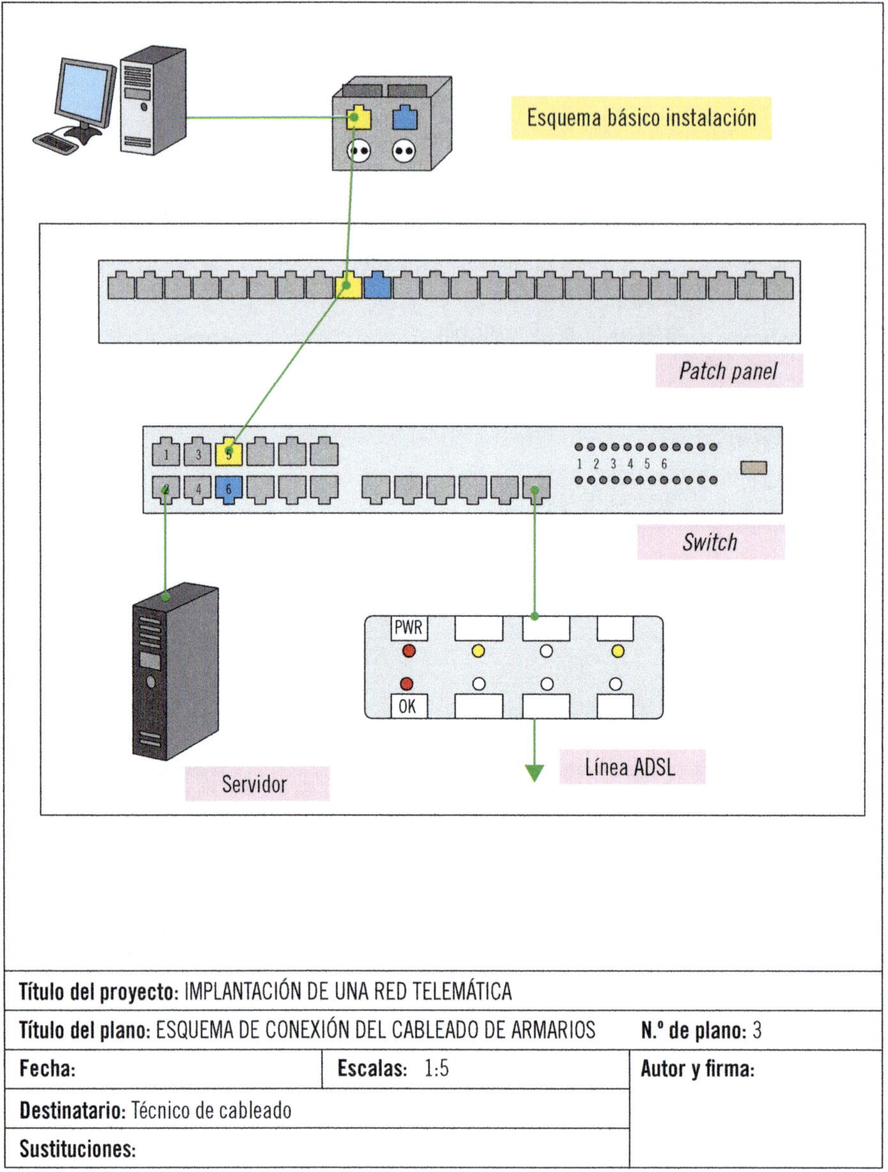


| | | |
|---|---|---|
| **Título del proyecto:** IMPLANTACIÓN DE UNA RED TELEMÁTICA | | |
| **Título del plano:** ESQUEMA DE CONEXIÓN DEL CABLEADO DE ARMARIOS | | **N.º de plano:** 3 |
| **Fecha:** | **Escalas:** 1:5 | **Autor y firma:** |
| **Destinatario:** Técnico de cableado | | |
| **Sustituciones:** | | |

## Sistemas de ventilación forzada y de alimentación especial

A partir de la memoria se extrae la información correspondiente a los sistemas de ventilación forzada y de alimentación especial que se van a instalar en los armarios de la red telemática. Se indica que los equipos electrónicos ubicados en los armarios suelen funcionar ininterrumpidamente, provocando así un alto desprendimiento de calor. Para el sistema de ventilación se van a instalar dos dispositivos de rejillas protectoras en el armario para evitar la entrada de polvo. Se instalará también un sistema de ventilación que permita establecer una temperatura óptima de funcionamiento para los equipos electrónicos de la red.

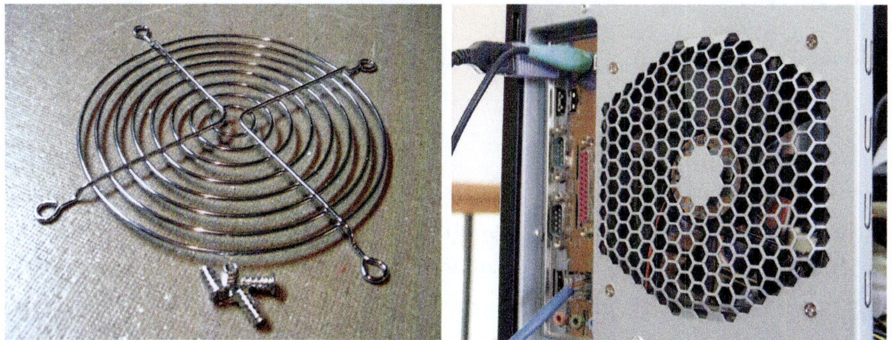

*Izquierda: Rejilla protectora de ventilación. Derecha: sistema de ventilación (© Fotografía 1: Matthieu149 vía Wikimedia Commomns - CC BY-SA 3.0; © Fotografía 2: DonES vía Wikimedia Commons - CC BY-SA 3.0)*

Además, se indica que en el armario principal se va a instalar un SAI (sistema de alimentación ininterrumpida) que proporcione energía eléctrica a los equipos electrónicos situados en el armario *rack* durante un tiempo limitado durante un apagón, evitando la caída de la red por sobrecargas o caídas de la red eléctrica. Las PDU del armario *rack* principal irán conectadas al SAI para proteger todo el equipamiento.

También se informa en la memoria de que se instalará en cada planta un SAI para proteger el suministro eléctrico en las oficinas de dichas plantas. El SAI en cada planta irá conectado a la caja de suministro eléctrico situada en cada una de las plantas, protegiendo así las tomas eléctricas en cada puesto de usuario.

Izquierda: SAI para el armario principal
Derecha: SAI para proteger el suministro eléctrico en cada planta

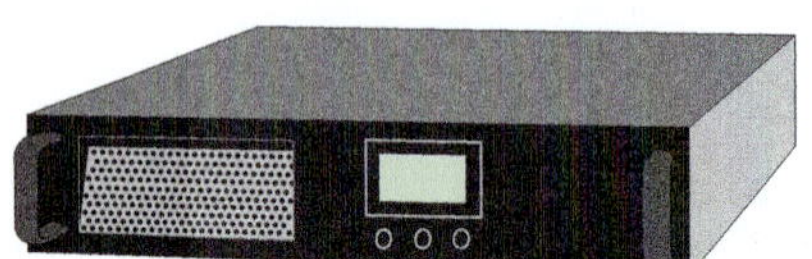

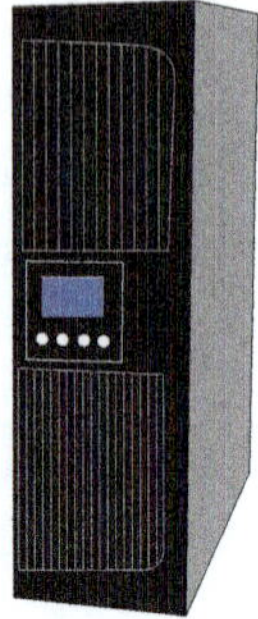

En el anexo correspondiente a los sistemas de mantenimiento se definen las características del sistema de ventilación y de alimentación especial que se van a instalar. En cada armario se instalará un sistema de ventilación mientras que un SAI se instalará en el armario principal y dos se distribuirán en las plantas para la alimentación especial en los puestos de trabajo. A continuación se muestra la información contenida en este anexo donde se indican las características de los SAI que se van a instalar y las rejillas de protección y el sistema de ventilación:

- **Características del SAI para el armario:**
    - Capacidad: 1 KVAW.
    - Altura (unidades bastidor): 2 U.
    - Anchura: 420 mm; profundidad: 438 mm; altura: 88 mm.
    - Peso: 16 kg.
    - Modo batería: pitido cada 4 segundos; batería baja: pitido cada segundo
    - Caída de tensión: pitido cada 0,5 segundos; fallo: pitido continuo.
    - Salidas: dos Schuko hembra. Dispone de dos líneas de salida de operativa programable: alimentación crítica y alimentación secundaria.

- **Características del SAI para las plantas:**
    - Potencia: 4.000 VA/2700 W.
    - Factor de potencia de salida: 0,9.

- Distorsión armónica total de entrada (THDi): <5 %.
- Pantalla gráfica orientable, convertible torre/*rack,* funcionamiento *eco-mode,* interfaces de comunicación serie (RS-232) y USB.
- *Software* de monitorización, detector automático de frecuencia.
- Función convertidor de frecuencia.

- **Característica rejilla de ventilación:**
  - Tipo: rejilla protectora con filtro.
  - Dimensiones: 120 x 120 mm.
  - Fijación: por tornillos.
  - Material: plástico; color: negro.

- **Característica dispositivo de ventilación:**
  - Temperatura de funcionamiento:
    - Cojinete de manguito: –10 °C a +70 °C.
    - Rodamiento de bolas: –30 °C a +80 °C.
  - Resistencia de aislamiento:
    - 10 MOhm minuto a 500 V DC (entre el marco y la terminal).
    - Rigidez dieléctrica: 1.500 V AC un minuto.

**Tipo de canalizaciones y su distribución en plantas, distribución horizontal y vertical**

El cableado a lo largo del edificio estará compuesto del cableado vertical, horizontal y en las zonas de usuario. A partir de la memoria se indica que se va a realizar la canalización para distribuir el cableado a lo largo de las dos plantas del edificio y su planta baja.

La canalización del cableado debe cubrir los 700 m$^2$ que tiene cada planta hasta llegar a las 12 tomas de usuario instaladas en cada oficina. La canalización del cableado horizontal se va a realizar sobre el falso techo de cada planta, evitando en lo posible el uso de canaletas situadas en el suelo que dificulten el trabajo y el movimiento en las zonas de usuarios.

La canalización horizontal se realizará desde los correspondientes armarios hasta la salida de información en las tomas de usuario. La distancia máxima del cableado no debe superar los 90 m, siendo la distancia máxima sobre la toma de usuario más alejada de 50 m.

Para las canalizaciones por el falso techo se utilizará tubo forroplast de métrica M32 con propiedades de aislamiento y flexibilidad. Mediante bandejas metálicas tipo varilla electrosoldada se agruparán los tubos forroplast para ser distribuidos desde los armarios secundarios hasta las cajas de distribución en las zonas de usuario.

**Tubo forroplast y bandeja metálica**

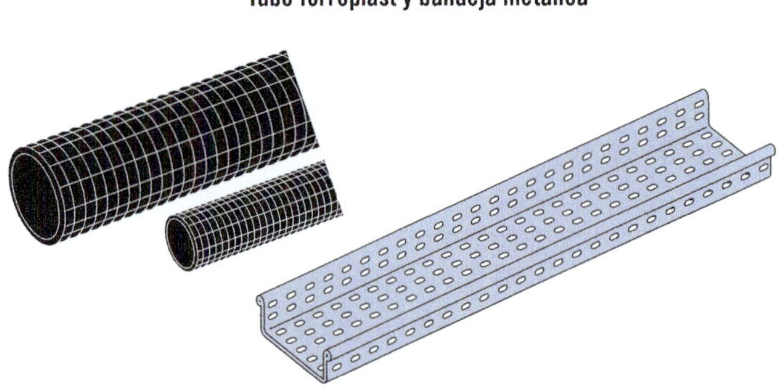

Para la bajada del cableado desde el techo hasta las tomas de usuario se usarán canaletas de plástico de PVC blanco de acuerdo a la norma IEC 61537:2007 y EN50085-2-1:2008 para bandejas y canales.

**Canaleta y tubería de PVC blanca**

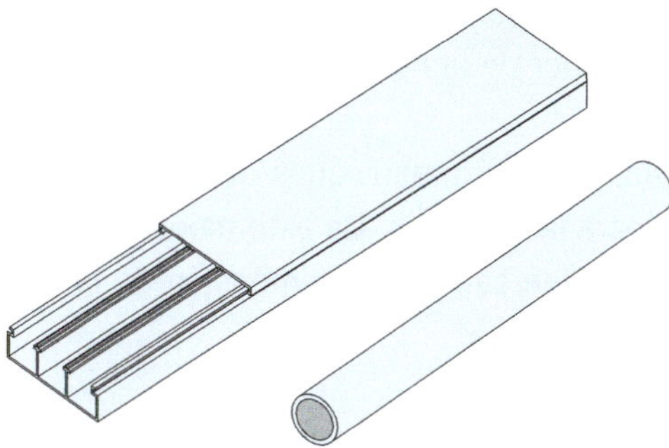

Para el cableado vertical que conecta el armario principal con los secundarios se van a utilizar tuberías de PVC blanco que se distribuirán desde las sala de equipos desde la planta baja cruzando la 1.ª y 2.ª planta del edificio hasta llegar a al cuarto de equipos de los armarios secundarios.

En los anexos se encuentran las características técnicas de los elementos de canalización que se van a utilizar.

Se usarán bandejas metálicas tipo varilla electrosoldada y cincada de 8 mm, tamaño de 300 mm y con ala de 60 mm. Con respecto a las canaletas se usará canaleta con cinta adhesiva en barra de 2 m de largo y color blanco de medidas 15 x 10 mm con separación de canales interiores para los cables, construida según las normas UNE-EN 50085-2-1. Las tuberías blancas de PVC tendrán un diámetro de 25 mm.

Respecto al tubo forroplast se indican las siguientes características:

- Tubo corrugado forrado de 16 mm apto para canalizaciones empotradas ordinarias (paredes, techos y falsos techos) y huecos de la construcción, capacidad de curvatura.
- Construido según la norma UNE-EN 61386-22.
- Resistencia a la compresión: > 320 Newton.
- Resistencia al impacto: > 2 J a –5 ºC.
- Temperatura mínima y máxima de utilización: –5 y + 60 ºC.
- Rigidez dieléctrica: > 2.000 V

- Resistencia de aislamiento: >100 MOhm.
- Influencias externas: IP54.
- No es propagador de la llama, color negro.

Los planos informan de las dimensiones del edificio, tanto para cada una de las plantas como para las oficinas. De este modo, y una vez definido el tipo de canalizaciones, se puede calcular la dimensión de la estructura de canalización que se va a llevar a cabo.

En los planos se define la ruta por donde se instalará el cableado y se observa que el punto de usuario más alejado de toma de usuario está a 50 m, mientras que el punto de usuario más cercano está a 8 m. La distancia entre cada puesto de usuario es de 4 m distribuidos de la siguiente manera para las 12 tomas de usuario en cada oficina:

- Una oficina: dimensiones 7 m de ancho por 16 m de largo.
- Pared (izquierda) de 16 m = 5 tomas de usuario, con distancia de 3 m entre ellas.
- Pared (derecha) de 16 m = 5 tomas de usuario, con distancia de 3 m entre ellas.
- Pared ancho (fondo de la oficina) = 2 tomas de usuario, con distancia de 5 m entre ellas.
- Altura del edificio es 9 m, tres por cada planta.

A partir de los datos de superficie definidos en los planos del edificio se puede calcular el número de bobinas de cable UTP que será necesario, partiendo de que las bobinas de cable UTP tienen una longitud de 300 m por bobina. Los datos del cálculo para el cableado están localizados en los anexos de la memoria.

En este anexo se calcula, a partir de las dimensiones y la distribución de las oficinas y los puestos de usuario, la longitud estimada de cableado UTP así como la longitud de la canalización de dicho cableado.

A continuación se muestran los datos contenidos en el anexo de cálculo para el edificio donde se va a implantar la red telemática.

Primero se calcula la distancia promedio por cada planta de la siguiente forma:

- Distancia promedio = (distancia más lejana + distancia más cercana) / 2.
- Distancia promedio = (50 m + 8 m) / 2 + 10 % holgura = 31,9 m.
- D = 300 (m por bobina) / distancia promedio.
- D = 300 / 31,9 m = 9,4 ≈ 9.
- N.º de bobinas = n.º de tomas / D.
- N.º de bobinas = 48 / 9 = 5,5 ≈ 5,5 bobinas.
- Hay tres plantas; por tanto: 5,5 bobinas / planta x 3 plantas = 16,5 bobinas; redondeando, un total de 17 bobinas.
- Para las canaletas se calculan 24 m por cada oficina, multiplicado por 4 oficinas por plantas se obtendrán 96 m por planta. El cálculo total para el edificio sería: 96 m / planta x 3 plantas = 288 m
- Para las bandejas se calcula que por cada planta se utilizará 67 m según las dimensiones establecidas en los planos. La longitud de las bandejas en todo el edificio será: 67 m / planta x 3 plantas = 201 m
- Finalmente para las tuberías de PVC blanca se calcula 8 m de recorrido vertical entre plantas.

### Características de los cableados y conexionado de los elementos

Las características del cableado se indican en la memoria donde se define la topología utilizada, en este caso topología estrella, donde el armario principal situado en la planta baja realizará la función de nodo principal realizando la interconexión con los armarios secundarios situados en las dos plantas.

La memoria indica que la distribución del cableado se ha realizado dividiendo en subsistemas para la conexión vertical, la conexión horizontal y las áreas de usuario. La descripción gráfica del conexionado de elementos es proporcionada mediante los planos esquemáticos donde se informa de la interconexión que se debe llevar a cabo entre los armarios situados en las diferentes plantas siguiendo el diseño esquemático para la distribución del cableado estructurado. Las características del cableado utilizado para cada uno de los sistemas, así como los equipos de conexionado entre plantas, se muestran en el siguiente cuadro:

| | |
|---|---|
| **Cableado Vertical** | - Cable UTP de par trenzado de categoría 6<br>- Máxima longitud permitida = 90 m, el edificio mide 9 m, 3 m cada planta y máxima longitud horizontal en planta de 50 m<br>- *Switch* cisco 1990 con 48 puertos de salida UTP a 100 Mbps y entrada fibra óptica<br>- *Patch panel* de fibra óptica con 12 puertos |
| **Cableado Horizontal** | - Máxima longitud permitida = 90 m (medida desde el punto de servicio hasta la salida del armario de cada planta)<br>- Oficina más alejada está a una distancia de 25 m<br>- Se usa cable UTP de par trenzado de categoría 6<br>- Se evita proximidad con el cableado eléctrico según el estándar ANSI/AIA/TIA 569, ya que produce interferencias electromagnéticas<br>- *Switch* cisco 1990 de 48 puertos en los armarios secundarios para conexión con las tomas de usuario<br>- *Patch panel* LAN-PRO de 24 puertos |
| **Área De usuario** | - Máxima longitud de 3 m entre la toma de usuario y las computadoras<br>- Se usa cable de cobre UTP y conectores RJ-45<br>- Número de tomas de usuario (rosetas) dependiente del número de usuarios en cada oficina |

A continuación se muestra una imagen que representa la conexión en el área de usuario desde la roseta hasta el ordenador con una máxima longitud de 3 m.

**Conexión en el área de usuario**

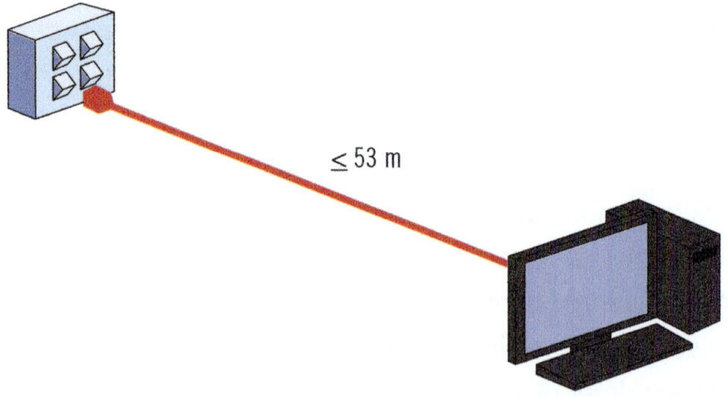


La memoria determina que el conexionado de los elementos ubicados en los armarios de cada planta se ha realizado de la siguiente forma:

- Conexión mediante cableado UTP entre *switch* y *patch panel* situados en el armario principal para distribuir todo el cableado hacia las plantas.
- El *patch panel* del armario principal se conecta con los *switches* de acceso situados en los armarios secundarios.
- Los *switches* situados en los armarios secundarios se conectan al *patch panel* de dichos armarios secundarios donde se realiza la distribución por plantas, interconectando los equipos y segmentando el ancho de banda enviado a cada equipo de usuario.
- Las conexiones entre los elementos se realiza con cable UTP de categoría 6 con terminaciones de conector RJ-45.

*Izquierda: patch panel de 48 puertos. Derecha: switch de 48 puertos*

### Sistemas de identificación y señalización de conductores, conectores, tomas de usuario y equipos presentes en la instalación

A partir de la información contenida en la memoria, se definen la identificación y la señalización de los elementos correspondientes a los conductores, conectores, tomas de usuario y equipamiento instalado en la red telemática.

La memoria indica que se va a mantener un método de identificación y señalización de los elementos de la red permitiendo así el conocimiento y la identificación del conexionado, facilitando la labor en caso de incidencias.

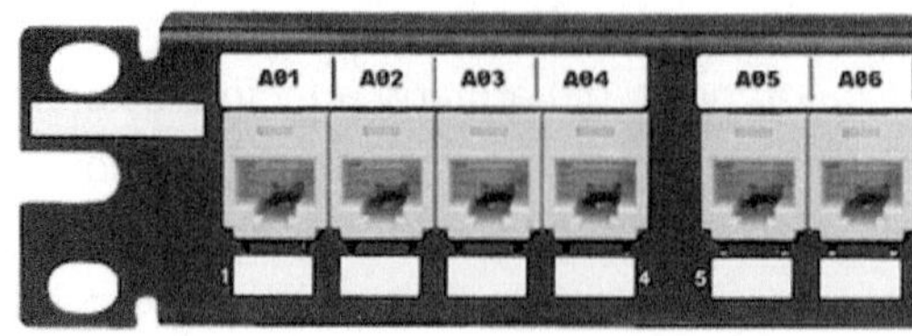


*Etiquetado para la identificación enel patch panel y la toma RJ-45*

El sistema de identificación que se utilizará viene dado por la Norma TIA/EIA-606 de la siguiente manera:

- **0A-B01:** planta baja (0), *rack* A de la planta baja, *patch panel* B, conexión a la toma 01 del *patch panel.*
- **1A-A01:** 1.ª planta (1), *rack* A de la 1.ª planta, *patch panel* A, conexión a la toma 01 del *patch panel.*
- **2A-A01:** 2.ª planta (2), *rack* A de la 2.ª planta, *patch panel* A, conexión a la toma 01 del *patch panel.*

En el siguiente esquema recogido en los planos se representa la identificación llevada a cabo para la planta baja, la 1.ª planta y la 2.ª planta:

**Esquema para la identificación para cada una de las plantas**

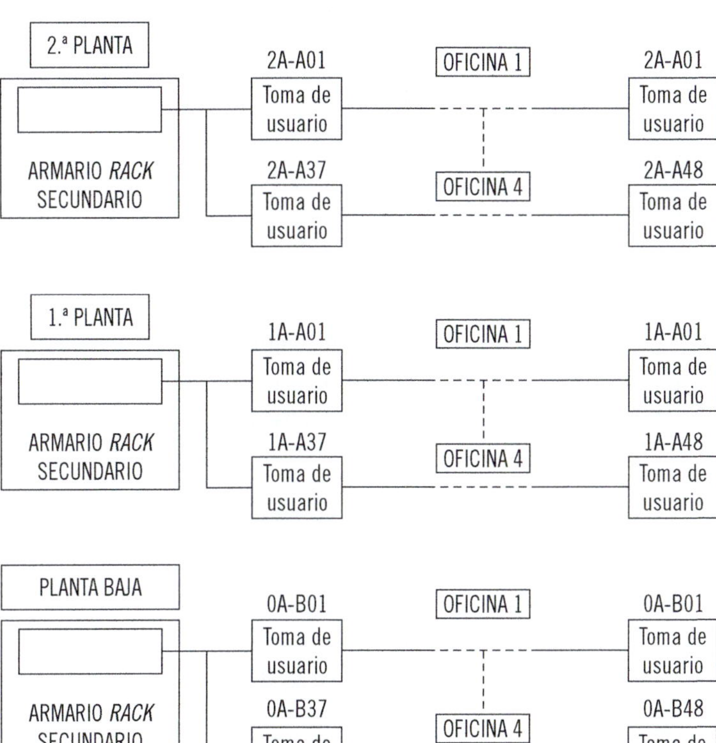


Cada toma de usuario aparece definida en el esquema con la identificación del tipo de salida proporcionada para cada oficina, en el caso de voz y datos como se muestra en la siguiente imagen:

**Esquema para la definición de la salida en las tomas de cada oficina**

La identificación de la conexión vertical entre los armarios situados en las distintas plantas se representa en un plano esquemático de la siguiente forma:

Fs1/Fs2- n

Donde:

- Fs1 es la identificación del cuarto de equipos desde donde se inicia.
- Fs2 es la identificación del cuarto de equipos donde llega.
- n es el número identificativo de la conexión.

**Esquema de la identificación para la conexión entre los armarios situados en las distintas plantas**

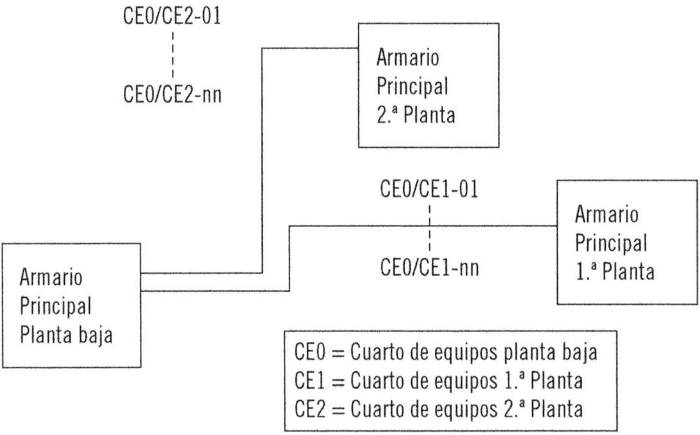


Para la identificación se definen las siguientes operaciones que se van a llevar a cabo:

- Se etiquetan todos los equipos en los armarios y los cables de fibra óptica, coaxiales y cobre.
- Se etiqueta con numeración correlativa cada toma de usuario según su ubicación y planta para las tomas de voz, datos y alimentación.

*Izquierda: etiquetado de toma de usuario. Centro: etiquetado del cableado. Derecha: etiquetado de los equipos dentro del armario rack (© Fotografía 2: Ben Stanfield vía Wikimedia Commons - CC BY-SA 2.0; © Fotografía 3: Ricardo Moctezuma López vía Wikimedia Commons - CC BY-SA 2.5)*

- La conexión del cable a los paneles se realizará con la técnica de desplazamiento de aislante y asignación de pines según Norma EIA/TIA.
- Los armarios instalados contarán con etiquetas de diferentes colores para identificar el cableado de voz, datos, entrada y salida, además de guías y pasahilos para agrupar el cableado.

A continuación se muestra un ejemplo de etiquetación para la planta baja e identificando por colores los datos y la voz:

| Planta 0 | Roseta 1 | Voz | Datos |
|---|---|---|---|
| P0 | R1 | 01V | 01D |
| Ejemplo: P0-R1-01V-01D, P0-R2-02V-02 | | | |

| Color | Entrada | Salida |
|---|---|---|
| Rojo para datos | Datos-E | Datos-S |
| Azul para voz | Voz-E | Voz-S |

## 10. Resumen

La documentación de un proyecto tiene como finalidad establecer todas las características del proyecto. Dependiendo del tipo de proyecto que se realice, la documentación vendrá determinada por diferentes aspectos que definen el proyecto, como por ejemplo el tipo de documentación generada en un proyecto de implantación y mantenimiento de una red telemática.

Para realizar y elaborar una documentación correcta se deben aplicar unos criterios generales de elaboración, que aunque no son obligatorios, se aconseja establecer las especificaciones reflejadas en la Norma UNE 157001 sobre la documentación. Esta norma indica el conjunto de documentos básicos, su contenido y su finalidad, los cuales se deben incluir en el proyecto. Para cada documento base, la norma establece una estructura determinada y un contenido específico para cada uno de ellos.

El principal objetivo de esta norma es garantizar la calidad del proyecto, tanto para el promotor como para los usuarios del producto, y de esta forma satisfacer toda la documentación generada en el proyecto conforme al objetivo deseado.

## Ejercicios de repaso y autoevaluación

**1. Indique cuál de las siguientes afirmaciones es verdadera o falsa.**

a. La documentación de un proyecto tiene como objetivo exponer toda la información sobre el proyecto y garantizar el cumplimiento de las normativas técnicas establecidas.

☐ Verdadero
☐ Falso

b. Los planos y el pliego de condiciones tienen mayor fuerza legal y son considerados como documentos vinculantes con respecto a los demás documentos que componen el proyecto.

☐ Verdadero
☐ Falso

c. Para obtener el permiso de instalación de una red telemática solo es necesario presentar la memoria del proyecto.

☐ Verdadero
☐ Falso

**2. Aunque la documentación dependa del tipo de proyecto que se está realizando, ¿cuáles son los documentos comunes a todo proyecto?**

______________________________________________
______________________________________________
______________________________________________
______________________________________________

3. **¿Cuál es el objetivo de aplicar la Norma UNE 157001:2014 para la elaboración de documentación en un proyecto?**

   a. Garantizar la calidad en la documentación.
   b. Establecer las características de la documentación.
   c. Definir el conjunto de documentos, modelos y tipos de soporte.
   d. Todas las opciones son correctas.

4. **¿Qué ocho documentos básicos exige la Norma UNE 157001:2014? ¿Qué finalidad tiene cada uno de estos ocho documentos?**

   ______________________________
   ______________________________
   ______________________________
   ______________________________
   ______________________________
   ______________________________
   ______________________________

5. **Indique cuál de las siguientes fases no corresponde al contenido y la estructura de una memoria.**

   a. Objeto y alcance del proyecto.
   b. Estado de mediciones.
   c. Ubicación o emplazamiento.
   d. Todas las opciones son incorrectas.

6. **¿Qué tipo de información puede aportar un anexo técnico?**

   a. Información sobre dispositivos.
   b. Información sobre la planificación.
   c. Información sobre el presupuesto.
   d. Todas las opciones son incorrectas.

7. **Complete el siguiente texto.**

   Los planos son los documentos utilizados para transmitir una ____________ ____________ sobre el ____________ o sobre un ____________. Deben ser lo suficientemente ____________ para poder ser llevados a la práctica.

8. **Indique qué debe incluir un plano según lo establecido en las normas UNE de la serie 1000.**

   ____________

9. **¿Qué tipos de planos se pueden encontrar en la documentación de un proyecto de implantación de redes telemáticas dependiendo de la información que se quiere transmitir? ¿Qué información aporta cada uno?**

   ____________

10. **¿Qué debe contener un pliego de condiciones? ¿Qué importancia contractual tiene un pliego de condiciones?**

    ____________

11. **¿Qué tipos de pliegos de condiciones se pueden encontrar en la documentación de un proyecto? ¿Qué características tiene cada uno?**

12. **Indique en qué consisten las unidades de obra, los precios de unidades de obra y la medición.**

13. **Relacione cada apartado de un presupuesto con su definición.**

    a. Mediciones.
    b. Precios unitarios.
    c. Presupuesto.

    __ Precios correspondientes a los componentes más sencillos y que unidos entre sí forman la unidad de obra.
    __ La suma de todas las unidades de obra que componen el proyecto de implantación de red telemática.
    __ Conjunto de operaciones realizadas sobre cada unidad de obra.

**14. Indique cuál de las siguientes afirmaciones es verdadera o falsa.**

a. Los precios unitarios se pueden agrupar en tres tipos de conceptos como la mano de obra, la maquinaria y los materiales.

- ☐ Verdadero
- ☐ Falso

b. Los precios unitarios se basan en el valor de mercado de los componentes simples.

- ☐ Verdadero
- ☐ Falso

c. El presupuesto es la suma de toda la maquinaria y los materiales que componen el proyecto.

- ☐ Verdadero
- ☐ Falso

**15. ¿Qué define y refleja el presupuesto del proyecto de red telemática? ¿Existe alguna normativa para su realización? ¿Por qué es aconsejable dividir en partes el trabajo para realizar el presupuesto?**

___

___

___

___

___

___

___

Capítulo 4

# Definición del alcance: identificación de fases y tareas de un proyecto de implantación de infraestructura de red telemática

# Contenido


1. Introducción
2. Definición de los objetivos del proyecto
3. Alcance
4. Plazo
5. Calidad
6. Coste
7. Descripción de distintos métodos para obtener información sobre el trabajo
8. Técnicas de definición del alcance: estructura de descomposición del trabajo (EDT)
9. Ejemplificación de distintos tipos de documentos que recojan el alcance de un proyecto de implantación de infraestructura de red telemática
10. Resumen

# 1. Introducción

En el inicio de un proyecto se definen los aspectos más importantes que se deben tener en cuenta durante su desarrollo, siendo de vital importancia definir el alcance y los objetivos para obtener los resultados deseados.

Hay que tener en cuenta durante el desarrollo de proyecto la influencia directa que tiene sobre las fases de ejecución aspectos como los plazos de tiempo, la calidad del producto y el coste que conlleva. Es necesario obtener la información que permite llevar a cabo el seguimiento y el control, ya sea mediante el análisis de la documentación, las entrevistas individuales y de grupo así como las reuniones con expertos.

Para organizar y planificar el alcance del proyecto, así como las tareas y actividades incluidas en su desarrollo, es muy importante aplicar la técnica de estructura de descomposición del trabajo (EDT), la cual permitirá estructurar de forma jerárquica mediante niveles el desglose de todas las actividades durante el desarrollo del proyecto.

# 2. Definición de los objetivos del proyecto

En un proyecto de implantación de red telemática, el objetivo principal es realizar el proceso de implantación de una red telemática que permita una correcta distribución y recepción de señales de datos y voz en una determinada ubicación como puede ser un colegio, uno o varios edificios, zonas residenciales, etc.

La dimensión de la red dependerá de las necesidades exigidas por el cliente teniendo en cuenta su administración, seguridad y la optimización de los costes planteando una solución eficaz dentro de las posibilidades económicas. Por tanto, los objetivos del proyecto están directamente relacionados con la necesidad del cliente y de las prestaciones exigidas a la hora de implantar la red telemática.

De forma general, los requisitos que se deben tener en cuenta en el diseño de una red telemática se pueden resumir en cinco objetivos fundamentales:

- El diseño de red debe ser escalable, es decir, una red que permita aumentar su dimensión en relación a grupos de usuarios y equipos remotos soportando nuevas aplicaciones.
- Disponibilidad las 24 horas del día con un rendimiento consistente los 7 días de la semana. Se debe evitar que un fallo en una conexión o equipo afecte significativamente al rendimiento de la red.
- La seguridad debe ser una característica de la red durante el diseño. Se deben implantar dispositivos de seguridad para proteger los recursos de la red.
- La red debe ser fácil de administrar por parte de los usuarios, ya que una red compleja en su administración no funciona de forma eficiente.
- El coste del diseño de red se debe tener muy en cuenta para que el proyecto no alcance un valor económico fuera del alcance, buscando la mejor relación calidad-precio de los componentes.

Recuerde

La definición de los objetivos de un proyecto está directamente relacionada con las necesidades y los requisitos del cliente.

## 3. Alcance

El alcance representa la totalidad del trabajo necesario para llegar a la solución y finalización del proyecto, siendo acordado por todas las partes influyentes en el proyecto haciendo referencia a todos los requerimientos para satisfacer el desarrollo del mismo. Cuando se completa el trabajo establecido se generan los documentos entregables al cliente que permiten establecer la consecución y la aprobación del proyecto. Hay que diferenciar dos conceptos de alcance:

- **Alcance del producto:** funciones, características y servicio de la red telemática.

- **Alcance del proyecto:** conjunto de actividades que debe realizarse para poder finalizar el proyecto de implantación de red telemática con unas características, requisitos y prestaciones específicos.

La definición del alcance se realiza en base a la documentación correspondiente a los requisitos establecidos en el acta de constitución del proyecto de implantación de la red telemática, garantizando de esta manera que dicho proyecto incluye la totalidad del trabajo necesario para su finalización.

Nota

El acta de constitución del proyecto es un documento de inicio incluido dentro del proyecto donde se definen aspectos como el alcance, el tiempo, los costos, la estructura del equipo, los roles y las responsabilidades de las personas involucradas. Este documento de acta de constitución del proyecto sirve de referencia sobre el futuro del proyecto y su aprobación por parte de la junta directiva permite el comienzo del proyecto formalmente.

Para garantizar que el proyecto incluya todo el trabajo requerido se debe realizar una correcta gestión del alcance siguiendo los siguientes pasos:

- **Recopilación de requisitos:** consiste en definir las necesidades de las personas interesadas con la intención de cumplir los objetivos del proyecto. Para recopilar requisitos se usan las entrevistas, los grupos de opinión y las reuniones con los interesados y los técnicos.
- **Definición del alcance:** consiste en desarrollar una descripción detallada del proyecto que se va a realizar y su producto. Para definir el alcance se puede usar el análisis del producto mediante técnicas de desglose de trabajo además de la identificación de alternativas mediante tormenta de ideas.
- **Elaboración de la estructura de descomposición del trabajo (EDT):** se trata de desglosar de forma jerárquica todo el trabajo que comprende el proyecto de implantación de red telemática en elementos más pequeños

que permitan definir de forma más detallada dicho trabajo, elaborando los entregables de trabajo necesarios para alcanzar los objetivos exigidos.

- **Validar el alcance:** una vez definidos los requerimientos de los entregables por parte de los miembros del grupo de proyecto por medio de reuniones con el cliente, esta información se refleja en el registro de requerimientos para posteriormente crear la línea base del alcance del proyecto de red telemática. El equipo de proyecto debe realizar el control de calidad sobre los entregables mediante un registro de control de calidad y la verificación de los entregables. En el caso de no cumplir los requerimientos establecidos, se generará una solicitud de cambio para volver a realizar el trabajo. Cuando el entregable haya sido verificado, es entregado al cliente para proceder a su validación, es decir, para proceder a la aceptación del entregable.
- **Controlar el alcance:** consiste en influir sobre determinados factores dentro del proyecto, que provocan cambios sobre el alcance del mismo, y en el control sobre dichos cambios. Durante el desarrollo del proyecto es inevitable establecer algún cambio y, por tanto, se debe establecer un proceso que controle dichos cambios. Con este control se pretende asegurar que las acciones correctivas necesarias se desarrollen por medio del proceso de control de cambios dentro del proyecto.

A continuación, se muestra un esquema de la secuencia de operaciones que se debe llevar a cabo para realizar una satisfactoria gestión del alcance del proyecto:

**Actividades para la gestión del alcance de un proyecto**

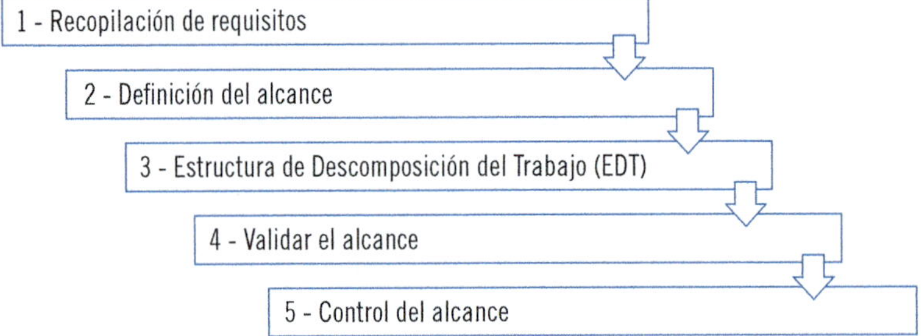

Un gran número de proyectos ha fracasado o tenido numerosos problemas provocados por una mala gestión del alcance y la definición de los requerimientos, repercutiendo de forma negativa en el tiempo y el presupuesto estimado inicialmente.

### Recuerde

Definir el alcance del proyecto consiste en desarrollar la descripción detallada de los aspectos del proyecto y del producto que se desea conseguir, siendo esta descripción fundamental para el éxito final.

### Actividades

1. ¿Qué se entiende como alcance del proyecto? ¿Qué objetivo tienen los entregables dentro de la ejecución del proyecto?
2. ¿Qué pasos se deben seguir para realizar una correcta gestión del alcance de un proyecto? ¿En qué consiste cada uno de estos pasos?

## 4. Plazo

Desde que un proyecto comienza, durante la duración del mismo, y para su correcta realización, es necesario dividirlo en diferentes fases en las que habrá que establecer las tareas para lograr los objetivos, su secuencia y dependencia entre ellas, definir los recursos disponibles y estimar la duración de las tareas.

Para determinar los plazos de duración de cada tarea, primero se debe establecer el orden de realización de cada tarea teniendo en cuenta los recursos de los que se disponen.

Para elaborar los plazos de tiempo hay que usar técnicas de planificación como los diagramas de Gantt, PERT o el método de camino crítico (CPM), que serán explicados detalladamente en el siguiente capítulo y que permitirán obtener la duración mínima del desarrollo del proyecto. La duración mínima se obtiene a partir de la duración de las diferentes actividades que lo componen y sus relaciones de dependencia.

Los plazos de tiempo de las actividades que componen el proyecto de red telemática, los plazos de cada fase y el plazo total del proyecto se pueden representar de forma gráfica mediante el cronograma de tiempo. En el cronograma se mostrará la información de manera gráfica correspondiente a los plazos de cada una de las actividades que componen el proyecto.

La determinación del camino crítico en la programación inicial del proyecto permite conocer el plazo total del proyecto, es decir, la duración teórica prevista para de este modo poder efectuar los ajustes que sean necesarios para adaptar los plazos de tiempo a los establecidos.

El plazo de un proyecto es uno de los aspectos variables más importantes que se deben controlar ya que frecuentemente suele ser una de las restricciones del mismo. Además, las desviaciones en cuanto a plazos tienen consecuencias negativas con respecto al coste y en la propia organización del proyecto. Los retrasos en los plazos de realización provocan repercusiones económicas negativas así como la caída del beneficio generado.

Es necesario establecer un control de plazos caracterizado por la recopilación de toda la información sobre el trabajo realizado y su comparación con los plazos previstos. Esta información se obtendrá mediante la documentación del proyecto, informes de seguimiento y control, reuniones y entrevistas.

Para realizar el control de plazos hay que comparar en paralelo el diagrama de Gantt planificado inicialmente con el verdadero diagrama de Gantt que se está llevando a cabo. Dentro de los plazos de desarrollo del proyecto se deben asignar unas fechas a determinadas actividades que son consideradas claves en la ejecución y que permitirán ver el estado del proceso de ejecución. Estas fechas, denominadas **fechas de control,** serán asignadas al comienzo, durante o al final de las actividades específicas que componen el proyecto. A continuación se analiza la situación real del proyecto estimando la duración de las tareas que quedan pendientes por realizar, con el seguimiento de los retrasos que vayan surgiendo.

## 4.1. Ejemplo práctico

Se pretende comenzar un proyecto para la instalación de la infraestructura de redes telemáticas. Primero se desea elaborar una planificación con los plazos de tiempos estimados para el desarrollo del proyecto.

El plazo máximo dado por el cliente es de 2 meses (45 días hábiles). El número previsto de días total para la implantación de la red es de 41 días, dejando 4 días de margen para posibles retrasos sobre los 45 exigidos por el cliente. Hay que tener en cuenta que los días de desarrollo se han establecido sobre los días hábiles de trabajo durante los dos meses de plazo.

Los plazos se deben estructurar dividiendo en fases la implantación, diferenciando la etapa inicial, la etapa de cableado y la etapa de la electrónica de red como se muestra a continuación:

- **Fase 1. Obtención de información:** las tareas son la obtención de la información necesaria sobre la ubicación y el lugar de implantación (1 día), y recogida de datos, información y especificaciones (2 días).
- **Fase 2. Cableado:** las tareas son la propuesta de equipamiento (2 días), el diseño de la estructura del cableado (4 días), la implantación de la estructura (10 días), la instalación de armarios *rack* (2 días) y la documentación del cableado (2 días).
- **Fase 3. Electrónica de red:** las tareas son la instalación de equipos electrónicos (2 días), la interconexión de equipos (2 días), las certificaciones de instalación (7 días), la configuración lógica del sistema (3 días), las pruebas del sistema (7 días) y la documentación del proceso (1 día).

Se debe completar el cuadro de actividades estableciendo las fechas correspondientes a cada actividad teniendo en cuenta el plazo máximo para su desarrollo.

Además, se deben establecer dos fechas de control de plazos y realizar un análisis sobre el cumplimiento de plazos previstos y las causas de retraso si fuera conveniente (una fecha después de la instalación de armarios y otra fecha después de la certificación de la instalación).

Se deben reflejar detalladamente todos los plazos de las actividades necesarias así como su duración y de comienzo en la siguiente tabla:

| Fase | Tarea | Comienzo | Duración |
|---|---|---|---|
| Obtención de información | 1. Reunión con cliente<br>2. Recogida de datos, información y especificaciones | Fecha actual | 1 día |
| Cableado | 3. Propuesta de equipamiento<br>4. Diseño de la estructura del cableado<br>**5. Implantación de la estructura**<br>**6. Instalación de armarios *rack***<br>7. Documentación sobre el cableado | | |
| Electrónica de red | **8. Instalación de equipos electrónicos**<br>**9. Interconexión de equipos**<br>10. Certificaciones de instalación<br>11. Configuración lógica del sistema<br>12. Pruebas del sistema<br>13. Documentación del proceso | Fecha final | 1 día |
| Total de días = (días hábiles) | | | |
| Dos fechas de control: | | | |

Las actividades que se resaltan en negrita se realizan de forma paralela.

Finalmente se va a realizar el cronograma de las actividades del proyecto que represente gráficamente los plazos de ejecución.

***Solución***

Una vez definidas las tres fases, se procede a elaborar el cuadro de plazos donde se incluirán las fechas y la duración estimada de las actividades.

Se van a establecer dos fechas de control durante el desarrollo para comprobar el cumplimiento de los plazos.

El número previsto de días total para la implantación de la red es de 41 días, dejando 4 días de margen para posibles retrasos sobre los 45 exigidos por el cliente. Hay que tener en cuenta que los días de desarrollo se han establecido sobre los días hábiles de trabajo durante los dos meses de plazo.

Hay que destacar que la tarea de instalación de los armarios *rack* está dentro de las fechas correspondientes a la implantación de la estructura en la fase de cableado, por lo que sus fechas son coincidentes y su ejecución se realiza de forma paralela. De igual forma se ejecutan de forma paralela la tarea de instalación de equipos electrónicos y la interconexión de equipos. Estas actividades están resaltadas en la tabla con negrita. Para todas las demás tareas se ha establecido un orden secuencial de ejecución.

Se han establecido dos fechas de control durante el desarrollo justo después de determinadas actividades que se han considerado importantes para evaluar el proceso de implantación y el estado del cumplimiento de fechas.

Una fecha de control se ha establecido después de la actividad correspondiente a la implantación de la estructura en la fase de cableado y la otra fecha se ha establecido después de realizar la certificación de la instalación en la fase de electrónica de red.

A continuación se muestra la tabla de plazos y su información de fechas correspondientes y el cronograma de actividades que representa la tabla de actividades referente a sus plazos de desarrollo y estableciendo dos fechas de control:

**Cronograma representativo de actividades**

| Fase | Tarea | Comienzo | Duración |
|---|---|---|---|
| Obtención de información | 1. Reunión con cliente<br>2. Recogida de datos, información y especificaciones | Lun 05/05/26<br>Mar 06/05/26 | 1 día<br>2 días |
| Cableado | 3. Propuesta de equipamiento<br>4. Diseño de la estructura del cableado<br>**5. Implantación de la estructura**<br>**6. Instalación de armarios *rack***<br>7. Documentación sobre el cableado | Jue 08/05/26<br>Lun 12/05/26<br>Vie 16/05/26<br>Vie 16/05/26<br>Vie 30/05/26 | 2 días<br>4 días<br>10 días<br>2 días<br>2 días |
| Electrónica de red | **8. Instalación de equipos electrónicos**<br>**9. Interconexión de equipos**<br>10. Certificaciones de instalación<br>11. Configuración lógica del sistema<br>12. Pruebas del sistema<br>13. Documentación del proceso | Mie 3/06/26<br>Mie 3/06/26<br>Jue 5/06/26<br>Lun 16/06/26<br>Jue 19/06/26<br>Lun 30/06/26 | 2 días<br>2 días<br>7 días<br>3 días<br>7 días<br>1 día |
| Total de días = 41 días (días hábiles) | | | |
| Fechas de control:<br>Vie 30/05/26<br>Lun 16/06/26 | | | |

**Cronograma representativo de actividades**

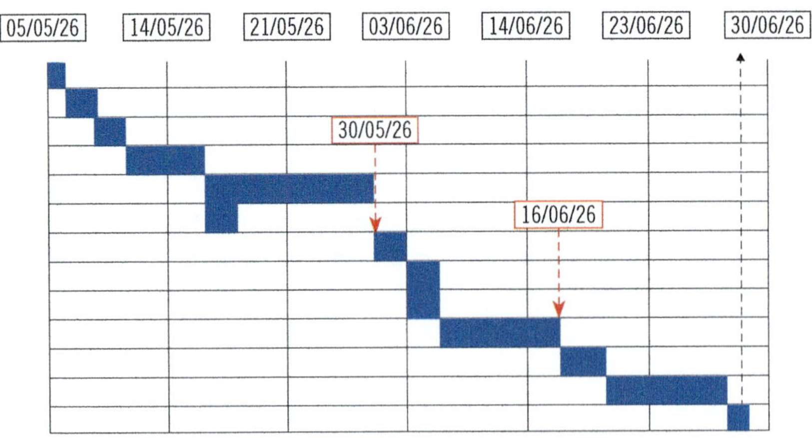

Nota

Si se producen desviaciones durante el control de plazos, se deben analizar sus causas y tomar las medidas oportunas para solucionarlo si procede.

## 5. Calidad

La calidad se define como la propiedad inherente de cualquier cosa o producto que permite la comparación con cualquier otra cosa o producto de su misma especie. En otras palabras, es una propiedad esencial y permanente de una cosa o producto debido a sus condiciones naturales.

La calidad debe ser planificada y diseñada antes de comenzar la ejecución del proyecto.

En cualquier proyecto, y más concretamente en un proyecto de implantación de una red telemática, se debe realizar una gestión de calidad que incluya los procesos y las actividades que determinan las responsabilidades, los objetivos y las políticas de calidad a aplicar para satisfacer las necesidades por las cuales fue emprendido el proyecto.

Importante

Sin calidad, un producto o servicio como la implantación de una red telemática no generará ningún beneficio.

## 5.1. Gestión de la calidad del proyecto

La gestión de calidad se realiza tanto en el proyecto como al producto resultante de la ejecución del mismo. Una mala gestión de calidad dará lugar a numerosos riesgos producidos por diversos factores que provocarán la inconformidad del cliente y un aumento de costes y de tiempo.

Para realizar una buena gestión de calidad se debe evaluar correctamente el proyecto y no enfocarse únicamente en alcanzar las exigencias establecidas para obtener solo los resultados principales. La calidad debe ser valorada de la misma forma que el alcance, el presupuesto y el cronograma, y por tanto debe adquirir la importancia necesaria y fundamental para conseguir que el cliente esté satisfecho con el resultado proporcionado. Si no se cumplieran las expectativas de calidad requeridas y el cliente no estuviera satisfecho con el resultado, el equipo de proyecto debería realizar los ajustes necesarios relacionados con el alcance, el cronograma y el presupuesto de forma que se pudieran alcanzar las metas establecidas.

En un proyecto de implantación de una estructura de red telemática, la gestión de calidad se define como el proceso para asegurar que todas las actividades que componen el proyecto de red telemática, la planificación y la implementación de la red sean eficientes con respecto al objetivo establecido. Esta gestión debe realizarse de forma continua durante todo el ciclo de vida del proyecto, desde el comienzo hasta el final, evitando de esta manera los problemas provocados por resultados de calidad baja.

Dentro del proyecto, la gestión de calidad está compuesta por una serie de procesos tales como la definición (planificación) de calidad, el aseguramiento de calidad y el control de calidad. La guía de fundamentos de la dirección de proyecto (guía PMBOK) los define así:

### Planificación de la calidad

Consiste en identificar los estándares de calidad que se utilizarán en el proyecto, siendo esta identificación llevada a cabo por el jefe de proyecto y el equipo de proyecto, recurriendo al beneficiario o cliente para que realice una aportación sobre la definición de la calidad del proyecto.

Los estándares de calidad son claves en la definición de calidad ya que permitirán señalar las principales características que se establecerán sobre las actividades que componen el proyecto de implantación de red telemática.

La planificación de la calidad debe realizarse de forma paralela a los demás procesos de planificación del proyecto. Por ejemplo, los cambios propuestos en el producto para cumplir con las normas de calidad identificadas pueden requerir ajustes en el costo o el cronograma, así como un análisis detallado de los riesgos de impacto en los planes.

Las características y los requerimientos de calidad mínimos que debe tener la implantación de una infraestructura de red telemática son los siguientes:

- **Funcionalidad:** grado por el que la red ejecuta su funcionamiento previsto. Por ejemplo, que la red esté operativa las 24 horas del día.
- **Ejecución:** se define como la forma en la que la implantación de red se utiliza según el uso previsto. Por ejemplo, soportar alta densidad de transmisión de datos y voz en las horas de mayor utilización sin producirse la caída de red.
- **Puntualidad:** realizar la implantación a tiempo para resolver la necesidad del cliente en los plazos acordados.
- **Conveniencia:** se refiere a la aptitud de uso para una correcta función según las condiciones establecidas en base a los usuarios de la red.
- **Completa:** proporcionar la calidad a la red telemática donde se incluyen todos los servicios y las prestaciones del alcance.

### Aseguramiento de la calidad

El aseguramiento de calidad es el proceso consistente en auditar los requisitos de calidad y asegurar que los resultados obtenidos sean satisfactorios en función de la aplicación de las normas de calidad adecuadas.

La realización del aseguramiento de calidad proporciona la mejora continua del proceso, reduciendo de esta manera las actividades inútiles y eliminando las actividades que no aportan valor al proyecto.

Este aseguramiento de calidad se produce, principalmente, durante la fase de implementación de la red, es decir, durante la implementación del cableado y la instalación de equipos de red.

Nota

El propósito del aseguramiento de calidad es detectar los errores en el proyecto lo más pronto posible para reducir las horas de esfuerzo y los costes provocados por actividades con resultados de mala calidad.

### Control de calidad

Consiste en utilizar técnicas y actividades que permiten comparar la ejecución real de calidad llevada a cabo con las metas establecidas, definiendo también las acciones correspondientes en caso de una calidad menor a la esperada. Se realiza un proceso de monitorización sobre los resultados para determinar la conformidad con los estándares específicos, en este caso aplicable a los estándares y las normativas para el cableado estructurado de la red telemática.

Los elementos relacionados con el control de calidad son los siguientes:

- **Aceptación:** el cliente rechaza o acepta el servicio de implantación de la infraestructura de red telemática una vez haya evaluado el sistema en base a los requisitos y las necesidades establecidos inicialmente.
- **Retrabajo:** es la acción para hacer que la red telemática rechazada tenga conformidad con los requerimientos necesarios. Los costes asociados al retrabajo son elevados, por tanto, la gestión de calidad debe evitar tener que realizar dichos retrabajos.
- **Ajustes:** corrección de los problemas o prevención de los problemas de calidad. Los ajustes se efectúan sobre los procesos que producen un resultado erróneo dentro del proyecto.

Para realizar el control de calidad se puede utilizar una serie de herramientas que se muestran a continuación:

- **Diagrama causa y efecto:** se llama **diagrama de espina de pescado** por su apariencia. Es una herramienta que se emplea para la resolución de problemas y que reúne todas las causas del problema de forma gráfica y sistemática. Las causas son representadas en diferentes niveles de detalle mediante la conexión de ramas, aumentando el detalle en las ramas exteriores, y siendo la rama externa una causa de una rama interna a la que está conectada.

**Diagrama causa y efecto para realizar el control de calidad**

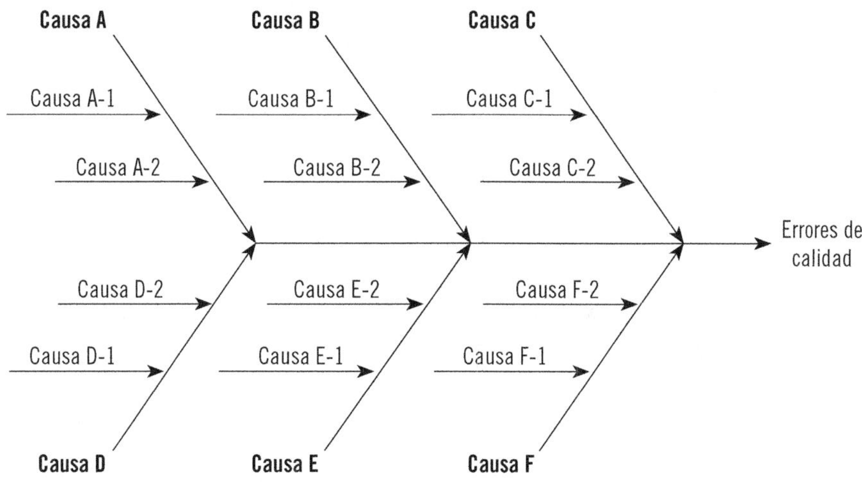


- **Gráfica de Pareto:** la suposición es que la mayoría de resultados son determinados por un pequeño número de causas, ayudando a identificar las causas de la mayoría de problemas de calidad. Tiene forma de histograma y los datos están ordenados según la frecuencia con la que ocurren, mostrando el número de defectos generados según el tipo de categoría sobre una causa identificada.

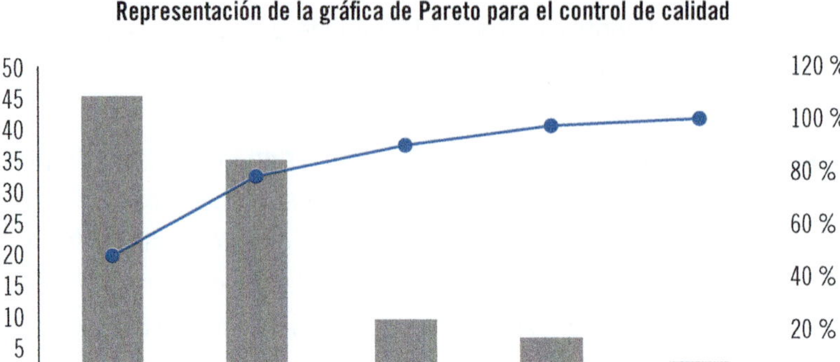

- **Gráficos de control:** es una gráfica que representa el resultado de un proceso en un determinado tiempo. Tiene como objetivo prevenir defectos y permite determinar si un proceso está situado fuera o dentro del control durante ese determinado tiempo estableciendo un límite superior y otro inferior.

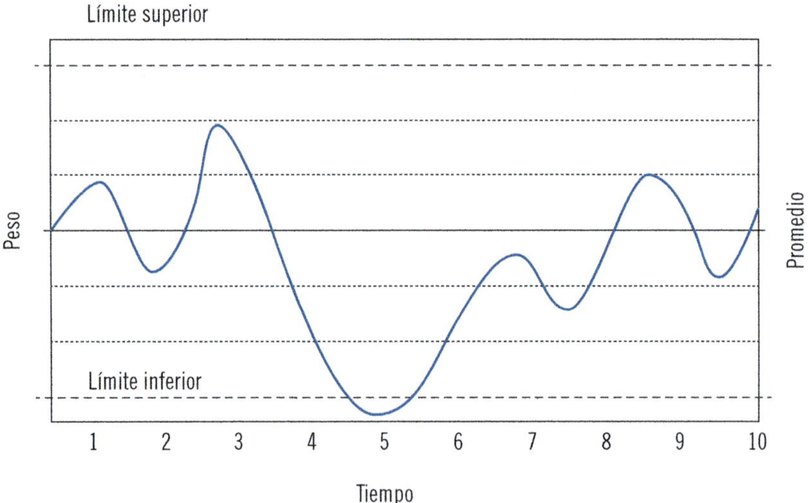


El proyecto de implantación de una red telemática se basará en la aplicación de la Normativa ANSI/TIA/EIA-569 que define el estándar de recorridos y espacios para instalación de telecomunicaciones. Esta normativa indica los elementos de recorrido horizontal, recorrido entre edificios, tomas de telecomunicaciones y sala de equipos de telecomunicaciones, entre otros.

| **Norma ANSI/TIA/EIA-569 aplicada para la implantación de una estructura de red telemática** |
|---|
| **Recorrido horizontal**<br>Instalación desde el armario hasta la toma<br>Tipos de recorrido: canaletas, conducto eléctrico, tuberías y bandejas |
| **Recorrido entre edificios**<br>Recorridos mediante cables subterráneos, enterrados, aéreos o túneles |
| **Estación de trabajo**<br>Espacio interno de un edificio donde el usuario interactúa con los dispositivos |
| **Tomas de telecomunicaciones**<br>Un espacio de trabajo por cada 10 $m^2$<br>Una toma de energía cerca de cada toma |
| **Armarios de telecomunicaciones**<br>Mínimo un armario por piso<br>Área atendida no superior a 1.000 $m^2$<br>La distancia horizontal menor de 90 m |
| **Sala de equipos**<br>Área mínima de 14 $m^2$<br>Para edificios especiales, el área está basada en el número de estaciones de trabajo |
| **Fuentes de energía y electromagnética**<br>Normativa de seguridad eléctrica aplicable<br>Requisitos mínimos de separación entre circuitos |
| **Acoplamiento eléctrico**<br>Reducción del acoplamiento de ruido entre cables eléctricos |

## Aplicación práctica

**Para un proyecto de implantación de una red telemática hay que basarse en la aplicación de la Normativa ANSI/TIA/EIA-569 para establecer el cumplimiento del estándar sobre los recorridos y los espacios para la instalación de la red telemática.**

Los datos y la información referentes a la zona donde se va a realizar la implantación es la siguiente:

- Se realizará el cableado horizontal usando bandejas por el falso techo del edificio.
- Se utilizarán canaletas para el cableado en el puesto de usuario.
- El edificio tiene tres plantas.
- La superficie de cada planta es de 150 m².
- La distancia más lejana desde el armario de equipos de red hasta la toma de usuario es de 60 m.
- La sala de equipos situada en cada una de las plantas mide 4 m de ancho y 4 m de largo.

A partir de estos datos, se debe completar la siguiente tabla en función de los requisitos establecidos por la Normativa ANSI/TIA/EIA-569, realizando los cálculos necesarios para comprobar el cumplimiento de la normativa.

| Apartado | Cumplimiento y cálculos |
|---|---|
| Cableado horizontal | Material para el falso techo:<br>Material para los puestos de trabajo: |
| ¿Qué es la estación o puesto de trabajo? | Definición: |
| Número de tomas necesarias | Número de tomas: |
| Número de tomas de energía necesarias | Número de tomas de energía: |
| Número de armarios necesarios | Número de plantas:<br>Número de armarios:<br>Cumple normativa: |
| ¿Cumple la máxima distancia horizontal permitida? | Máxima distancia horizontal permitida:<br>Máxima distancia horizontal en edificio:<br>Cumple normativa: |
| ¿Cumple el área mínima para las salas de equipos? | Área de la sala de equipos:<br>Área mínima según normativa:<br>Cumple normativa: |

**SOLUCIÓN**

A partir de los datos proporcionados en el enunciado y la aplicación de la Normativa ANSI/TIA/EIA-569 para el recorrido y los espacios de instalación de la red telemática, se completa la tabla de la siguiente manera:

| Apartado | Cumplimiento y cálculos |
|---|---|
| Cableado horizontal | Material para el falso techo: bandejas<br>Material para los puestos de trabajo: canaletas |
| ¿Qué es la estación o puesto de trabajo? | Definición: es el espacio interno de un edificio donde el usuario interactúa con los dispositivos |
| Número de tomas necesarias | Número de tomas: 150 $m^2$ / 10 $m^2$ = 15 tomas |
| Número de tomas de energía necesarias | Número de tomas de energía: una toma de energía por cada toma de telecomunicaciones; por tanto, 15 tomas de energía |
| Número de armarios necesarios | Número de plantas: tres plantas<br>Número de armarios: tres armarios<br>Cumple Normativa: sí |
| ¿Cumple la máxima distancia horizontal permitida? | Máxima distancia horizontal permitida: 90 m<br>Máxima distancia horizontal en edificio: 60 m<br>Cumple Normativa: sí |
| ¿Cumple el área mínima para las salas de equipos? | Área de la sala de equipos: 4 m x 4m = 16 $m^2$<br>Área mínima según normativa: 14 $m^2$<br>Cumple Normativa: sí |

## 5.2. Ejemplo

A continuación se muestra un ejemplo que define la calidad de una implantación de red telemática haciendo referencia a la necesidad y los requisitos exigidos por el cliente y la propuesta de calidad referente a la solución de red aportada y que se va a llevar a cabo en el desarrollo del proyecto.

- **Características necesarias para la red telemática:**
  - **Disponibilidad:** red disponible las 24 horas del día y los 7 días de la semana ofreciendo un rendimiento consistente.
  - **Seguridad:** debe ser una característica en el diseño de la red, instalando dispositivos de seguridad y filtros para la protección de los recursos de la red.
  - **Escalabilidad:** debe existir la posibilidad de crecimiento sobre la red para incluir nuevos grupos de usuarios, equipos, nuevas aplicaciones y sin modificar el servicio actual prestado a los usuarios.
  - **Coste:** realizar el diseño de red ajustado al presupuesto de forma que se abaraten costes en una posible ampliación y utilizando dispositivos de gama económica.
  - **Facilidad de administración:** el personal encargado debe ser capaz de administrar la red y realizar su mantenimiento de forma eficaz.

- **Requisitos técnicos de los que se dotará a la red telemática:**
  - Utilización del estándar TIA/EIA 568-B para el cableado de la red.
  - Uso de cableado UTP de categoría 6 con certificación mínima clase 6.
  - Para espacios de alta densidad se instalarán puntos de datos RJ-45 dobles mientras que para espacios de baja densidad se instalarán puntos de datos simples RJ-45.
  - Los armarios *rack* serán ubicados en los cuartos de equipos, separados de las zonas de usuario.
  - La red funcionará con el protocolo IEEE 802.11g.
  - Se garantiza para cada usuario una conexión inalámbrica de entre 36 Mbps a 54 Mbps.
  - Se garantiza el cumplimiento del estándar ANSI/TIA/EIA 569 y su normativa para el espacio y el recorrido de instalaciones de telecomunicaciones.

3. Realice un esquema resumen sobre los tres procesos para la gestión de calidad del proyecto.
4. ¿Cómo se puede realizar una mejora de la calidad del proyecto?

## 6. Coste

El presupuesto del proyecto es una estimación de los costes del proyecto que se va a llevar a cabo, mientras que el coste real representa la cantidad real desembolsada en materiales, equipos o salarios durante el desarrollo del mismo.

La gestión de costes del proyecto consiste en realizar una serie de procesos necesarios para que el proyecto pueda ser ejecutado y completado dentro del presupuesto establecido y aprobado. Esta gestión de costes incluye los procesos de estimación de costes, determinar el presupuesto y controlar el coste para completar el proyecto de red telemática dentro del presupuesto establecido.

A continuación se define cada uno de estos tres procesos.

### Estimar los costos

Consiste en desarrollar una aproximación de los recursos financieros que se consideran necesarios para completar y finalizar las actividades de las que se compone el proyecto de implantación de una red telemática.

### Determinar el presupuesto

Consiste en realizar la suma de los costos estimados de las actividades individualmente o de los paquetes de trabajo y de esta forma establecer la línea de base de costo. La línea de base de costo se define como un presupuesto distribuido en el tiempo a partir del cual se puede medir, supervisar y controlar el coste general del proyecto.

## Ejemplo

A continuación se muestra un ejemplo para determinar el presupuesto del proyecto de red telemática utilizando un diagrama para obtener el resultado de la suma de costos para el paquete de trabajo correspondiente al cableado y para las pruebas.

**Diagrama para obtener el resultado de la suma de costos**

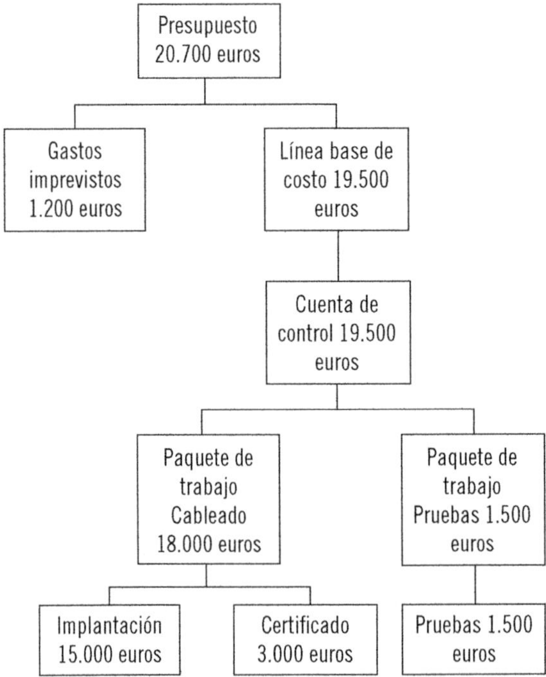


El resultado de cada paquete de trabajo se obtiene sumando el coste de cada actividad que se encuentra por debajo de dicho paquete.

Continúa en página siguiente >>

<< Viene de página anterior

La cuenta de control es la suma de los dos paquetes de trabajo que se encuentran en el nivel inferior.

Finalmente, la línea base de costo sería la suma de las cuentas de control (en este caso solo una cuenta de control) y, por último, obtener la suma total del presupuesto sumando la línea base de costo y los gastos imprevistos.

Recuerde

Para determinar el presupuesto del proyecto de redes telemáticas se suma la estimación de costos de las actividades dentro del paquete de trabajo.

### Controlar los costos

Consiste en monitorear la situación del proyecto de forma que se actualice el presupuesto de dicho proyecto y poder gestionar los cambios referentes a la línea base de costo. Permite identificar las variaciones tanto positivas como negativas de los costes con respecto a los costes planificados y de esta forma emprender acciones correctivas que minimicen los riesgos.

El control de coste se puede representar de forma gráfica realizando una comparación de la base de costes con el coste real acumulado hasta la fecha de control correspondiente. En esta gráfica se representa el valor del coste en el eje vertical, mientras que en el eje horizontal se representa la escala de tiempo donde se puede comparar en cada momento la relación entre el coste real y el coste presupuestado. En la gráfica que se incluye como ejemplo se puede observar cómo el coste real está por debajo del coste presupuestado para un tiempo concreto de 2 meses (establecido por la fecha de control), lo que indica que durante los dos primeros meses de desarrollo del proyecto los costes reales del proyecto no están superando a la estimación presupuestada y aprobada al inicio.

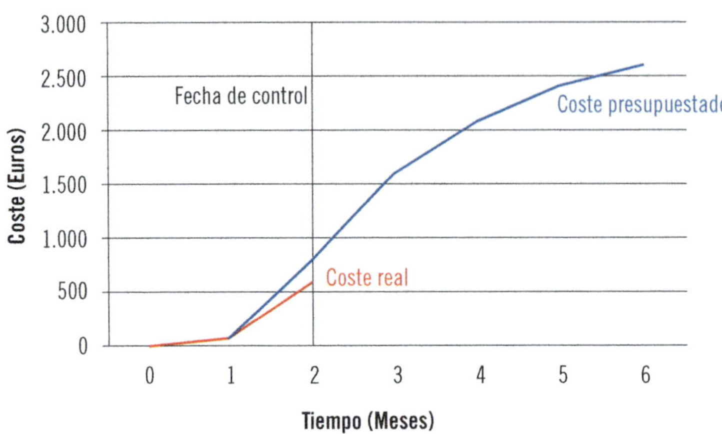


En la representación gráfica se pueden establecer los límites máximos de sobrecoste y de ahorro, siendo la superación de estos límites los indicativos de que los costes están fuera del control.

Los tres procesos anteriores interactúan entre sí y, dependiendo de las necesidades del proyecto, cada proceso puede acarrear el esfuerzo de una o varias personas dentro del grupo de proyecto.

Cada proceso es ejecutado al menos una vez durante el desarrollo del proyecto y, en caso de que el proyecto esté dividido en fases, cada proceso se ejecutará en una o más fases del proyecto.

### Importante

Sobrepasar el límite de ahorro también es considerado un problema ya que puede ser indicativo de alguna rebaja en la calidad o en el alcance.

Actividades

5. Elaborar un resumen sobre los tres procesos para la estimación de costes dentro del proyecto.
6. ¿Qué costos se comparan entre sí de forma gráfica para realizar el control de costes? Indicar las características de esta gráfica comparativa.

## 6.1. Ejemplo sobre el control de costes

Se va a realizar un control de costes sobre un proyecto de implantación de una red telemática para cada actividad realizada. En la siguiente tabla se muestra el presupuesto estimado a lo largo del desarrollo del proyecto:

| Actividad | Cantidad | Estimado | Tiempo |
|---|---|---|---|
| 1. Obtención de información y requisitos | 1 | 3.000 € | 1.ª semana |
| 2. Cableado de red y armarios | 1 | 8.600 € | 2.ª y 3.ª semana |
| 3. Material de cableado y armarios | 1 | 1.400 € | **4.ª semana** |
| 4. Certificación del cableado | 1 | 3.200 € | 5.ª y 6.ª semana |
| 5. Dirección y gestión del proyecto | 1 | 1.300 € | **7.ª y 8.ª semana** |
| 6. Configuración de la red | 1 | 350 € | 7.ª y 8.ª semana |
| 7. Pruebas y documentación | 1 | 4.700 € | 7.ª y 8.ª semana |
| **TOTAL** | | **22.550 €** | 2 meses |

También se deben reflejar los costes reales que finalmente se han producido en la ejecución del proyecto como se muestra en la siguiente tabla:

| Actividad | Cantidad | Coste Real | Tiempo |
|---|---|---|---|
| 1. Obtención de información y requisitos | 1 | 3.150 € | 1.ª semana |
| 2. Cableado de red y armarios | 1 | 8.000 € | 2.ª y 3.ª semana |
| 3. Material de cableado y armarios | 1 | 1.850 € | **4.ª semana** |
| 4. Certificación del cableado | 1 | 3.800 € | 5.ª y 6.ª semana |
| 5. Dirección y gestión del proyecto | 1 | 1.300 € | **7.ª y 8.ª semana** |
| 6. Configuración de la red | 1 | 400 € | 7.ª y 8.ª semana |
| 7. Pruebas y documentación | 1 | 4.700 € | 7.ª y 8.ª semana |
| **TOTAL** | | **23.200 €** | 2 meses |

La duración total del proyecto es de 2 meses, estableciendo dos fechas de control de costes (en color rojo).

A partir de la tabla del coste estimado y la tabla del coste real, se puede realizar la desviación de costes producida y analizar las fechas de control así como los límites de sobrecoste y ahorro producidos indicando las posibles consecuencias que pueden tener sobre el proyecto.

Para realizar la comparación hay que basarse en la siguiente tabla, donde se obtiene la desviación de costes producida en cada una de las actividades:

| Actividad | Coste Real | Estimado | Desviación |
|---|---|---|---|
| 1. Obtención de información y requisitos | | | |
| 2. Cableado de red y armarios | | | |
| 3. Material de cableado y armarios | | | |
| 4. Certificación del cableado | | | |
| 5. Dirección y gestión del proyecto | | | |
| 6. Configuración de la red | | | |
| 7. Pruebas y documentación | | | |
| **TOTAL** | | | |

Se va completar la tabla anterior con los datos de costes estimados y costes reales que contienen sus respectivas tablas y obtener la desviación de coste en cada actividad y su representación gráfica. También se van a analizar las dos fechas de control estableciendo una máxima desviación de 500 € entre la estimación y el coste real de cada actividad.

Para evaluar la desviación en cuanto al coste del proyecto se deben comparar las dos tablas y analizar si se han sobrepasado los límites máximos de sobrecoste o ahorro, considerando una desviación de 500 € como límite máximo tanto positivamente como negativamente.

Para cada actividad se ha reflejado el presupuesto estimado y la duración de la actividad para posteriormente poder hacer una gráfica comparativa de costes sobre la línea temporal de desarrollo del proyecto.

Se han establecido dos fechas de control en los plazos que se creen importantes para realizar el seguimiento y el control de costes, señalizadas de color rojo en las tablas. En este caso, la primera fecha será al finalizar la 3ª semana, justo después de realizar la actividad de cableado de red y armarios. La segunda fecha será al finalizar la 6.ª semana, justo después de realizar la actividad del certificado del cableado.

Lo siguiente será realizar la base de costes mediante la comparación entre la tabla de costes reales y la tabla de costes estimados. A partir de esta comparación se elabora la gráfica que refleja las desviaciones producidas con los límites de sobrecoste y ahorro establecidos inicialmente. A continuación se muestra la comparación de las dos tablas:

| Actividad | Coste Real | Estimado | Desviación |
|---|---|---|---|
| 1. Obtención de información y requisitos | 3.150 € | 3.000 € | 150 € |
| 2. Cableado de red y armarios | 8.000 € | 8.600 € | -600 € |
| 3. Material de cableado y armarios | 1.850 € | 1.400 € | +450 € |
| 4. Certificación del cableado | 3.800 € | 3.200 € | +600 € |
| 5. Dirección y gestión del proyecto | 1.300 € | 1.300 € | 0 € |
| 6. Configuración de la red | 400 € | 350 € | +50 € |
| 7. Pruebas y documentación | 4.700 € | 4.700 € | 0 € |
| **TOTAL** | **23.200 €** | **22.550 €** | **+650 €** |

En las celdas de color amarillo aparecen los costes en los que la desviación, tanto superior como inferior, ha superado el límite de 500 € establecido.

Para la actividad 2 se observa que la desviación es negativa en 600 €, lo que indica que se ha gastado menos de lo previsto en el presupuesto, sobrepasando este dato los límites de ahorro y que puede indicar que la calidad y el estructurado del cableado no han sido los correctos y exigidos en los requisitos.

Para la actividad 4 se observa que la desviación es positiva en 600 €, lo que indica que la actividad de certificado ha superado los límites de sobrecoste establecidos y posiblemente sea debido a la necesidad de una contratación externa para el certificado.

La desviación total ha resultado positiva en 650 €, lo que supone un sobrecoste sobre la estimación inicial, no siendo esta cantidad muy elevada y considerándose admitida en cuanto a los costes del proyecto.

A continuación se muestra la gráfica comparativa entre el coste real y la estimación del presupuesto:

**Gráfica de comparación de costes entre el presupuesto y el coste real**

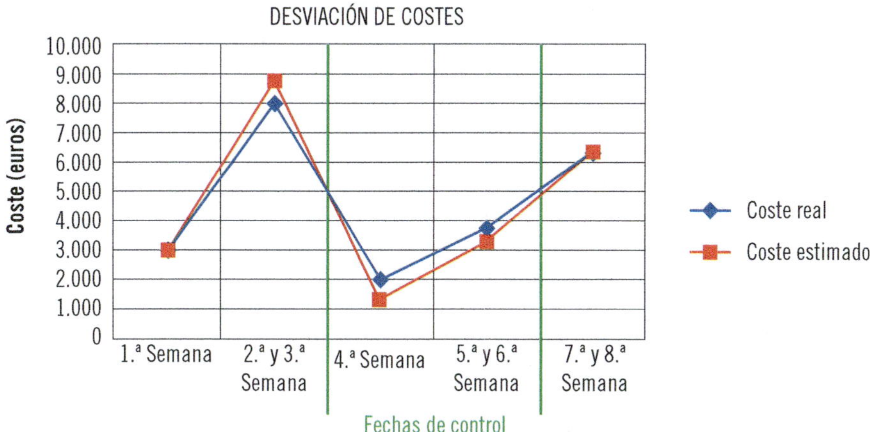


Se observa que el primer mes se ha producido un ahorro que será reflejado en la primera fecha de control (línea verde) y que fue provocado en la actividad del cableado. En el segundo mes se ha producido un sobrecoste que será reflejado en la segunda fecha de control, producido por la actividad del certificado.

A partir de esta información generada sobre el control del coste del proyecto se puede realizar la evaluación para determinar si el proyecto está siendo ejecutado dentro del presupuesto aprobado inicialmente y poder analizar la variación entre el desempeño del costo real y la línea base original de costo.

## Aplicación práctica

**Se necesita realizar un control de costes sobre el proyecto de implantación de una red telemática a partir de los datos para cada una de las fases en las que se ha dividido el proyecto y que contiene la siguiente tabla:**

| FASE | SEMANA | COSTE REAL | ESTIMADO | DESVIACIÓN |
|---|---|---|---|---|
| Fase 1: Recopilación de documentación | 1.ª semana | 2.750 € | 2.800 € | -50 € |

Continúa en página siguiente >>

<< Viene de página anterior

| FASE | SEMANA | COSTE REAL | ESTIMADO | DESVIACIÓN |
|---|---|---|---|---|
| Fase 2: Diseño de la red | 1.ª semana | 3.000 € | 3.100 € | -100 € |
| Fase 3: Despliegue del cableado e instalación de equipos de red | 2.ª, 3.ª semana | 22.500 € | 21.000 € | +1.500 € |
| Fase 4: Certificación del cableado | 4.ª semana | 2.800 € | 3.100 € | -300 € |
| Fase 5: Configuración de la red telemática | 5.ª semana | 1.600 € | 1.500 € | +100 € |
| Fase 6: Pruebas de funcionamiento de la red | 6.ª y 7.ª semana | | 350 € | |
| Fase 7: Documentación del proyecto | 7.ª semana | | 4.700 € | |
| **TOTAL** | | **€** | **€** | **+1.150 €** |

**El control de costes se debe realizar por semanas, es decir, si en una misma semana se ejecutan dos fases del proyecto distintas, el coste se calculará sumando los costes de esas dos fases.**

**El plazo de ejecución del proyecto está establecido en 7 semanas. La máxima desviación tanto positiva como negativa es de 300 € y se han establecido dos fechas de control al finalizar la fase 3 y la fase 5.**

**Como dato hay que señalar que no se ha finalizado la ejecución del proyecto y, por tanto, se pide elaborar la representación gráfica de control de costes que muestre la desviación producida hasta la finalización de la fase 5, es decir, hasta la 5.ª semana de proyecto.**

**SOLUCIÓN**

En la primera semana coinciden la ejecución de la fase 1 y la fase 2, por tanto, el resultado del coste real en la 1.ª semana es de 5.750 € mientras que el resultado del coste estimado es de 5.900 €.

A continuación se muestra la gráfica comparativa entre el coste real y el coste presupuestado:

Continúa en página siguiente >>

<< Viene de página anterior

**Gráfica de comparación entre costes real y estimado con dos fechas de control**

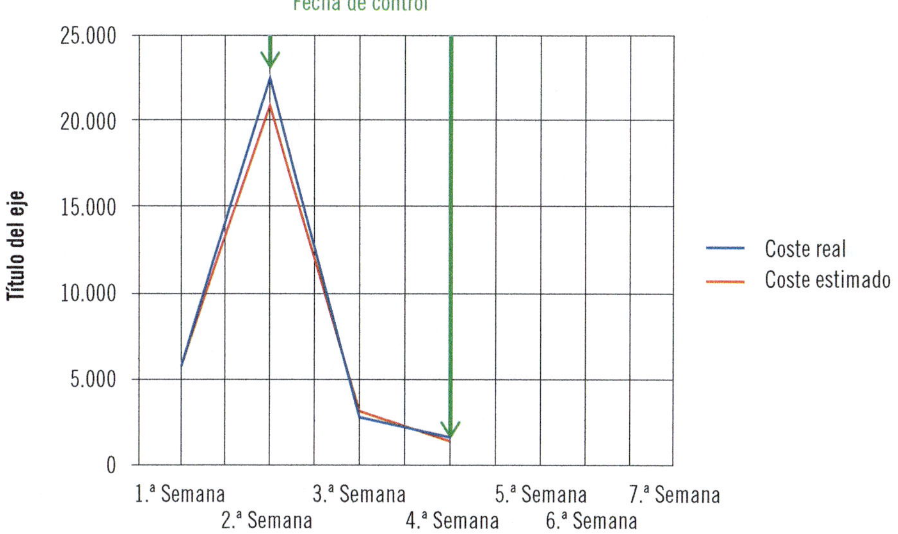


Se observa como en la primera fecha de control se produce una desviación de sobrecoste de 1.500 € correspondiente a la fase de despliegue de cableado e instalación de equipos. Este sobrecoste supera el límite máximo impuesto de 300 €, por tanto, será necesario realizar un ajuste del coste en el tiempo restante del proyecto.

Para la segunda fecha de control se ha producido un sobrecoste de 100 € y por tanto está dentro del límite de 300 € establecido.

En las dos siguientes fases se realizará el mismo control de costes que en las etapas anteriores y realizando un ajuste para que el coste del proyecto finalice dentro del presupuesto inicial.

## 7. Descripción de distintos métodos para obtener información sobre el trabajo

Para conocer el estado real de un proyecto de implantación de una infraestructura de red telemática es necesario obtener información correspondiente al trabajo que se está desarrollando en cada momento. Existe una serie de técnicas y herramientas que van a permitir a la persona encargada del análisis del proyecto recopilar esta información. Son las siguientes:

- **Entrevistas:** consiste en establecer una comunicación entre el investigador y un sujeto con el objetivo de obtener respuestas de forma verbal sobre las cuestiones planteadas de un determinado problema.
- **Encuestas:** este método consiste en obtener información de los propios miembros del proyecto y proporcionada esta información por ellos mismos sobre actitudes, opiniones o sugerencias.
- **Cuestionarios:** consiste en utilizar un formulario impreso con la finalidad de obtener respuestas sobre el problema que es caso de estudio.
- **Observación:** situación real que clasifica los acontecimientos de acuerdo a un esquema previsto y dependiendo del problema que se estudia. La persona encargada de la observación debe tener definidos los objetivos que persigue con la observación, las condiciones de observación y su conducta.
- **Diagrama de flujo:** representación gráfica que refleja el flujo de ejecución referido en este caso a información sobre el estado del trabajo dentro del proyecto y registrando detalles adicionales dentro del flujo de trabajo del proyecto de red telemática.

A continuación, se profundizará en el estudio de alguno de estos métodos.

## 7.1. Análisis de la documentación del proyecto

Habitualmente un proyecto de implantación de una red telemática está compuesto por una serie de documentos como son la memoria, los anexos, los planos, el pliego de condiciones y el presupuesto. Estos documentos se complementan durante toda la fase de desarrollo y ejecución de proyecto de implantación de la red telemática.

La complejidad de los proyectos y el número de personas que interviene en su desarrollo ha provocado la necesidad de utilizar otros documentos que sirvan de complemento sobre los documentos mencionados con el objetivo de facilitar el trabajo, la colaboración y el seguimiento sobre el proyecto.

Nota

En un proyecto de implantación de red telemática, el equipo de técnicos del proyecto debe establecer junto con el jefe de proyecto la frecuencia de presentación de informes de evaluación y evolución de las actividades.

Para valorar la evaluación operativa sobre el desempeño de actividades del proyecto se elabora una serie de informes de evolución de las actividades donde se refleja la información correspondiente a la ejecución, el progreso, la modificación o la cancelación de las actividades que componen el proyecto, indicando el porcentaje de ejecución de actividades ejecutadas con respecto al número de actividades programadas.

Estos documentos complementarios se pueden clasificar de la siguiente forma:

- Por actividades del proyecto.
- Por su carácter de seguimiento, control, información, etc.
- Por su origen.
- Por su destinatario.
- Por su contenido.

En un proyecto de implantación de red telemática se aconseja realizar una clasificación según las actividades del proyecto, como se muestra en la siguiente tabla:

| **Clasificación de documentos por actividades** |
|---|
| Documentos de dirección y coordinación |
| Documentos de planificación |
| Documentos sobre los costes |

Continúa en página siguiente >>

<< Viene de página anterior

| Clasificación de documentos por actividades |
|---|
| Documentos de ingeniería básica o proceso |
| Documentos de ingeniería de detalle |
| Documentos de compras |
| Documentos de proveedores |
| Documentos de construcción |

A continuación se relaciona cada tipo de documento según la clasificación por actividades establecida anteriormente:

| **Documentos de dirección y coordinación** | **Documentos de planificación** |
|---|---|
| - El contrato<br>- Manual de coordinación<br>- Notas de reunión y listas de trabajos<br>- Informes periódicos generales de progreso<br>- Procedimientos de facturación, cobro y financieros | - Planificación general<br>- Planificación de detalle y revisiones<br>- Hojas de instrucciones<br>- Cálculos<br>- Programa de proveedores |
| **Documentos referentes a los costes**<br>- Presupuesto inicial<br>- Pagos a corto, medio y largo plazo<br>- Desviaciones sobre lo contratado<br>- Desviaciones sobre lo pendiente a contratar<br>- Desviaciones totales | **Documentos de ingeniería básica o proceso**<br>- Informes técnicos<br>- Planos y memoria descriptiva del proceso<br>- Diagramas de bloques, flujo y cálculos básicos<br>- Lista de equipos, instrumentos y materiales<br>- Resultados de ensayos y recopilación de datos |
| **Documentos de compras**<br>- Lista de suministradores<br>- Peticiones de ofertas y comparación de ofertas<br>- Registro de pedidos<br>- Documentos de importación o exportación<br>- Facturas y comprobantes de pago | **Documentos de ingeniería de detalle**<br>- Normativas a utilizar<br>- Especificaciones de material y equipos<br>- Planos de información e implantación<br>- Procedimientos de pruebas, ensayos, montaje, puesta en marcha y operación |

Continúa en página siguiente >>

<< Viene de página anterior

| Documentos de compras | Documentos de ingeniería de detalle |
|---|---|
| - Documentos de proveedores<br>- Programa de implantación y puesta en marcha<br>- Lista de planos<br>- Manuales de montaje, operación y mantenimiento<br>- Informes de progreso de montaje<br>- Certificaciones | - Documentos de construcción (implantación)<br>- Planos de la implantación<br>- Informes de almacén<br>- Subcontratos de obra<br>- Informes de progreso e incidencias<br>- Informes sobre pruebas de implantación |

Dentro del análisis de la documentación del proyecto se encuentra otro tipo de documento con información que se denomina **entregable.** Los entregables de un proyecto son los documentos sobre los cuales hay un compromiso de entrega con el beneficiario del proyecto, en este caso el cliente de la red telemática, y que se facilitan durante la ejecución del proyecto.

Los entregables se clasifican en relación al objetivo del proyecto y a la gestión del proyecto.

Los entregables relativos a los objetivos son aquellos documentos que se refieren exclusivamente al desarrollo de las actividades para la implantación de la red telemática, que en este caso permitirán hacer una evaluación sobre la realización de las actividades para el cumplimiento de los objetivos establecidos.

Los relativos a la gestión del proyecto hacen referencia a la situación en la que se encuentra el proyecto referente a las previsiones de costes, gastos, etc.

## 7.2. Entrevistas individuales y de grupo

Las entrevistas son un método de recopilación de información de forma verbal mediante preguntas que son propuestas por el analista y que deben ser respondidas por los miembros actuales del proyecto, usuarios potenciales del proyecto y aquellas personas afectadas por la aplicación del proyecto.

El analista puede efectuar la entrevista de forma personal e individual o en grupo. Dentro de un grupo de trabajo, la entrevista es la técnica más productiva para la recopilación de datos, es decir, este canal de comunicación entre el analista y el grupo de trabajo permite obtener información sobre las necesidades y su forma de cumplirlas, así como obtener consejo por parte del usuario y nuevos métodos e ideas.

Las entrevistas deben prepararse, lo cual implica:

- Determinar la posición del entrevistado dentro de la organización, las responsabilidades, las actividades, etc.
- Preparación de las preguntas que se van a plantear y los documentos necesarios.
- Establecer un límite de tiempo.
- Elegir un lugar cómodo donde realizar la entrevista.
- Establecer la cita con suficiente antelación.

Una vez preparados para realizar la entrevista, se deben seguir los siguientes pasos para conducir de manera correcta dicha entrevista:

- Explicar de forma detallada el propósito y el alcance del estudio.
- Explicar la función como analista y la función que se espera obtener del entrevistado.
- Realizar preguntas específicas para obtener respuestas cuantitativas.
- Evitar preguntas que requieran opiniones subjetivas e interesadas.
- Evitar frases carentes de sentido.
- Ser objetivo a la hora de emitir un juicio de valores, mantener el control de la entrevista y escuchar atentamente lo que se está diciendo.

Como consecuencia o resultado de la entrevista, se deben escribir los resultados obtenidos y entregar una copia al entrevistado solicitando su conformidad y posibles correcciones para finalmente archivar los resultados recopilados para que sirvan de referencia en posteriores análisis.

La estructura de la entrevista variará dependiendo del tipo de información que se pretenda adquirir. Si se desea obtener información general, se elaborará un conjunto de preguntas sin estructura, con preguntas y respuestas libres; mientras que las entrevistas estructuradas utilizan preguntas estandarizadas.

El tipo de respuesta puede ser abierto o cerrado. Las preguntas de tipo abierto permiten al entrevistado dar cualquier respuesta considerada apropiada mientras que con las preguntas cerradas se le proporciona al entrevistado una serie de opciones entre las que puede elegir la respuesta.

A continuación se muestra una tabla comparativa de las ventajas y los inconvenientes para una entrevista estructurada y una entrevista no estructurada:

**Cuadro de ventajas e inconvenientes entre una entrevista estructurada y no estructurada**

| | Ventajas | Inconvenientes |
|---|---|---|
| **Entrevista estructurada** | - Elaboración uniforme de las preguntas<br>- Facilidad de evaluación y administración<br>- Se necesita poco entrenamiento del entrevistador | - Alto coste de preparación<br>- La no aceptación del alto nivel en la estructura de las personas que responden<br>- No responder de forma espontánea por el alto nivel de las estructuras |
| **Entrevista no estructurada** | - Mayoer flexibilidad del entrevistador al realizar preguntas adecuadas al entrevistado<br>- Puede desarrollar áreas que surgen durante la entrevista<br>- Puede producir información sobre áreas que se pensó no importantes | - Puede utilizarse negativamente el tiempo<br>- Es posible recopilar la información extraña<br>- Complejidad en el análisis e interpretación de resultados |

La selección de personas de las cuales se espera obtener una eficaz y útil información es realizada mediante los formularios, los cuestionarios y las encuestas. Los resultados de estos impresos proporcionarán los datos para elegir los perfiles que más se adapten a las necesidades de recopilación de información dentro del proyecto

### Ejemplo de entrevistas

Se va a simular una entrevista para el proyecto de implantación de una red telemática donde se van a definir las personas involucradas con el objetivo de obtener la información necesaria sobre el trabajo que se ha realizado, así como los momentos más adecuados para las entrevistas y algún ejemplo de preguntas que se realizarían.

Importante

La entrevista es aplicada a todos los niveles de empleados y gerenciales, consideradas personas de las que depende la mayoría de la información útil sobre el objetivo de estudio.

El proyecto se ha dividido en cinco fases:

- Recopilación de información (técnicos de redes).
- Diseño de la red (técnicos de redes).
- Instalación del cableado (técnicos de cableado).
- Certificación de la red (técnicos de redes).
- Pruebas (técnicos de redes y técnico de telecomunicaciones).

Primero se define el entrevistador y los entrevistados; en este caso, para una entrevista donde los entrevistados serán el grupo de técnicos y especialistas encargados de la implantación de la red:

- Entrevistador: jefe de proyecto.
- Entrevistados: dos técnicos de redes, dos técnicos de cableado, un capataz de obra y un ingeniero técnico de telecomunicaciones.

Los momentos más apropiados y considerados muy trascendentes para realizar las entrevistas por parte del jefe de proyecto y sus preguntas para una respuesta cerrada serían:

1. En la fase de recopilación de información donde se tendría como objetivo comprobar la correcta definición del alcance y los objetivos de la implantación de red. Los entrevistados serían todos los técnicos del grupo de proyecto y el capataz de obra.

El tipo de preguntas en esta entrevista podrían ser las siguientes:

- ¿Creéis que la solución planteada puede cumplir con las necesidades exigidas por el cliente?
- ¿Pensáis que la planificación temporal es correcta?
- Pregunta cerrada: ¿qué opináis sobre la asignación de recursos humanos en la fase de instalación del cableado con respecto a los plazos de ejecución de esta actividad?
  - La asignación de recursos es acorde a esta fase.
  - La asignación de recursos es superior a la necesaria.
  - Es conveniente el aumento de recursos en esta fase.
- ¿Sería conveniente aumentar los recursos humanos en esta actividad?
- ¿Qué etapa pensáis que puede presentar mayor problema durante el desarrollo del proyecto?

2. Certificado de la red donde se comprobaría que el cableado estructurado se ha ejecutado correctamente y, una vez realizado el certificado, comprobar si existe algún problema en la verificación de la instalación del cableado realizada. Los entrevistados serían los técnicos de cableado, el capataz y los técnicos de redes encargados de la certificación.

   El tipo de preguntas en esta entrevista podrían ser las siguientes:

   - ¿Qué problemas han surgido al realizar el certificado del cableado en la implantación?
   - ¿Cuánto tiempo se tardó en solucionar el problema surgido en el certificado del cableado?
   - ¿En qué material o proceso de instalación del cableado se produjo el problema?
   - ¿Ha sido suficiente la estimación inicial realizada sobre los materiales?

3. Al finalizar la fase de pruebas para verificar que los resultados de las pruebas son los correctos y que cumplen los objetivos marcados al inicio. Los entrevistados serían los técnicos de redes y el técnico de telecomunicaciones:

- ¿Es suficiente el material de pruebas del que se dispone?
- ¿Qué inconvenientes surgieron al realizar las pruebas de red?
- ¿Cuáles son los resultados obtenidos de las pruebas?

Actividades

7. ¿Qué características tiene una pregunta de tipo abierto dentro de una entrevista? ¿Y de tipo cerrado?
8. Elabore una lista de cinco preguntas de tipo abierto y cinco preguntas de tipo cerrado simulando una entrevista que tiene como objetivo obtener información sobre algún aspecto de un proyecto de implantación de redes telemáticas.

## 7.3. Reuniones con expertos

En una reunión con expertos se pretende realizar un estudio y una discusión de un asunto determinado de manera detallada, profunda y eficaz donde el experto representa las diversas disciplinas relacionadas con el asunto que se debe tratar. El papel del experto es aportar el asesoramiento técnico necesario sobre la materia determinada, facilitando información técnica sobre las actividades propias de su especialidad.

En un proyecto de implantación de una red telemática puede existir la posibilidad de que sea necesario el asesoramiento de expertos que aporten los conocimientos necesarios sobre la implantación de una red telemática, su gestión y planificación, así como todos los aspectos referentes a las actividades o a alguna parte concreta de su desarrollo. Esto no significa que el experto asesore sobre el desarrollo de todo el proyecto, sino que puede servir de ayuda al inicio del proyecto o en momentos puntuales, con datos sobre determinados aspectos relacionados con la información técnica que se desconozca sobre la red telemática y aplicar el seguimiento de sus consejos avalados por su experiencia.

El jefe de proyecto es el encargado de elegir a los miembros expertos, siendo especialistas en determinados aspectos del proyecto y aportando la experiencia, el asesoramiento, el consejo y la información necesaria en las reuniones en las que se requiera su presencia. La selección del miembro experto se puede realizar internamente dentro de la empresa en el caso de que fuera posible o como miembro externo a la empresa mediante la contratación con una empresa asesora y consultora especializada.

Los aspectos a tratar en las reuniones con los expertos son:

- Estudiar áreas específicas de redes, por ejemplo, la utilización de alta tecnología de red, investigación sobre los equipos electrónicos de red y novedades en características técnicas del cableado.
- Estudiar aspectos de la planificación y la asignación de recursos y materiales para la implantación telemática.
- Realizar evaluaciones sobre la ejecución de actividades y el desempeño del trabajo durante el proyecto.
- Asesoramiento sobre las normativas aplicadas en el proyecto; por ejemplo, normativas de calidad ISO 9000, normativa de cableado TIA/EIA-568-B y Norma UNE 157001 para la elaboración de la documentación del proyecto.

### Nota

La reunión con expertos tiene como objetivo emitir un juicio colectivo y consensuado sobre la evaluación y la evolución de un determinado aspecto del proyecto según sea solicitado.

Las personas que intervienen en el desarrollo de las reuniones son:

- El experto (o expertos) relacionado con proyectos de implantación de redes telemáticas.
- El jefe de proyecto.

- El equipo de técnicos y especialistas que realizará las actividades del proyecto, en este caso, los ingenieros de redes, el técnico de cableado, el capataz de obra y el ingeniero técnico de telecomunicaciones.

El desarrollo de las reuniones con expertos debe organizarse según sea el aspecto del proyecto que se debe tratar. La labor del experto puede centrarse en las siguientes acciones:

- En la lectura de la documentación del proyecto de redes telemáticas.
- En la evaluación mediante reuniones con los responsables del proyecto de implantación de la red telemática.
- Realizar un análisis en persona en el lugar de implantación de la red.
- Envío de cuestionarios y formularios a las personas encargadas y miembros del proyecto.

La primera reunión con los expertos tiene como objetivo que todos los miembros del equipo de proyecto entiendan el papel del experto en cuanto a la evaluación del proyecto. En esta primera reunión se tratarán los siguientes temas:

- Organización y función de cada miembro del proyecto, por ejemplo, definir la función del ingeniero de redes, el técnico de cableado y el ingeniero técnico de telecomunicaciones.
- Definición del método de adquisición de datos y de actividades que se van a realizar, por ejemplo, visitas al lugar donde se va a llevar a cabo la implantación de la red telemática.
- Organización de las futuras reuniones y los temas que se deben tratar en dichas reuniones, por ejemplo, una segunda reunión donde el tema a tratar sea la evaluación del cableado estructurado realizado y su conformidad con lo establecido en los objetivos.

En posteriores reuniones (lo habitual es convocar de tres a cinco reuniones) los temas que se tratarán son los siguientes:

- Las actividades realizadas desde la primera reunión.
- Los resultados obtenidos de las actividades ya terminadas o en curso.
- Los problemas que han surgido, sus causas y solución.

- El estado de elaboración, revisión y control de los documentos del proyecto.
- Definir las actividades dentro del proyecto de red telemática que deben ser realizados antes de la siguiente reunión.

El jefe de proyecto debe plantear en la reunión las dudas, las cuestiones concretas y los problemas referentes a la planificación, el desarrollo de actividades, los plazos de tiempo, los recursos disponibles, etc. El experto asesorará sobre la materia correspondiente respondiendo a las dudas planteadas y mostrará sus opiniones sobre determinados aspectos. El experto planteará también una serie de cuestiones para adquirir la información necesaria y posteriormente realizará una evaluación de los temas tratados. Los miembros del grupo de proyecto intercambian igualmente preguntas y respuestas con los demás componentes de la reunión, obteniendo finalmente un juicio colectivo que será reflejado en un informe que debe incluir lo siguiente: resumen, composición de la reunión, pruebas recopiladas, hipótesis establecidas, análisis realizados y puntos de consenso.

### Ejemplos sobre reuniones

A continuación se presenta una serie de casos durante el desarrollo del proyecto de implantación de red telemática donde se establecerá un total de cuatro reuniones con expertos. Se ha considerado necesario realizar una serie de reuniones con expertos durante el desarrollo del proyecto de implantación de red telemática. Se ha considerado conveniente llevar a cabo estas reuniones justo al finalizar las actividades más importantes a lo largo de la ejecución del proyecto de red telemática.

En cada reunión se tratarán unas determinadas actividades que componen el proyecto de red telemática dependiendo de la fase del proyecto en la que se esté. Estas cuatro reuniones están establecidas a la finalización de la actividad inicial de planificación, al finalizar el cableado y certificación, al finalizar las pruebas y en el cierre del proyecto.

A continuación se muestra la tabla para las cuatro reuniones y los temas que se van a tratar en dichas reuniones. Al finalizar cada reunión, se obtiene un juicio colectivo sobre los temas tratados y se generará un informe con toda la información referente a los temas desarrollados.

| Reunión | Temas a tratar |
|---|---|
| **1.ª reunión (al inicio del proyecto, en la planificación)** | - Definición de la solución propuesta según la necesidad del cliente<br>- Definición de actividades del proyecto de implantación de red telemática<br>- Fecha para visitar el lugar donde se va a implantar la red telemática<br>- Asesoramiento sobre las estimaciones de recursos, coste y duración de las actividades<br>- Establecimiento de las normativas aplicables a la instalación de la red telemática<br>- Tareas que deben realizarse hasta la siguiente reunión (diseño de la red, cableado estructurado y certificación del cableado)<br>- Establecer las fechas de las próximas reuniones |
| **2.ª reunión (al finalizar el cableado y la certificación)** | **Informe de la 1.ª reunión**<br>- Actividades realizadas de diseño, instalación del cableado y certificación<br>- Valoración de los problemas surgidos en el cableado<br>- Análisis de las soluciones adoptadas<br>- Evaluación de resultados sobre la certificación y el desempeño de trabajo<br>- Evaluación sobre el cumplimiento de las estimaciones de coste, tiempo, recursos y la aplicación de normativas en esta etapa de cableado<br>- Revisión de la documentación del proyecto<br>- Tareas que se deben realizar hasta la siguiente reunión (pruebas) |
| **3.ª reunión (al finalizar las pruebas de la red telemática)** | **Informe de la 2.ª reunión**<br>- Actividades realizadas de configuración de la red y pruebas de red<br>- Análisis de los resultados de las pruebas<br>- Análisis de las incidencias surgidas en las pruebas<br>- Revisión de documentación del proyecto<br>- Tareas que deben realizarse hasta la siguiente reunión (documentación del proyecto y manual de usuario) |
| **4.ª reunión (cierre del proyecto)** | **Informe de la 3.ª reunión**<br>- Actividades de documentación del proyecto y manual de usuario<br>- Análisis y evaluación global de las actividades del proyecto, costes, plazos y recursos estimados<br>- Definición y análisis de los problemas surgidos a lo largo del proyecto<br>- Soluciones adoptadas<br>- Revisión de la documentación<br>- Evaluación sobre el cumplimiento de objetivos y necesidades establecidos al inicio del proyecto de implantación de red telemática.<br>- Archivar documentación y cierre del proyecto<br>**Informe de la 4.ª reunión** |

Actividades

9. ¿Qué tipos de informes sobre el seguimiento del desempeño se pueden encontrar dentro del proyecto?
10. ¿En qué consisten las entrevistas individuales y de grupo?
11. ¿Cree conveniente la reunión con expertos dentro de un proyecto de implantación de red telemática? Justifique la respuesta.

## 8. Técnicas de definición del alcance: estructura de descomposición del trabajo (EDT)

La definición del alcance de un proyecto consiste en delimitar los trabajos que son necesarios realizar para el cumplimiento de los objetivos planteados sobre el proyecto de red telemática.

Una herramienta útil para llevar a cabo esta tarea es la estructura de descomposición del trabajo (EDT). Esta herramienta permitirá definir el alcance del proyecto, es decir, todo el trabajo requerido para completar el proyecto de red telemática de forma exitosa.

A continuación se va a realizar una explicación más detallada de lo que es la estructura de descomposición del trabajo (EDT), su finalidad, estructura y características.

### 8.1. Explicación del concepto y finalidad de la EDT

La EDT es una herramienta que permite organizar y definir el alcance del proyecto en su totalidad, representando la especificación del trabajo correspondiente a la definición del alcance del proyecto de implantación de una red telemática.

La EDT tiene como finalidad definir e identificar todos los esfuerzos necesarios en el proyecto y la asignación de responsabilidades sobre los miembros de la organización.

La EDT se lleva a cabo principalmente en la fase inicial del proyecto para definir el alcance del proyecto; y, siendo elaborada correctamente, debe asegurar que el proyecto incluye todo el trabajo necesario para la definición del alcance.

La herramienta EDT para la definición del alcance del proyecto de implantación de una red telemática reúne las siguientes características:

- Organizar y definir de forma jerárquica toda la estructura de trabajo del proyecto de red telemática.
- Orientada a entregables para cada una de las actividades.
- Facilita el manejo y el control del trabajo que es necesario llevar a cabo mediante la subdivisión de dicho trabajo.
- En cada nivel descendente se realiza una definición del trabajo más detallada.
- Los niveles más bajos se denominan **paquetes de trabajo.**
- Es posible programar, monitorizar, presupuestar y controlar los paquetes de trabajo.
- Debe ser elaborada por el equipo de proyecto.

En la siguiente imagen se pueden observar los pasos a seguir para la utilización de la herramienta de estructura de descomposición del trabajo (EDT). Puede verse que a partir de determinados entradas conocidas y utilizando la técnica de la descomposición del trabajo se obtienen como salida determinados documentos, siendo en este caso la descomposición de tareas y el diccionario EDT así como la actualización de los documentos del proyecto de implantación de red telemática.

**Proceso para crear una estructura de descomposición de trabajo (EDT)**

| ENTRADAS | TÉCNICAS | SALIDAS |
| --- | --- | --- |
| – Enunciado de Alcance<br>– Requisitos<br>– Proceso de organización | – Descomposición del trabajo | – EDT y diccionario EDT<br>– Actualizaciones de documentos |

## Importante

La EDT documenta el alcance del proyecto pero no el plan de ejecución llevado a cabo.

## 8.2. Descripción de su estructura jerárquica

La estructura de la EDT está organizada de forma jerárquica donde cada nivel descendente representa un incremento en el detalle de definición del trabajo.

Para generar la EDT se deben descomponer desde los elementos generales a los particulares siendo cada nivel superior el resultado de la integración de los elementos del siguiente nivel. El trabajo planificado se sitúa en el nivel más bajo de los componentes de la EDT, a los que se denominan **paquetes de trabajo.** Estos paquetes de trabajo son una descripción cualitativa y cuantitativa de una determinada actividad que va a realizarse en el proyecto, es decir, describe el trabajo que se debe realizar y el resultado que se desea obtener.

Los paquetes de trabajo definen el alcance del proyecto y se caracterizan por la posibilidad de ser programados, monitoreados, presupuestados y controlados.

Los pasos que se deben seguir para la creación de la estructura de EDT son los siguientes:

1. Identificar el producto final del proyecto para alcanzar el objetivo.
2. Definir los capítulos principales del proyecto.
3. Revisar la EDT hasta el total acuerdo de las personas involucradas en el proyecto para obtener el resultado deseado.
4. Descomponer los capítulos en otros hasta llegar al nivel de detalles adecuado, es decir, hasta definir el paquete de trabajo, en el que ya es posible definir claramente las variables de tiempo y costo para realizar un seguimiento fiable del proyecto.

No existen unas reglas determinadas para dimensionar el diseño, siendo el contexto práctico el que determinan los detalles de la EDT, aunque la estructura debe incluir los elementos necesarios para el completo desarrollo: los niveles de profundidad son los niveles que van desde el nivel correspondiente al producto final y el nivel correspondiente a los paquetes de trabajo.

**Niveles de representación de una EDT**

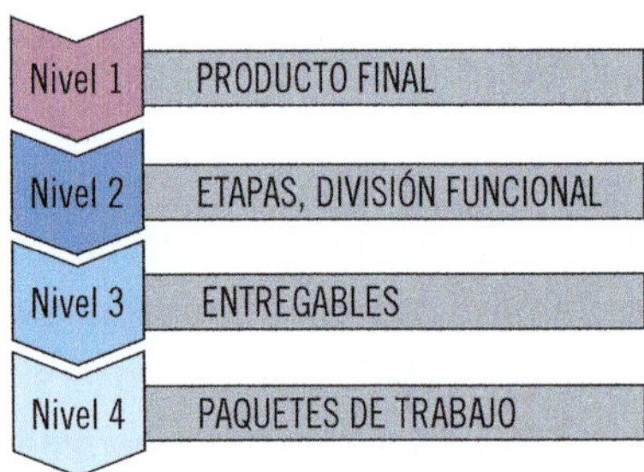


Los elementos de ancho corresponden a los elementos en dirección horizontal de izquierda a derecha situados en cada nivel de desglose realizado.

**Ejemplo de descripción de los niveles y elementos que componen cada nivel en una EDT**

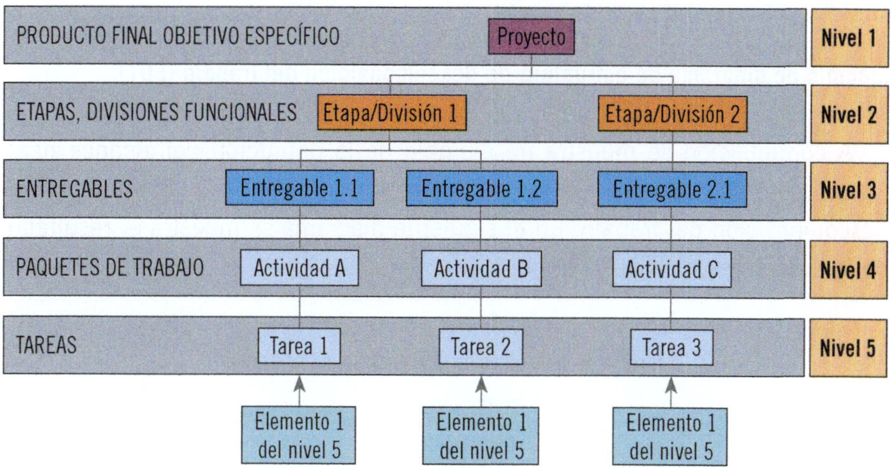


El nivel de desglose general que se debe realizar en la estructura de descomposición del trabajo mantiene unas determinadas orientaciones, las cuales se muestran a continuación:

- Una EDT está suficientemente descompuesta cuando el elemento representa un 4 % aproximadamente de tiempo o coste de la totalidad del proyecto.
- Dentro de un nivel se estima conveniente gestionar entre cinco y nueve elementos; si se supera este número sería conveniente la creación de otro nivel.
- El número de niveles dependerá del alcance del proyecto y su complejidad, pero de forma general no debe superar los seis niveles de profundidad.
- Se estima que cada responsable no debe programar más de dos o 3 tres niveles.
- Una EDT no debe superar los 200 elementos terminales.

Para realizar la codificación de jerarquía dentro de la EDT es común enumerar secuencialmente los elementos de la descomposición con la finalidad de indicar la posición relativa dentro de la estructura. Por ejemplo, la codificación

1.3 indica que el elemento corresponde al nivel 2 de la jerarquía, mientras que la codificación 1.3.2 indica que el elemento corresponde al nivel 3.

### Ejemplo de diagrama de estructura de descomposición del trabajo (EDT)

A continuación se muestra un ejemplo de la definición del alcance para un proyecto de implantación de red telemática utilizando la herramienta de descomposición del trabajo. En el siguiente diagrama se muestra el resultado de la descomposición del trabajo:

**Diagrama de estructura de descomposición del trabajo**

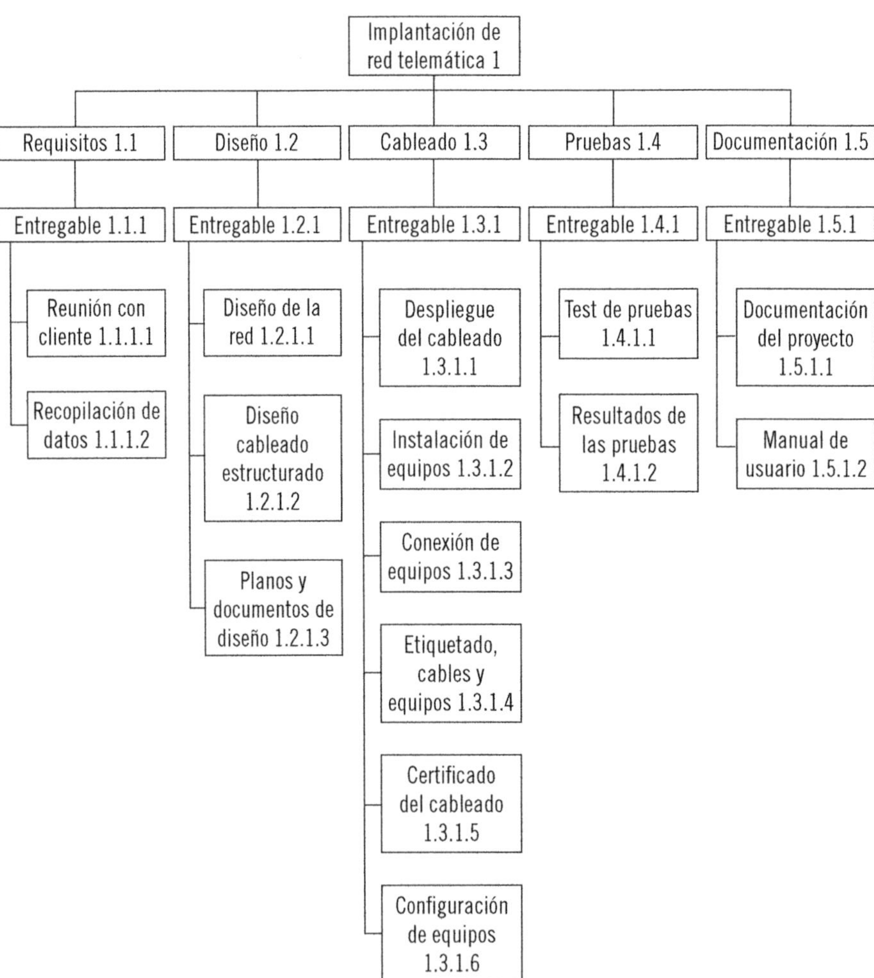

En el diagrama se puede observar cómo en el nivel 1 está el producto final, en este caso la implantación de la red telemática.

En el nivel 2 se encuentran las cinco fases en las que se han dividido el desarrollo del proyecto de red telemática, estas cinco fases son la de información sobre los requisitos, el diseño de la red, la fase del cableado de red, la fase de pruebas sobre la red implantada y finalmente la documentación referente al proyecto.

En el nivel 3 se encuentra la definición de los entregables para cada conjunto de actividades de las que consta cada fase.

Finalmente, en el nivel 4 están las actividades definidas en un nivel de detalle final, es decir, definiéndolas como paquetes de trabajo.

## Aplicación práctica

**Imagine que debe realizar la definición del alcance para un proyecto de implantación de una red telemática usando la técnica de EDT mediante un diagrama. Para realizar la descomposición se ha dividido el proyecto en cuatro fases.**

**Cada una de estas fases está compuesta por una serie de actividades necesarias para llevar a cabo el desarrollo del proyecto. En cada fase se debe establecer su correspondiente entregable y realizar la numeración de cada uno de los niveles del diagrama.**

**A continuación se muestran las cuatro fases en las que se ha dividido el proyecto y sus actividades:**

- **Fase: Requisitos y recopilación de datos:**
  - **Reunión con el cliente.**
  - **Datos de proyectos anteriores.**
- **Fase: Diseño:**
  - **Diseño de la red.**
  - **Diseño del cableado horizontal.**

Continúa en página siguiente >>

<< Viene de página anterior

- **Diseño del cableado vertical.**
- **Diseño del cableado área de usuario.**
- **Diseño de planos esquemáticos.**

**Fase: Cableado:**

- **Despliegue del cableado.**
- **Conexionado y etiquetado.**
- **Certificado del cableado.**
- **Configuración de red.**

**Fase: Pruebas y documentación:**

- **Pruebas de red.**
- **Documentación de las pruebas.**
- **Documentación del proyecto.**
- **Indique cómo lo haría.**

**SOLUCIÓN**

A continuación se muestra el diagrama que representa la estructura de descomposición del trabajo (EDT), determinando cada uno de sus niveles y realizando su correspondiente numeración:

Continúa en página siguiente >>

<< Viene de página anterior

**Diagrama EDT**

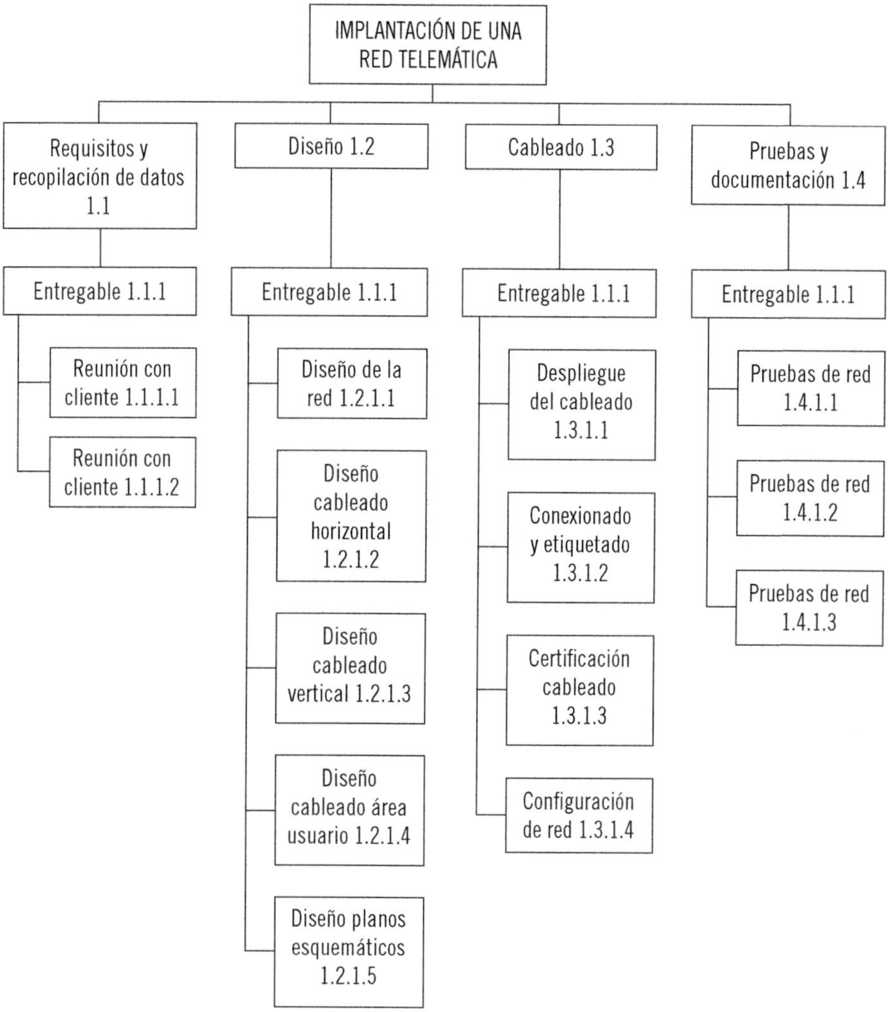

- IMPLANTACIÓN DE UNA RED TELEMÁTICA
  - Requisitos y recopilación de datos 1.1
    - Entregable 1.1.1
      - Reunión con cliente 1.1.1.1
      - Reunión con cliente 1.1.1.2
  - Diseño 1.2
    - Entregable 1.1.1
      - Diseño de la red 1.2.1.1
      - Diseño cableado horizontal 1.2.1.2
      - Diseño cableado vertical 1.2.1.3
      - Diseño cableado área usuario 1.2.1.4
      - Diseño planos esquemáticos 1.2.1.5
  - Cableado 1.3
    - Entregable 1.1.1
      - Despliegue del cableado 1.3.1.1
      - Conexionado y etiquetado 1.3.1.2
      - Certificación cableado 1.3.1.3
      - Configuración de red 1.3.1.4
  - Pruebas y documentación 1.4
    - Entregable 1.1.1
      - Pruebas de red 1.4.1.1
      - Pruebas de red 1.4.1.2
      - Pruebas de red 1.4.1.3

Actividades

12. lIndique los pasos que deben seguirse para elaborar la EDT de un proyecto de implantación de redes telemáticas.
13. ¿Qué son los niveles de profundidad dentro de una EDT? ¿Y los elementos de ancho dentro de una EDT?
14. Elabore un ejemplo de codificación jerárquica para una EDT de cinco niveles de profundidad y con dos elementos en el nivel final.

## 8.3. Ejemplificación de documentos modelos de EDT

La EDT realizada queda reflejada en un conjunto de escritos, gráficos, esquemas y diagramas. El objetivo de estos documentos es informar sobre el conjunto de actividades necesarias en la ejecución de la implantación de la red telemática dentro de cada una de las fases del proyecto, permitiendo identificar la descomposición del esfuerzo estimado en actividades durante el proyecto.

Importante

Los documentos EDT permitirán organizar el proyecto de implantación de red telemática en partes manejables que definan el trabajo necesario que se debe realizar.

A continuación se muestran algunos ejemplos de estos documentos modelos de EDT.

### Gráfico

Informa sobre la totalidad de tareas que se deben ejecutar para que el proyecto finalice exitosamente. Representa la EDT mediante un gráfico con los niveles jerarquizados de sus paquetes de trabajo y sus correspondientes actividades.

**Ejemplo gráfico de una EDT**

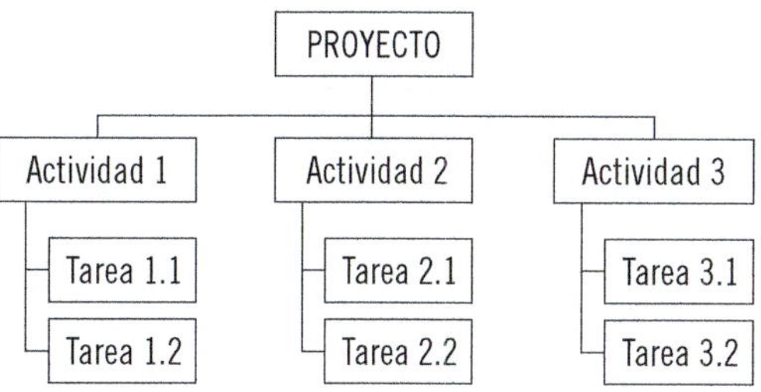


### Lista de tareas

También informa sobre la totalidad de tareas que deben ejecutarse para que el proyecto finalice exitosamente. Muestra una lista con todas las actividades que componen el proyecto ordenadas desde su inicio hasta su finalización. Dentro de cada actividad se especifican todas las tareas correspondientes a dicha actividad.

**Lista de tareas de una EDT**

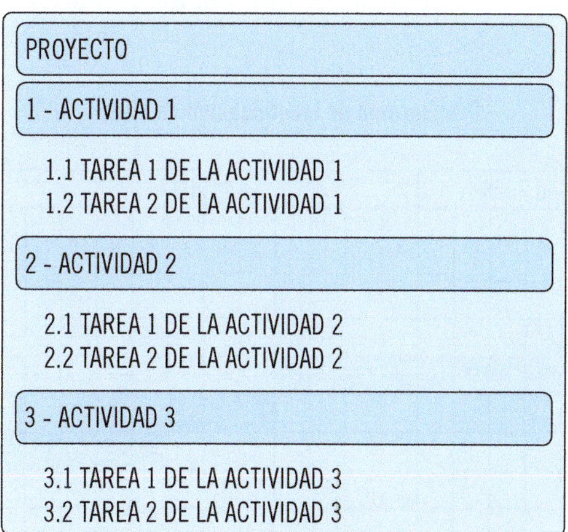

## Ficha de tarea

Contiene todos los detalles y la información sobre una tarea determinada dentro de la EDT.

| Descripción de tarea | |
|---|---|
| **Tarea número** | 1.1 |
| **Nombre** | Diseño del sistema |
| **Descripción** | Se diseñará el sistema partiendo de los requisitos con el objetivo de aportar el servicio necesario y exigido en las condiciones |
| **Esfuerzo estimado** | Una semana/una persona |
| **Entregables** | Estructura de implementación del sistema |
| **Fecha** | xx-xx-xxxx |
| **Autor** | ---------------- |

## Cronograma

Documento para identificar los hitos de acuerdo a los plazos estimados donde se representan la duración de las actividades, los hitos y los recursos asignados a cada actividad aportando información temporal.

**Cronograma de identificación de hitos**

| | Año 2026 | | | | | | Año 2027 | | | | | | | | | | | | Año 2028 | | | | | |
|---|---|---|---|---|---|---|---|---|---|---|---|---|---|---|---|---|---|---|---|---|---|---|---|---|
| Mes / Hito | 7 | 8 | 9 | 10 | 11 | 12 | 1 | 2 | 3 | 4 | 5 | 6 | 7 | 8 | 9 | 10 | 11 | 12 | 1 | 2 | 3 | 4 | 5 | 6 |
| Hiito 1 | | | | | | | | | | | | | | | | | | | | | | | | |
| Hito 2 | | | | | | | | | | | | | | | | | | | | | | | | |
| Hito 3 | | | | | | | | | | | | | | | | | | | | | | | | |
| Hito 4 | | | | | | | | | | | | | | | | | | | | | | | | |
| Hito 5 | | | | | | | | | | | | | | | | | | | | | | | | |
| Hito 6 | | | | | | | | | | | | | | | | | | | | | | | | |
| Hito 7 | | | | | | | | | | | | | | | | | | | | | | | | |

Definición

**Hito**

Es un acontecimiento puntual y significativo que marca un momento considerado importante en el desarrollo del proyecto.

## Plan de entregas

Es un documento donde se describe cada hito del cronograma, incluyendo información de las fechas y las tareas previstas por las personas implicadas, la lista de entregables y los criterios de aceptación.

**Plan de entregas**

| Entregable | Hito | Fecha |
|---|---|---|
| Entregable 1 | HITO 1 | |
| Entregable 2 | HITO 2 | |
| Entregable 3 | HITO 3 | |
| Entregable N | HITO N | |

## Matriz de responsabilidades

Define todos los entregables mediante una lista que contiene todos los componentes de la EDT y los responsables asignados en la elaboración de dichos entregables.

**Matriz de responsabilidades**

| Entregable | Responsable |
|---|---|
| **Entregable A** | Desarrollador X1 |

Continúa en página siguiente >>

<< Viene de página anterior

| Matriz de responsabilidades | |
|---|---|
| **Entregable B** | Analista X1 |
| **Entregable C** | Desarrollador X2 |
| **Entregable D** | Programador X1 |

Nota

El diseño basado en el modelo de EDT por entregables no implica secuenciar las actividades y pueden ejecutarse dichas actividades en paralelo.

## 8.4. Caracterización de los paquetes de trabajo

Como se ha explicado, para crear la EDT, el trabajo se debe ir descomponiendo en componentes más pequeños y más fáciles de manejar hasta llegar a un nivel de detalle claro y entendible, que es el último y que se conoce como paquete de trabajo. El paquete de trabajo se caracteriza por:

- No puede ser subdividido más veces.
- Deben incluir contenido único y no duplicado.
- Tiene un entregable significativo.
- Debe ser desarrollado por la persona/grupo responsable.
- Debe tener unos tiempos de inicio y fin determinados.
- Es posible asignar presupuesto para la realización.

Para el proyecto de implantación de red telemática se va a definir en la fase de cableado dos paquetes de trabajo, un paquete de trabajo para el despliegue del cableado estructurado y otro paquete de trabajo para las instalaciones de equipos de la red telemática. Además, se van a indicar las características de cada paquete de trabajo.

A continuación se muestra un ejemplo para definir estos dos paquetes de trabajo en la fase correspondiente al cableado estructurado:

FASE: CABLEADO ESTRUCTURADO

Paquetes de trabajo

**Despliegue del cableado estructurado**

Responsable: técnicos de cableado.
Inicio = 23/06/2024; finalización = 7/07/2024.
Presupuesto = 22.450 €.
Entregable = ejecución del despliegue para el cableado.

**Instalación de equipos**

Responsable: técnicos de redes.
Inicio = 8/07/2024; finalización = 11/07/2024.
Presupuesto = 3.600 €.
Entregable = instalación y conexionado de equipos.
Una vez definidos los paquetes de trabajo se van a establecer las actividades dentro de cada uno de ellos:

**Despliegue del cableado estructurado**

Distribución del cableado vertical.
Distribución del cableado horizontal.
Distribución del cableado en puesto de usuario.
Canalización del cableado.
Certificación del cableado estructurado.

Continúa en página siguiente >>

<< Viene de página anterior

**Instalación de equipos**

Instalación de equipos de red en armario *rack.*
Conexionado de los equipos de red.
Configuración de la red.

En el proceso de creación de una EDT se genera un documento denominado **diccionario de la EDT.** Para cada componente de la EDT, el diccionario EDT contiene una breve definición del alcance, los productos entregables definidos, una lista de las actividades asociadas, los recursos asignados, las fechas, la duración y el coste, entre otra información. El diccionario de EDT puede ser elaborado por el director o por la persona asignada al paquete de trabajo y que debe incluir toda la información detallada para realizar el control del paquete de trabajo.

## Nota

El diccionario EDT consiste en una ficha con información identificativa de cada paquete de trabajo y sus actividades correspondientes.

**Ficha correspondiente al diccionario EDT**

| Código EDT | Nombre EDT | Responsable | Fecha actualización |
|---|---|---|---|
| Descripción EDT | | | |
| Criterios de aceptación | | | |
| Productos entregables | | | |
| Supuestos | | | |
| Recursos asignados | | | |

Continúa en página siguiente >>

<< Viene de página anterior

<table>
<tr><th colspan="6">Ficha correspondiente al diccionario EDT</th></tr>
<tr><th>Código EDT</th><th>Nombre EDT</th><th colspan="2">Responsable</th><th colspan="2">Fecha actualización</th></tr>
<tr><td colspan="2">Hitos de cronograma</td><td colspan="4"></td></tr>
<tr><td colspan="2">Fechas programadas</td><td colspan="4"></td></tr>
<tr><td colspan="2">Riesgos</td><td colspan="4"></td></tr>
<tr><td colspan="2">Predecesoras</td><td></td><td colspan="2">Sucesoras</td><td></td></tr>
<tr><td colspan="2">Fecha inicio</td><td></td><td colspan="2">Fecha fin</td><td></td></tr>
<tr><td colspan="2">Duración</td><td colspan="4"></td></tr>
<tr><td colspan="2">Coste</td><td colspan="4"></td></tr>
</table>

## Actividades

15. ¿Cuál es la finalidad y el objetivo de la EDT?
16. Realice un resumen que defina su estructura jerárquica para crear una EDT.
17. Indique los diferentes documentos de EDT y señalar las características para cada uno de ellos.

## 8.5. Identificación y comparación de estrategias de desarrollo descendente, ascendente y tormenta de ideas

No existe una única forma correcta de organizar las tareas pertenecientes a un proyecto. En función de la forma y el estilo del trabajo, y del grupo de proyecto, el esquema de tareas y actividades creado empleará diferentes métodos y estrategias de desarrollo, tales como el desarrollo descendente, ascendente y la tormenta de ideas, que se describen a continuación.

### Estrategia descendente

Se definen en el nivel más alto las tareas resumen, teniendo en cuenta las fases amplias del proyecto. Seguidamente se especifican por debajo de las tareas resumen las subtareas de menor nivel y, finalmente, se especifican las tareas individuales, de nivel inferior.

#### *Ejemplo*

Se va a realizar la organización de tareas de un proyecto de implantación de red telemática utilizando una estrategia descendente en la que primero se van a definir las fases, segundo las subtareas y finalmente las tareas individuales para cada subtarea.

Se comienza definiendo las fases:

- Recopilación de información.
- Diseño de red.
- Cableado.
- Pruebas.
- Documentación.

Seguidamente se definen las subtareas para cada fase:

- Recopilación de información:
  - Documentación.
  - Requisitos y necesidades del cliente.
- Diseño de red:
  - Diseño de la estructura de red.
  - Definición de equipos.
- Cableado:
  - Cableado estructurado.
  - Canalización del cableado.

- Etiquetado.
- Certificado del cableado.

- Pruebas:

  - Pruebas de red.

- Documentación:

  - Documentos del proyecto.

Por último, se van a definir las tareas correspondientes a cada una de las subtareas anteriores:

- **Recopilación de información:**

  - Documentación:

    - Recopilar información de anteriores proyectos similares.

  - Requisitos y necesidades del cliente:

    - Reunión con el cliente.
    - Visita al lugar de implantación de la red.
    - Definición del alcance y prestaciones de la red.

- **Diseño de red:**

  - Diseño de la estructura de red:

    - Planos y esquemas de infraestructura de la red.
    - Planos y esquemas de la distribución de la red.

  - Definición de equipos:

    - Definición de armarios, equipos de red y protección.

- **Cableado:**
  - Cableado estructurado:
    - Cableado vertical.
    - Cableado horizontal.
    - Cableado puesto de usuario.
  - Canalización del cableado:
    - Canalización vertical.
    - Canalización horizontal.
  - Etiquetado:
    - Etiquetado del cableado, equipos y puestos de usuario.
  - Certificado del cableado:
    - Pruebas de certificado del cableado.
- **Pruebas:**
  - Pruebas de red:
    - Testeo de la red telemática.
    - Verificación de transferencia de datos.
    - Documentación de las pruebas.
- **Documentación:**
  - Documentos de la implantación:
    - Manual de usuario.
    - Documentos del proyecto.

### Estrategia ascendente

Se introduce todo el conjunto de tareas de menor nivel en su orden lógico. Luego se inserta una nueva tarea sobre el conjunto anterior de menor nivel. Finalmente se convierte la nueva tarea en la tarea resumen.

#### *Ejemplo*

Para organizar las tareas usando la estrategia ascendente, el proceso sería al contrario del realizado en el ejemplo anterior, donde primero se van a definir todas las tareas de menor nivel, luego la subtareas y finalmente la tarea resumen. A continuación se muestra un ejemplo para dos tareas resumen como son las pruebas y el cableado de un proyecto de implantación de red telemática:

Primero se van a definir las tareas de menor nivel en el orden lógico (primero las de la fase de cableado y luego las de la fase de pruebas):

- Cableado vertical.
- Cableado horizontal.
- Cableado puesto de usuario.
- Canalización vertical.
- Canalización horizontal.
- Etiquetado del cableado, equipos y puesto de usuario.
- Pruebas de certificado del cableado.
- Testeo de red telemática.
- Verificación de transferencia de datos.
- Documentación de las pruebas.

Una vez definidas todas las actividades de menor nivel, hay que insertar una subtarea sobre estas tareas de menor nivel y finalmente insertar las dos tareas resumen, que en este caso son cableado y pruebas:

**Tarea resumen: cableado**

- Subtarea: Cableado estructurado.
  - Cableado vertical.
  - Cableado horizontal.
  - Cableado puesto de usuario.
- Subtarea: Canalización del cableado.
  - Canalización vertical.
  - Canalización horizontal.
- Subtarea: Etiquetado.
  - Etiquetado del cableado, equipos y puesto de usuario.
- Subtarea: Certificación.
  - Pruebas de certificado del cableado.

**Tarea resumen: cableado**

- Subtarea: Pruebas de red.
  - Testeo de red telemática.
  - Verificación de transferencia de datos.
  - Documentación de las pruebas.

### Estrategia de tormenta de ideas

Primero se piensan todas las tareas que pueden ser necesarias en el proyecto sin preocupación por la secuenciación y la organización de las mismas. A continuación se estructuran todas las tareas eliminando las repetidas y añadiendo las que sean necesarias. Se deben convertir las tareas de nivel superior en tareas resumen y seguidamente agrupar las tareas relacionadas y organizarlas secuencialmente.

### *Ejemplo*

De igual forma, con las mismas actividades del ejemplo anterior de estrategia ascendente, se va a usar la estrategia de tormentas de ideas elaborando una lista de actividades sin preocupación por la secuenciación entre dichas actividades:

- Verificación de transferencia de datos.
- Testeo de red telemática.
- Cableado vertical.
- Pruebas de certificado del cableado.
- Cableado horizontal.
- Canalización horizontal.
- Comprobación de transferencia de datos.
- Documentación de las pruebas.
- Canalización vertical.
- Cableado puesto de usuario.
- Etiquetado del cableado, equipos y puesto de usuario.
- Cableado vertical y horizontal.

A continuación se estructuran las tareas y se eliminan las repetidas, en este caso las actividades repetidas son:

- Comprobación de transferencia de datos.
- Cableado vertical y horizontal.

Así pues, se definen las tareas resumen y se ordenan secuencialmente (indicado entre paréntesis):

- **Tarea resumen: cableado:**
  - Cableado vertical (1).
  - Pruebas de certificado del cableado (7).
  - Cableado horizontal (2).
  - Canalización horizontal (5).
  - Canalización vertical (4).
  - Cableado puesto de usuario (3).

- Etiquetado del cableado, equipos y puesto de usuario (6).

- **Tarea resumen: pruebas:**
  - Verificación de transferencia de datos (2).
  - Testeo de red telemática (1).
  - Documentación de las pruebas (3).

La siguiente tabla muestra una comparativa con los pasos para llevar a cabo las estrategias anteriores:

| | Descendente | Ascendente | Tormenta de ideas |
|---|---|---|---|
| **Primer paso** | Definir las tareas de nivel más alto como tareas resumen | Tareas de menor nivel | Posibles tareas |
| **Segundo paso** | Especificar las subtareas y subfases de nivel inferior | Insertar una nueva tarea | Convertir tareas de nivel superior en tareas resumen |
| **Tercer paso** | Especificar las tareas individuales del nivel inferior | Convertir la nueva tarea en tarea resumen | Eliminar duplicidad y ordenar tareas |

## Aplicación práctica

**Imagine que tiene que realizar una organización de tareas sobre un proyecto de implantación de una red telemática usando la estrategia descendente. Para comenzar la organización de tareas se han definido las cuatro fases que se muestran a continuación:**

- **Recopilación de información.**
- **Diseño de red.**
- **Cableado.**
- **Pruebas y documentación.**

**En la siguiente tabla se muestra la lista de las subtareas y las tareas definidas para el proyecto:**

Continúa en página siguiente >>

<< Viene de página anterior

| Subtareas | Tareas | |
|---|---|---|
| Necesidades del cliente | Reunión con cliente | Obtener información sobre proyectos similares anteriores |
| Obtener documentación | Definición del objetivo, alcance y plazos | Diseño del cableado horizontal y de área de usuario |
| Diseño del cableado estructurado | Diseño de planos generales y ubicación del equipamiento | Diseño del cableado vertical |
| Diseño de planos esquemáticos | Diseño de planos para conexionado horizontal, vertical y área de usuario | Despliegue del cableado horizontal, vertical y área de usuario |
| Despliegue del cableado estructurado | Canalización del cableado horizontal y área de usuario | Etiquetado del cableado |
| Canalización y etiquetado | Canalización del cableado vertical | Pruebas de certificación del cableado |
| Certificado del cableado | Etiquetado de equipos de red | Configuración lógica de la red |
| Configuración de la red | Documentación sobre las pruebas de certificado | Configuración física de la red |
| Pruebas de red | Pruebas y testeo de red | Documentación del proyecto |
| Documentación del proyecto | Informes sobre las pruebas | Manual de usuario |

**Debe completar la siguiente tabla y realizar la organización de tareas usando la estrategia descendente a partir de la información correspondiente a las subtareas y tareas del proyecto de implantación de una red telemática. Primero hay completar las fases, posteriormente completar las subtareas y finalmente colocar cada una de las tareas en su correspondiente subtarea:**

| **Fase: recopilación de información** | |
|---|---|
| Subtareas | Tareas |
| | --<br>-- |
| | -- |

Continúa en página siguiente >>

<< Viene de página anterior

| **Fase: diseño de red** | |
|---|---|
| Subtareas | Tareas |
| | --<br>-- |
| | --<br>-- |
| **Fase: cableado** | |
| Subtareas | Tareas |
| | -- |
| | --<br>--<br>-- |
| | --<br>-- |
| | --<br>-- |
| **Fase: pruebas y documentación** | |
| Subtareas | Tareas |
| | --<br>-- |
| | --<br>-- |

## SOLUCIÓN

Utilizando la estrategia descendente para realizar la organización de tareas de un proyecto de implantación de redes telemáticas, el primer paso es definir las fases, en este caso cuatro, y posteriormente completar la tabla con las subtareas definidas. Finalmente se coloca en la tabla cada tarea definida en su correspondiente subtarea, completando de esta forma toda la tabla siguiendo los pasos de la estrategia de organización descendente:

Continúa en página siguiente >>

<< Viene de página anterior

| Fase: recopilación de información | |
|---|---|
| **Subtareas** | **Tareas** |
| Necesidades del cliente | Reunión con cliente<br>Definición de objetivo, alcance y plazos |
| Obtener documentación sobre el proyecto | Obtener información sobre proyectos similares anteriores |
| **Fase: diseño de red** | |
| **Subtareas** | **Tareas** |
| Diseño del cableado estructurado | Diseño cableado horizontal y área de usuario<br>Diseño del cableado vertical |
| Diseño de planos esquemáticos de conexionado | Diseño de planos generales y ubicación del equipamiento<br>Diseño de planos de conexionado horizontal, vertical y área de usuario |
| **Fase: cableado** | |
| **Subtareas** | **Tareas** |
| Despliegue del cableado estructurado | Despliegue del cableado horizontal, vertical y de área de usuario |
| Canalización y etiquetado | Canalización del cableado horizontal y área de usuario<br>Canalización del cableado vertical<br>Etiquetado de equipos de red<br>Etiquetado del cableado |
| Certificado del cableado | Pruebas de certificación del cableado<br>Documentación de pruebas de certificado |
| Configuración de la red | Configuración lógica de red<br>Configuración física de red |
| **Fase: pruebas y documentación** | |
| **Subtareas** | **Tareas** |
| Pruebas de red | Pruebas y testeo de red<br>Informes sobre las pruebas |
| Documentación del proyecto | Manual de usuario<br>Documentación del proyecto |

Actividades

18. ¿En qué consisten las estrategias de desarrollo ascendente, descendente y tormenta de ideas? Indique la secuencia de cada una de ellas y analice las diferencias entre ellas.
19. Plantee algún ejemplo donde se definan actividades usando estas tres estrategias y analice las diferencias entre dichas estrategias.

## 9. Ejemplificación de distintos tipos de documentos que recojan el alcance de un proyecto de implantación de infraestructura de red telemática

Los documentos que definen el alcance de un proyecto de implantación de una red telemática contienen todas las actividades que deben realizarse desde el inicio hasta el final. En este caso se ha dividido el proyecto en cinco fases que incluyen todas las tareas que son necesarias llevar a cabo, al término de las cuales se realizará un entregable que justifique la necesidad impuesta por el cliente, establecido en el plan de entregas. A continuación se muestran, a modo de ejemplo, algunos documentos que recogen el alcance del proyecto para la implantación de una infraestructura de red telemática.

### Documento: pliego de prescripciones técnicas

En este punto es necesario recordar que en el pliego de prescripciones técnicas se recogen todos los requerimientos para la realización del proyecto de implantación y servicio de red telemática, definiendo las características mínimas de cumplimiento sobre la infraestructura y electrónica de red necesaria para la instalación; es decir, en este documento se indica cómo y con qué hay que realizar el proyecto, según se explicó en el capítulo 3.

## Importante

El pliego de prescripciones técnicas hace referencia a las obligaciones, las responsabilidades y los derechos de las partes responsables del proyecto y el cliente.

La relación entre la definición del alcance del proyecto de implantación de red telemática y el pliego de condiciones se establece porque en la definición del alcance se describen todas las actividades que deben realizarse dentro del proyecto para llegar a su finalización y el pliego de prescripciones describe el objeto del contrato y los requerimientos necesarios para que la definición del alcance se haga efectiva, es decir, define la justificación y el alcance del contrato establecido para el proyecto de implantación de red telemática, indicando de manera detallada los materiales, los equipos y el proceso de ejecución que se va a realizar.

En la siguiente tabla se muestra un ejemplo de la relación existente entre la definición del alcance del proyecto de implantación de red telemática y el contenido del pliego de prescripciones.

**Cuadro representativo entre la definición del alcance y el contenido del documento del pliego de prescripciones**

| Definición del alcance | CONTENIDO DEL PLIEGO DE PRESCRIPCIONES TÉCNICAS |
|---|---|
| Montaje y conexionado de equipos | - Equipamiento: 1 equipo de electrónica de distribución, 10 *switch* de acceso y 170 puntos de voz-datos-electricidad.<br>- Electrónica de distribución: chasis modular con capacidad mínima para 6 slots de expansión, fuente de alimentación redundante, al menos 30 puertos 10/100/1000 base-T, soporte VLAN 802. 1Q.<br>- Electrónica de acceso: al menos 50 puertos 10/100/1000 Base-T, soporte VLAN 802. 1Q, soporte de autenticación 802.1x y protocolo de redundancia RSTP, DTP y MSTP. |

Continúa en página siguiente >>

<< Viene de página anterior

| | |
|---|---|
| Despliegue del cableado estructurado | - Tipo de Cable: cable UTP para la distribución vertical y horizontal categoría 6<br>- Canalización interna:<br>  - Canalización horizontal: por el falso techo usando tubo forroplast hasta las cajas de registro mediante bandejas metálicas.<br>  - Canalización puesto usuario: canaletas blancas PVC.<br>- Roseta: 3 módulos de PVC (1 módulo para voz/datos y los otros dos para enchufes Schuko) con conectores RJ-45 de voz/datos.<br>- Etiquetado: rosetas enumeradas correlativamente según la ubicación de las tomas de usuario distribuidas en la red telemática |
| Aplicación de Normativas y referencias para el cableado | - Normativas para el cableado:<br>  - UNE-EN 50173: 2005 "Sistema cableado genérico"<br>  - ISO/EC 11801 |
| | CONTENIDO DEL PLIEGO DE PRESCRIPCIONES GENERALES |
| Consideraciones generales sobre el equipamiento de red | - Instalación de armarios *rack*, su ubicación y localización dentro del espacio destinado para ello.<br>- Licencias *software* de todo el equipamiento instalado.<br>- Utilización de accesorios y material necesario para la instalación de la red telemática.<br>- Se garantiza la integración de toda la electrónica de red. |

En cada celda de la columna **definición del alcance** se muestra el contenido correspondiente a la actividad del cableado y el montaje de equipos, y en la misma fila su correspondiente relación con **contenido en el pliego de prescripciones técnicas** en la columna correspondiente.

### Documento: estructura de descomposición del trabajo (EDT)

La siguiente EDT muestra cada una de las fases en las que se ha dividido el proyecto. Cada fase incluye una serie de actividades que se deben realizar como se muestra en la siguiente imagen:

**EDT para un proyecto de implantación de infraestructura de red telemática**

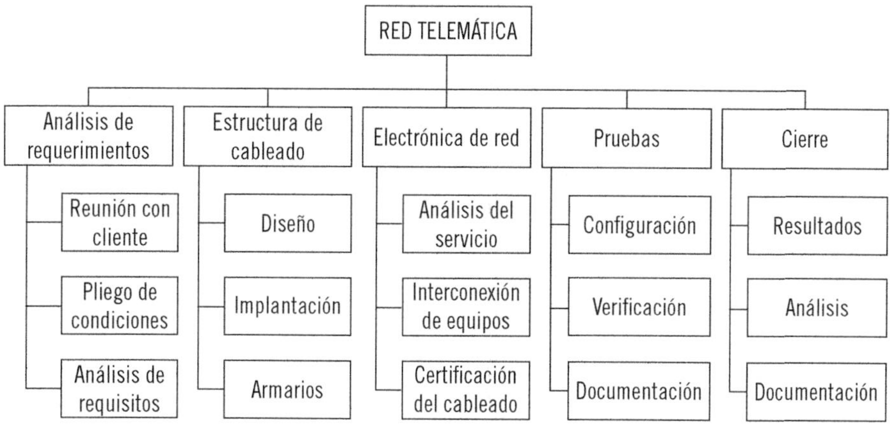


## Documento: lista de actividades

La lista de actividades para las fases de desarrollo de una red telemática con respecto a los requerimientos, el cableado, la electrónica de red, las pruebas y el cierre se muestra a continuación:

1. Análisis de requerimientos
   - 1.1. Reunión con el cliente
   - 1.2. Análisis de requerimientos y necesidades
   - 1.3. Documentación que recoja los requerimientos del cliente
   - 1.4. Planificación del proyecto
2. Infraestructura del cableado
   - 2.1. Diseño de infraestructura del cableado
   - 2.2. Implantación de armarios
   - 2.3. Instalación del cableado y documentación
3. Electrónica de red
   - 3.1. Análisis del servicio necesario
   - 3.2. Normativas
   - 3.3. Interconexión de equipos y documentación
   - 3.4. Certificación del cableado
4. Pruebas
   - 4.1. Configuración del sistema
   - 4.2. Verificación de funcionamiento
   - 4.3. Documentación de las pruebas
5. Cierre
   - 5.1. Resultados
   - 5.2. Análisis de resultados
   - 5.3. Documentación del proyecto

### Documento: asignación de tareas

En el siguiente documento se refleja cada una de las tareas que deben realizarse para la instalación de una red telemática además de asignar uno o varios responsables de cada tarea, indicando las estimaciones de duración y esfuerzo de cada una. Finalmente se obtiene el cálculo total de horas estimado para la realización de todas las tareas del proyecto que definirán el alcance el mismo como se muestra en la siguiente tabla:

| Tarea | Responsable | Duración | Esfuerzo | Total |
|---|---|---|---|---|
| **1- Pliego de prescripciones técnicas** | Ingeniero | 1 semana | 4 h/día | 20 horas |
| **2- Recogida de datos** | 2 técnicos de redes | 3 días | 6 h/día | 36 horas |
| | 2 técnicos de cableado | 3 días | 6 h/día | 36 horas |
| **3- Instalación del cableado** | 4 técnicos cableado | 2 semanas | 6 h/día | 240 horas |
| **4- Instalación de armarios** | 4 técnicos cableado | 3 días | 6 h/día | 72 horas |
| **5- Conexión de equipos** | 2 técnicos de redes | 1 semana | 6 h/día | 60 horas |
| **6- Certificación cableado** | 2 técnicos cableado | 1 semana | 6 h/día | 60 horas |
| **7- Configuración del sistema** | 2 técnicos de redes | 1 semana | 6 h/día | 60 horas |
| **8- Pruebas del sistema** | 2 técnicos de redes | 1 semana | 6 h/día | 60 horas |
| **9- Documentación del proceso** | 2 técnicos de redes | 1 día | 8 h/día | 16 horas |
| **Total de horas = 660 horas** | | | | |

### Documento: cronograma

A continuación se muestra el cronograma de tiempo para el desarrollo de las actividades para la implantación de una red telemática en el que se desglosa cada actividad definiendo el alcance del proyecto desde su fecha de inicio hasta el final. Para la elaboración del cronograma hay que basarse en la tabla de fechas de planificación para las actividades que se van a realizar durante el proyecto de implantación de red telemática:

**Cronograma de actividades para el proyecto de red telemática**

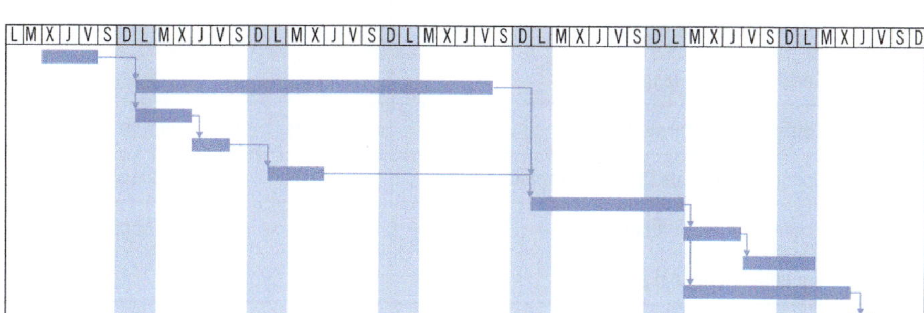


Se observa que la actividad 6 tiene dependencia de las actividades 2, 3, 4 y 5, que se realizan paralelamente, siendo necesaria la finalización de todas ellas para comenzar la tarea 6 de certificación.

La tabla de actividades planificadas y la representación gráfica del cronograma son dos documentos complementarios que reflejan el alcance del proyecto de red telemática. La información es la misma pero su forma de representación es diferente ya que el cronograma facilita la visión general sobre la duración total del proyecto y de cada tarea mientras que la tabla representa los datos de forma numérica.

La siguiente tabla muestra las actividades y la duración establecidas para cada actividad:

| | Nombre de la tarea | Duración | Fecha de comienzo |
|---|---|---|---|
| 1 | **Análisis de requerimientos y recogida de datos** | 3 días | Inicio |
| 2 | **Despliegue del cableado** | 15 días | dd/mm/aaaa |

Continúa en página siguiente >>

<< Viene de página anterior

| | Nombre de la tarea | Duración | Fecha de comienzo |
|---|---|---|---|
| 3 | **Instalación de armarios** | 3 días | dd/mm/aaaa |
| 4 | **Montaje de equipos electrónicos** | 2 días | dd/mm/aaaa |
| 5 | **Interconexión de equipos** | 3 días | dd/mm/aaaa |
| 6 | **Certificación de la instalación** | 6 días | dd/mm/aaaa |
| 7 | **Configuración del sistema** | 3 días | dd/mm/aaaa |
| 8 | **Documentación de la configuración** | 2 días | dd/mm/aaaa |
| 9 | **Pruebas de rendimiento** | 7 días | dd/mm/aaaa |
| 10 | **Documentación del proceso** | 1 día | Final |

**Nota:** no se han incluido las fechas de comienzo de cada tarea ya que se consideran no influyentes en el ejemplo por ser un aspecto característico de cada proyecto

## Documento: plan de entregas

El conjunto de entregables establecerá el cumplimiento, el criterio de aceptación por parte del cliente y la finalización de los trabajo en cada una de las etapas. En el proyecto se van a definir cinco entregables durante su desarrollo y que se muestran mediante hitos en el siguiente cronograma:

**Cronograma de actividades con el establecimiento de hitos**

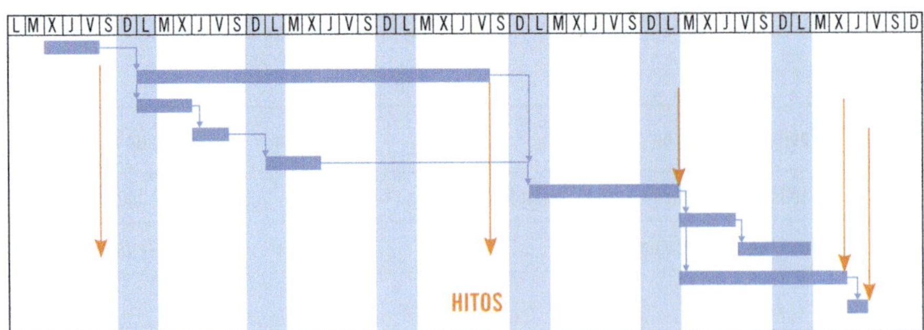

En la siguiente tabla de entregas se describe cada hito del cronograma y su correspondiente entregable:

| Plan de entregas | | |
|---|---|---|
| **Entregable** | **Hito** | **Fecha** |
| Análisis de requerimientos | Recopilar toda la información sobre las necesidades y los requisitos del cliente sobre el sistema de red telemática | X/X/XXXX |
| Estructura del cableado | Resultados de la solución sobre la implantación del cableado y los equipos de la infraestructura | X/X/XXXX |
| Electrónica de red | Sistema de conexión y certificado del cableado implantado en la red | X/X/XXXX |
| Pruebas | Configuración, verificación y testeo sobre el rendimiento de la red y su servicio. | X/X/XXXX |
| Cierre | Documentación del proceso y estudio de resultados sobre el sistema completo de red telemática | X/X/XXXX |

### Actividades

20. Haga una lista de los distintos documentos que recojan el alcance de un proyecto de implantación de una red telemática y escriba una breve descripción de cada uno de ellos.
21. Busque en internet algún ejemplo de un documento correspondiente a un pliego de prescripciones técnicas de un proyecto e indique brevemente su contenido.

## 10. Resumen

Para abordar cualquier proyecto hay que tener en cuenta una serie de aspectos organizativos para su desarrollo. Un proyecto se caracteriza por tener un objetivo establecido, una definición del alcance dentro de unos plazos determinados, unos requisitos mínimos de calidad exigidos y todo esto dentro de un coste presupuestado.

En todo proyecto de implantación de una red telemática se debe realizar una correcta definición del alcance utilizando la técnica de la estructura de descomposición del trabajo (EDT). Esta técnica permitirá desglosar todas las actividades que serán necesarias ejecutar para el completo desarrollo del proyecto y alcanzar de esta forma el objetivo inicial con unos resultados satisfactorios.

Para la elaboración de documentación técnica es necesario aplicar una serie de técnicas y cumplir unos requisitos documentales donde hay que incluir todos los informes generados durante el desarrollo del proyecto, manteniendo una estructura determinada de su contenido y estableciendo un sistema de identificación y organización de los archivos.

## Ejercicios de repaso y autoevaluación

**1. Indique cuál de las siguientes afirmaciones es verdadera o falsa.**

a. La definición del objetivo de un proyecto está directamente relacionada con la necesidad que el cliente propone.

- ☐ Verdadero
- ☐ Falso

b. El alcance solo representa una parte del trabajo necesario que debe realizarse.

- ☐ Verdadero
- ☐ Falso

c. La definición del alcance consiste en analizar el coste del proyecto.

- ☐ Verdadero
- ☐ Falso

**2. ¿Qué cinco pasos deben realizarse en la gestión del alcance?**

______________________________________________
______________________________________________
______________________________________________
______________________________________________
______________________________________________
______________________________________________
______________________________________________

**3. ¿Qué debe establecerse primero para definir los plazos de duración de un proyecto?**

a. La actividad más importante del proyecto.
b. Establecer el orden de realización y la dependencia de todas las actividades.
c. Una fecha de control.
d. Todas las opciones son correctas.

---

4. **¿Qué determina el camino crítico en la planificación de un proyecto? ¿Para qué sirven las fechas de control?**

   ____________________________________________
   ____________________________________________
   ____________________________________________
   ____________________________________________

5. **Qué puede provocar el incumplimiento en cuanto a la calidad del producto realizado en el proyecto.**

   a. Aplicación de otras normas de calidad.
   b. Mayor beneficio.
   c. Inconformidad del cliente y aumento de costes en el proyecto.
   d. Todas las opciones son incorrectas.

6. **¿En qué herramienta usada para el control de calidad las causas son representadas en diferentes niveles de detalle mediante conexión de ramas?**

   a. Gráfica de Pareto.
   b. Diagrama causa y efecto.
   c. Gráficas de control.
   d. Todas las opciones son incorrectas.

7. **Complete el siguiente texto.**

   La gestión de costes del proyecto incluye los ____________________ __________ la ____________________ y el __________ ____________ para completar el proyecto de red telemática dentro del ______ ____________________.

8. **Indique cuál de las siguientes afirmaciones es verdadera o falsa.**

   a. En la entrevista, los propios miembros del proyecto proporcionan información sobre sus actitudes, opiniones o sugerencias.

      ☐ Verdadero
      ☐ Falso

---

b. El cuestionario es un formulario impreso con el que se obtienen respuestas sobre el problema que es caso de estudio.

- ☐ Verdadero
- ☐ Falso

c. En el diagrama de flujo, la persona encargada de la observación debe tener definidos los objetivos que persigue con la observación.

- ☐ Verdadero
- ☐ Falso

**9. ¿Qué se obtiene realizando las entrevistas individuales o de grupo dentro del desarrollo del proyecto?**

______________________________
______________________________

**10. ¿Qué objetivo tiene una reunión con expertos dentro del proyecto de implantación de redes telemáticas?**

______________________________
______________________________
______________________________
______________________________

**11. Indique las características de una estructura de descomposición del trabajo (EDT):**

______________________________
______________________________
______________________________
______________________________
______________________________
______________________________
______________________________

---

**12. Relacione cada etapa sobre la creación de una estructura de descomposición del trabajo con su función:**

a. Técnicas.
b. Entradas.
c. Salidas.

__ Estructura de descomposición del trabajo, diccionario EDT y actualizaciones de documentos.
__ Requisitos, enunciado del alcance y procesos de organización.
__ Descomposición del trabajo.

**13. ¿Qué es un hito?**

______________________________________________

______________________________________________

**14. Indique cuál de las siguientes afirmaciones es verdadera o falsa.**

a. En una estrategia de desarrollo descendente, el primer paso es definir las tareas del nivel más alto.

☐ Verdadero
☐ Falso

b. En una estrategia de desarrollo ascendente, el primer paso es convertir una tarea en tarea resumen.

☐ Verdadero
☐ Falso

c. En una estrategia de tormenta de ideas, en el último paso de desarrollo se deben eliminar las tareas duplicadas y organizar todas las tareas.

☐ Verdadero
☐ Falso

15. ¿Qué tipo de documentos recogen el alcance de un proyecto de implantación de infraestructura de red telemática?

Capítulo 5

# Técnicas de planificación y gestión de proyectos

# Contenido

1. Introducción
2. Análisis del diagrama de Gantt
3. Análisis del método de la ruta crítica (CPM) y de la técnica de revisión y evaluación de programas (PERT)
4. Planificación de un proyecto de implantación de infraestructura de red telemática
5. Descomposición en tareas
6. Secuenciación de tareas
7. Estimación de duraciones
8. Estimación y asignación de recursos
9. Estimación de costes
10. Programación
11. Desarrollo de un supuesto práctico convenientemente caracterizado mediante la documentación técnica que establezca las especificaciones necesarias en el que se...
12. Desarrollo de un supuesto práctico de implantación de una red convenientemente caracterizado mediante documentación técnica que incluya, al menos, los planos y esquemas de la misma, las fechas de inicio y finalización, los procesos utilizados, los recursos humanos y medios de producción disponibles, así como el calendario laboral, la planificación del suministro de productos y equipos, en el que se...
13. Resumen

# 1. Introducción

Para desarrollar un proyecto de implantación de una red telemática inicialmente se debe llevar a cabo la planificación sobre las actividades que se van a desarrollar durante su ejecución.

Para una correcta planificación se van utilizar determinadas técnicas que permitirán caracterizar el proyecto y definir los aspectos relevantes en el despliegue de la red telemática. Utilizar métodos gráficos como el diagrama de Gantt y las redes de grafos permitirán estimar y calcular las duraciones de tareas, los cálculos de tiempos, las holguras de las actividades y el camino crítico sobre las actividades de las que se compone el proyecto de implantación de la red telemática.

Se va a planificar y diseñar la descomposición de tareas y su secuenciación, se realizará la estimación de duración, los recursos y costes sobre el proyecto, así como la ejemplificación de documentos que reflejen estas estimaciones y de esta forma realizar la planificación, la gestión y los ajustes necesarios durante los plazos establecidos del proyecto.

Finalmente se van a describir las fases de programación del proyecto con respecto a los tiempos, los costes y los ajustes que pueden realizarse.

# 2. Análisis del diagrama de Gantt

El diagrama de Gantt es una herramienta gráfica que permite mostrar la previsión de tiempo dedicado a cada tarea o actividad durante un tiempo total determinado. El creador de los diagramas de Gantt es Henry L. Gantt y fue creado en el año 1917 con el objetivo de ofrecer un método de visualización sobre la situación del proyecto de manera óptima.

## 2.1. Descripción

Un diagrama de Gantt representa la duración en el tiempo de cada actividad que se va a realizar durante la ejecución del proyecto:

- **Representación:**

  - Eje vertical: se representan las actividades mediante rectángulos de mayor o menor dimensión.
  - Eje horizontal: se representa el tiempo establecido para cada actividad.

- **Elementos que componen un diagrama de Gantt:**

  - Actividades: tareas que se deben ejecutar en el desarrollo del proyecto.
  - Recursos: personal, materiales y equipos necesarios para realizar las actividades.
  - Precedencia: relación de dependencia entre las actividades.

## 2.2. Análisis de sus ventajas y limitaciones

En este apartado se van a analizar las ventajas y las limitaciones que tiene el diagrama de Gantt dentro de la planificación de un proyecto. A continuación se representan las ventajas que aporta este método a la hora de realizar la planificación del proyecto de redes telemáticas:

- Su construcción no requiere de gran planificación.
- Resulta muy eficaz en la etapa inicial de la planificación.
- Son adecuados para la planificación de actividades relativamente simples.
- Representa un instrumento de bajo costo y extrema simplicidad en su utilización.

En el siguiente apartado se muestran las limitaciones que hay que tener en cuenta a la hora de utilizar el método de diagrama de Gantt para la planificación del proyecto de redes telemáticas:

- Es recomendable su utilización para proyectos con un número pequeño de actividades.
- La estimación sobre la duración del proceso se realiza de forma arbitraria.

- Las condiciones del proyecto no son representadas en el diagrama, por ejemplo, no muestra qué actividades pueden retrasarse sin que afecte a la duración total del proyecto.
- En cuanto a los recursos necesarios del proyecto, muestra dificultades para realizar la previsión de dichos recursos.
- No es conocido el efecto de las acciones correctoras ejercidas sobre las actividades del proyecto dentro del conjunto de la planificación.

## 2.3. Tipo de proyectos para los que es adecuado

La aplicación del diagrama de Gantt será conveniente según el tipo de proyecto que haya que planificar. El uso de este diagrama vendrá marcado por una serie de factores y características necesarios en la planificación dependiendo del número de actividades de las que se compone el proyecto y la necesidad de relaciones de dependencia entre actividades. A continuación se muestra una serie de aplicaciones para las que el uso del diagrama de Gantt es recomendado según el tipo de proyecto:

- Utilización para la planificación de proyectos con pocas actividades, menos de 200 actividades dentro del proyecto.
- En proyectos muy complejos y grandes, el diagrama de Gantt será más difícil de mantener actualizado, pero en los grandes proyectos puede ser útil para la representación de las diversas tareas y ofrecer una idea visual amplia del proyecto.
- Aplicación en proyectos en los que las actividades no tienen relaciones de dependencia entre sí.
- Utilizado como base para generar otros métodos como PERT y CPM para la gestión y la planificación del proyecto.
- Puede ser utilizado para la planificación de tareas sobre los procesos de mejora dentro del proyecto.
- Su aplicación es adecuada cuando los procesos que se deben llevar a cabo en el proyecto tienen una secuencia y paralelismos fijos.

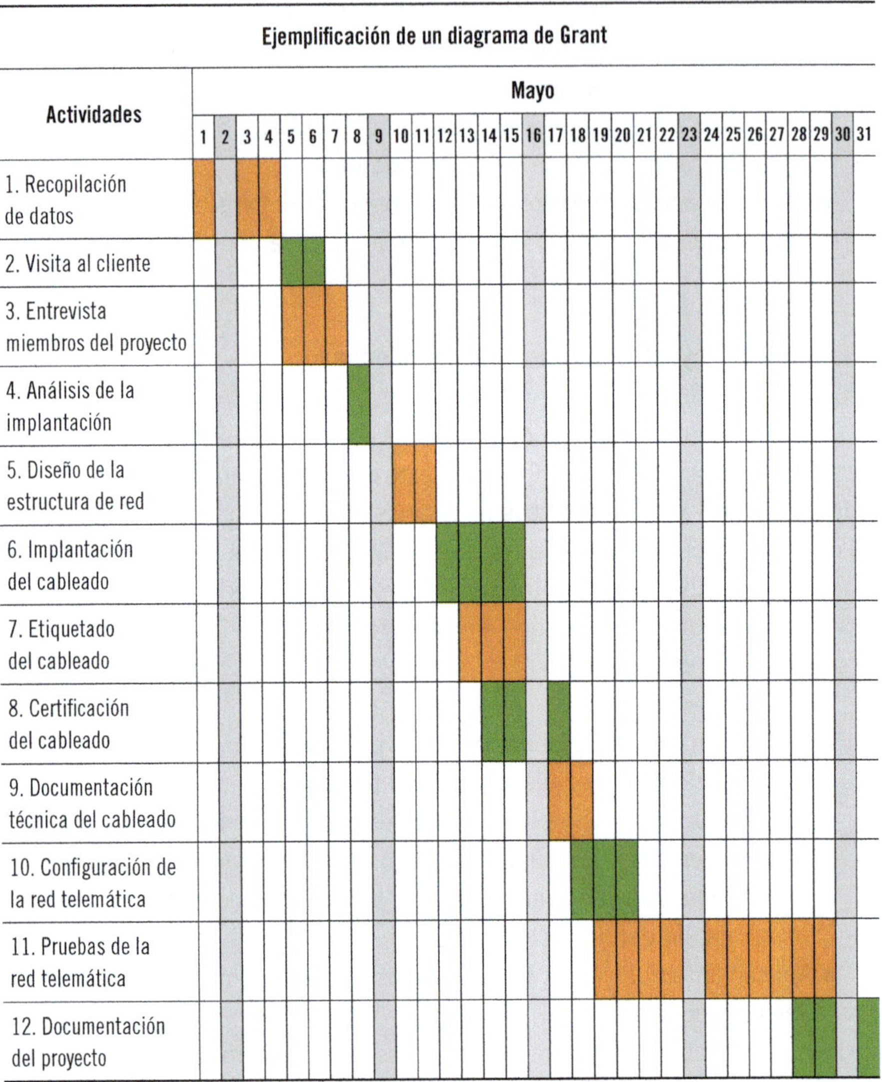


Por tanto, en el proyecto de implantación de una red telemática es recomendable el uso del diagrama de Gantt ya que no vamos a realizar un número elevado de actividades. Otra aplicación dentro del proyecto puede ser la de usarlo como base para generar otros métodos como PERT y CPM así como para realizar la planificación sobre las tareas de mejora para la implantación de la red telemática.

Nota

El uso del diagrama de Gantt es adecuado para proyectos con un número de actividades menor de 25.

Actividades

1. ¿Qué ventajas tiene el uso del diagrama de Gantt? ¿Cuáles son sus limitaciones?
2. ¿Sería conveniente la utilización de un diagrama de Gantt para el proyecto de implantación de red telemática? Justifique la respuesta.

## 3. Análisis del método de la ruta crítica (CPM) y de la técnica de revisión y evaluación de programas (PERT)

Tanto el método de la ruta crítica (CPM) como la técnica de revisión y evaluación de programas (PERT) son dos métodos para determinar la ruta crítica sobre las actividades que componen el proyecto utilizando técnicas basadas en la teoría de grafos. Estas dos herramientas de programación basadas en redes se emplean reemplazando a los diagramas de Gantt o junto con estos.

Los métodos de CPM y PERT ayudarán a realizar la programación del proyecto con un mínimo coste, una duración idónea y la ejecución de las actividades que lo componen.

Los métodos de CPM y PERT son mejores instrumentos para representar la secuenciación de actividades que deben realizarse en comparación con los diagramas de Gantt.

En los siguientes apartados se van a analizar las características, las ventajas, las asignaciones sobre las duraciones, las construcciones del grafo y los cálculos de tiempo y holguras relacionados con estos métodos.

## 3.1. Descripción y características

Estos dos métodos fueron diseñados con la finalidad de proporcionar elementos útiles de información orientados al tiempo para las personas que gestionan y administran un proyecto:

- **PERT:** su objetivo es controlar los tiempos de ejecución de las actividades que integran el proyecto dentro de los tiempos disponibles.
- **CPM:** su objetivo es buscar el control, la programación, la ejecución y la optimización de los costes sobre las actividades que componen el proyecto mediante la búsqueda del camino crítico sobre las actividades que componen el proyecto, es decir, la sucesión de actividades que dan lugar al tiempo máximo acumulado para la ejecución de dichas actividades.

**Diagrama de red para actividades**

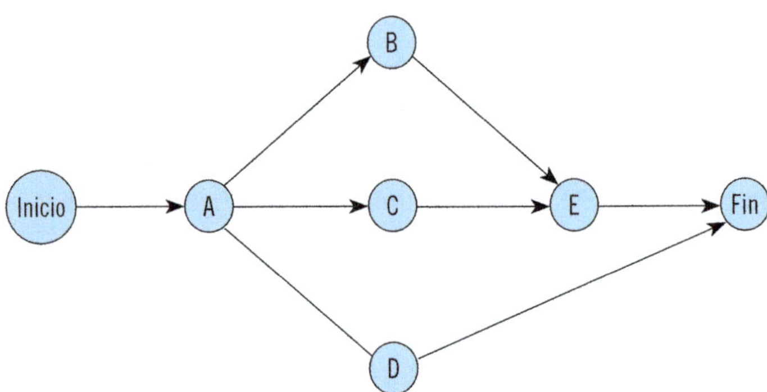


## 3.2. Comparación entre los dos métodos

Los métodos CPM y PERT son muy similares ya que emplean la teoría de grafos como procedimiento para la representación y la operación sobre las actividades así como los resultados que los dos métodos proporcionan. Aun así, presentan ciertas diferencias en cuanto a las estimaciones de tiempos sobre las actividades que se van a planificar y controlar ya que se utiliza una base de estimación de tiempos diferentes en cada método.

A continuación se muestra la comparación entre estas dos herramientas usadas para la planificación y la programación del proyecto:

- La principal diferencia entre ellos es el método por medio del cual se realizan las estimaciones de tiempo para las actividades del proyecto.
- Con el método CPM, los tiempos de las actividades son determinísticos en base a la experiencia previa.
- Con el método PERT, los tiempos de las actividades son probabilísticos, usado en proyectos en los que hay incertidumbre en la asignación de las duraciones sobre las actividades.
- El método CPM supone una compensación entre el tiempo y el costo mientras que el método PERT se basa en tiempos.
- El método PERT es más indicado para proyectos de investigación.

## Actividades

3. Indique las características de los métodos PERT y CPM.
4. ¿Qué aspectos aportarían los métodos de PERT y CPM referentes a la planificación según las necesidades del proyecto implementación de una red telemática? Razone la respuesta.

## Recuerde

El cálculo de tiempos para el método CPM es determinístico mientras que en el método PERT es probabilístico.

## 3.3. Ventajas de las técnicas basadas en la teoría de grafos

Las técnicas basadas en la teoría de grafos ayudan a programar y analizar proyectos; y en este caso a programar el proyecto de implantación de una red telemática.

El uso de estas técnicas permite identificar el progreso del proyecto reflejando en cualquier momento durante el desarrollo el plan de acción que se está llevando a cabo. A continuación se muestra una serie de ventajas obtenidas al usar técnicas basadas en la teoría de grafos:

- Permite la detección de actividades críticas que afectan a la duración total del proyecto.
- Permite el cálculo de holguras en las actividades consideradas no críticas.
- Cálculo de costes.
- Permite la programación de proyectos con coste mínimo y duración óptima.

## 3.4. Explicación de los principios básicos

Los métodos utilizados para la planificación sobre grandes proyectos están basados en técnicas de la teoría de grafos mediante redes de tareas.

Los principios básicos del diagrama de PERT y CPM es la descomposición del proyecto en actividades, siendo una actividad la ejecución de una determinada tarea que conlleva un uso de recursos. Estos métodos usan una representación de la actividad mediante un grafo, los tiempos de comienzo, de final y la dependencia existente entre las diferentes actividades que componen el proyecto.

A continuación se muestra un listado de los principios básicos sobre el uso de herramientas como PERT y CPM para la planificación del proyecto:

- Las actividades son obtenidas a partir de la estructura de descomposición del trabajo (EDT).

- Representan las relaciones entre actividades.
- Representan sucesos que indican el principio o el final de una o varias actividades.
- Las reglas de representación para una red de grafos en cuanto a las relaciones entre actividades son las siguientes:

  - Cada actividad está representada por una flecha entre dos nodos (suceso 1 y suceso 2).

**Representación de una actividad**

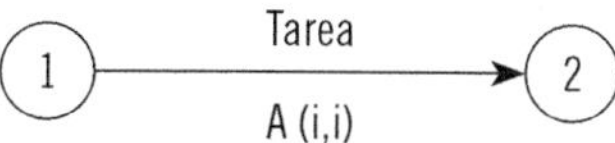


  - En el nodo inicial de cada actividad inciden todas las tareas que le anteceden, siendo necesaria su finalización antes de comenzar la siguiente.

**Representación de varias actividades antecesoras**

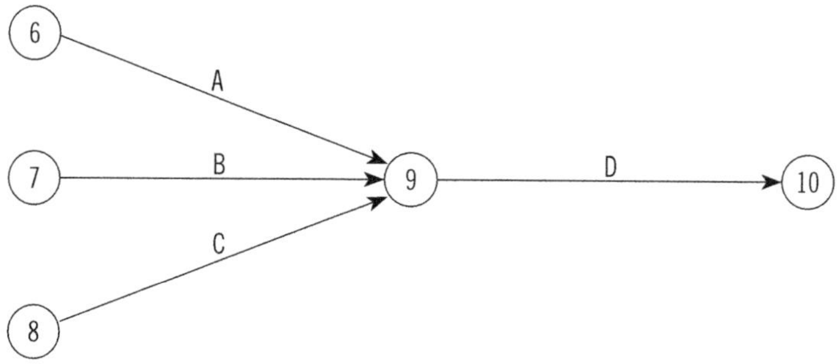


  - Del nodo final de cada tarea nacen todas aquellas tareas que requieren que la actividad que se está realizando haya finalizado.

Dependencia de finalización entre tareas

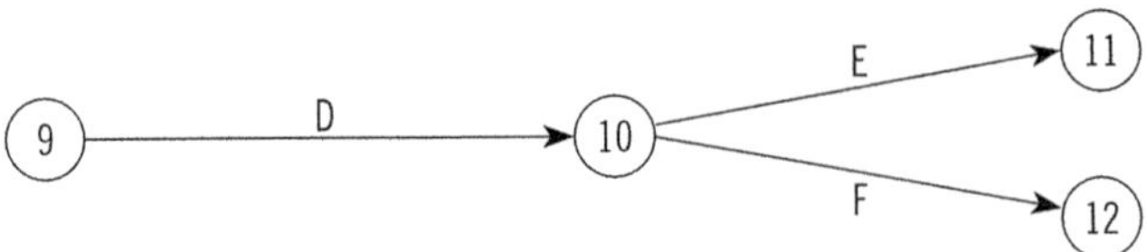


- En ocasiones surgen situaciones en las que es necesario introducir una herramienta denominada **tarea ficticia** (se representa con una flecha punteada).

Importante

Las tareas ficticias carecen de realidad y por tanto no consumen ni tiempos ni recursos del proyecto.

## 3.5. Construcción del grafo

La secuencia para construir un grafo es la siguiente:

1. Se parte de las actividades desglosadas del proyecto y las relaciones de precedencia establecidas para cada una de ellas mediante una matriz de encadenamientos o un cuadro de prelaciones:

   - Matriz de encadenamientos: matriz cuadrada de igual dimensión al número de actividades total. Si en los puntos de cruce aparece una X indica que para iniciar esa actividad concreta de la fila es necesario haber terminado la columna correspondiente.
   - Cuadro de prelaciones: es una tabla de dos columnas, donde en la primera se sitúan las actividades y en la segunda las actividades precedentes de su homóloga en la primera columna.

**Ejemplo de matriz de encadenamiento (izquierda) y cuadro de precedentes (derecha)**

| | A | B | C | D | E | F |
|---|---|---|---|---|---|---|
| A | | | | | | |
| B | | | | | | |
| C | X | X | | | | |
| D | X | | | | | |
| E | X | | | | | |
| F | | | | X | | |

| ACTIVIDADES | PRECEDENTES |
|---|---|
| A | |
| B | |
| C | A,B |
| D | A |
| E | A |
| F | D |

2. Suceso de inicio del proyecto: definir el comienzo de una o más actividades y el fin de ninguna.
3. Suceso fin del proyecto: definir el final de una o más actividades y el comienzo de ninguna.
4. Se numeran los nodos del grafo, que debe cumplir la siguiente condición:

   El número del nodo que representa el comienzo de una actividad debe ser menor que el número del nodo que representa el fin de esa actividad. Por ejemplo, en la siguiente figura, situándose en el nodo número 2 (inicio de la actividad D), debe cumplir la condición de que el nodo de finalización de la actividad D (en este caso el nodo 4) debe ser mayor que el nodo de inicio de dicha actividad D (nodo 2).

**Representación de actividades mediante grafos**

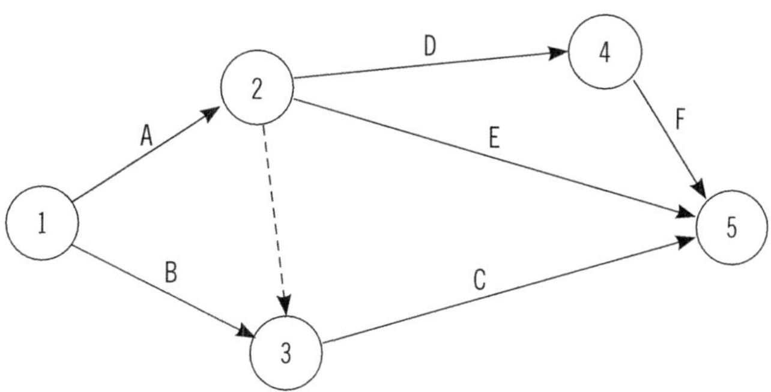

La misma condición para el resto de actividades de la red, donde se debe cumplir que el nodo inicial de una actividad determinada tenga un número menor al nodo final de dicha actividad.

Actividades

5. ¿Qué ventajas tiene el uso de las técnicas basadas en la teoría de grafos?
6. Busque en internet algún ejemplo de representación de actividades mediante grafos y razone la relación de dependencia existente entre las actividades de dicho ejemplo.

## 3.6. Asignación determinista y probabilística de duraciones de las tareas

En la mayoría de los casos la asignación de las duraciones sobre las tareas no puede establecerse con exactitud ya que dependen de circunstancias aleatorias o imprevistas durante su ejecución.

El método de la ruta crítica (CPM) asigna las duraciones de tareas de forma determinista.

Nota

Asignar duraciones de tareas de forma determinista es considerar qué tiempos de las actividades se conocen y se pueden modificar dependiendo de la cantidad de recursos utilizados.

El método PERT asigna las duraciones de las tareas de forma probabilística, realizando tres estimaciones de tiempo distintas:

- **Estimación optimista ($E_o$)** = es el tiempo mínimo en que podría ejecutarse la actividad i si no surgiera ningún contratiempo.
- **Estimación más probable o también llamada modal ($E_m$)** = es el tiempo que se empleará en ejecutar la actividad i en condiciones normales.
- **Estimación pesimista (Ep)** = es el tiempo máximo de ejecución de la actividad i si las circunstancias son muy desfavorables.

## 3.7. Cálculo de tiempos

Una vez realizado el grafo correspondiente al proyecto de implantación de red telemática y asignados los tiempos de ejecución para cada una de las actividades, lo siguiente que es calcular dos parámetros para cada suceso.

Definiendo **i** al suceso inicial de una actividad a y definiendo j al suceso final, la siguiente figura representa ambos sucesos y el paso de uno a otro mediante la actividad a durante un tiempo $t_e$:

**Representación de una actividad A durante un tiempo $t_e$**

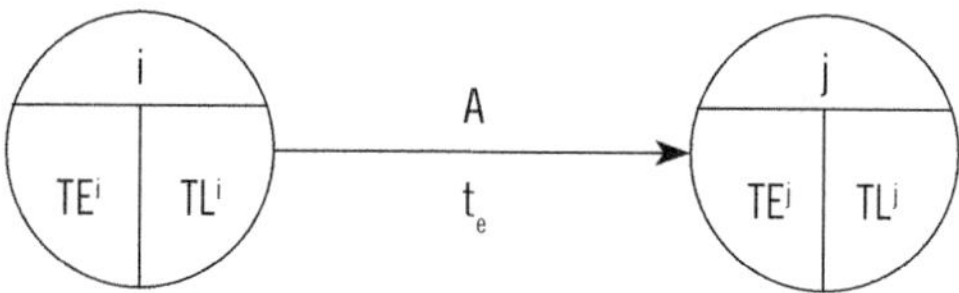


Definiendo t como el tiempo PERT de una actividad (i,j):

Se define EET (*earliest even time:* más pronto posible) como tiempo más pronto posible de un suceso j. El EET del suceso inicial es cero pero para el resto de los sucesos EET se calcula de la siguiente manera:

- Se seleccionan todas las actividades que llegan al suceso.
- Para cada actividad que entra se suma la duración de la actividad y el tiempo EET de su suceso inicial.
- Se selecciona el EET más alto que se haya obtenido.

$$t_j = \max [t_i + t_{ij}] \ \forall \ I$$

Siendo:

- $t_j$ el valor del tiempo más pronto posible.
- max es el valor máximo sobre el conjunto de tiempos obtenidos.
- $t_i$ el valor más pronto posible del suceso o sucesos iniciales.
- $t_{ij}$ es la duración de cada actividad.
- $\forall$ I indica matemáticamente para todas las actividades que llegan al suceso.

Se define LET (*latest even time:* más tarde permisible) como el tiempo más tarde permisible de un suceso i. El suceso fin del proyecto tiene LET igual a EET, pero para el resto de sucesos se aplican las siguientes reglas:

- Se consideran todas las actividades que salen del suceso.
- Se resta al LET del suceso final la duración de cada actividad.
- Se selecciona el menor LET que se haya obtenido.

$$ti^* = \min [t_j^* - t_{ij}] \ \forall \ j$$

Siendo:

- $ti^*$ el resultado del tiempo más tarde permisible.
- min el valor mínimo obtenido de las restas entre la duración de la actividad con el tiempo más tarde permisible del suceso final.
- $t_j^*$ es el valor LET del suceso final.
- $t_{ij}$ es la duración de cada actividad.
- $\forall$ j indica matemáticamente para todas las actividades del suceso.

## Ejemplo

Se van a calcular los tiempos EET y LET para la siguiente red de actividades indicando los cálculos de dichos tiempos obtenidos en la correspondiente tabla para cada una de las actividades:

CÁLCULO DE TIEMPOS EARL Y LAST

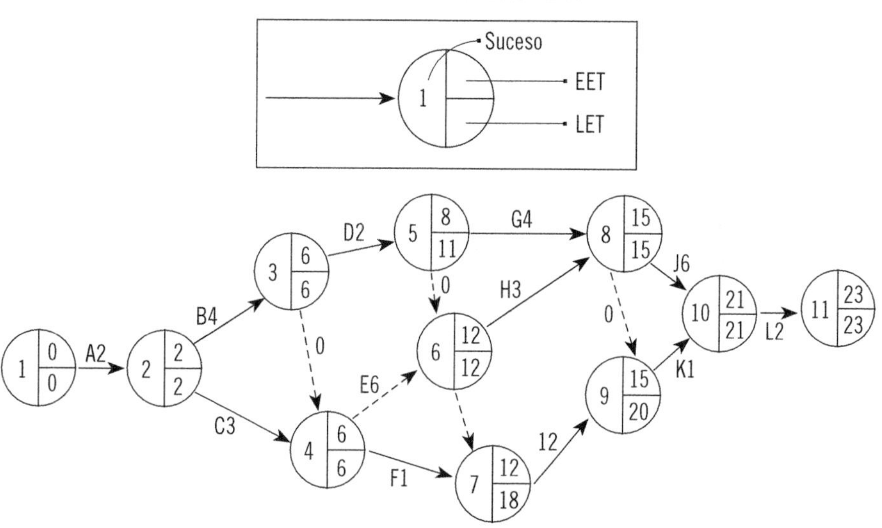


| ACTIVIDAD | EET | LET |
|---|---|---|
| 1 | 0 | min (2-2) = 0 |
| 2 | max (0+2) = 2 | min (6-3 ; 6-4) = 2 |
| 3 | max (2+4) = 6 | min (11-2 ; 6-0) = 6 |
| 4 | max (2+3 ; 6+0) = 6 | min (18-1; 12-6) = 6 |
| 5 | max (6+2) = 8 | min (15-4 ; 12-0) = 11 |
| 6 | max (8+0 ; 6+6) = 12 | min (18-0 ; 15-3) = 12 |
| 7 | max (12+0 ; 6+1) = 12 | min (20-2) = 18 |
| 8 | max (8+4 ; 12+3) = 15 | min (21-6 ; 20-0) = 15 |
| 9 | max (12+2 ; 15+0) = 15 | min (21-1 ; 15-0) = 20 |
| 10 | max (15+6 ; 15+1) = 21 | min (23-2) = 21 |
| 11 | max (21+2) = 23 | Igual a tiempo EET 23 |

## 3.8. Cálculo de holguras y camino crítico

Una vez se haya construido el grafo sobre las actividades que componen el proyecto, se deben asignar los tiempos de ejecución a cada una de las actividades. Para ello se deben calcular los parámetros correspondientes a cada suceso del proyecto con los tiempos EET y LET de cada actividad.

Los tiempos EET y LET constituyen la base para el realizar el cálculo de holguras, siendo estas la pieza fundamental para llevar a cabo el análisis del método de PERT.

**Holgura de un suceso i** (Hi) es la diferencia entre los tiempos EET y LET del suceso e indica el tiempo que puede retrasarse un suceso sin provocar un retraso en la duración del proyecto.

$$H_I = t_i^* - t_j$$

Siendo $H_I$ la holgura de un suceso determinado y calculada como la resta entre los tiempos LET ($t_i^*$) y el tiempo EET ($t_i$).

**Holgura total de una actividad** es el tiempo que puede retrasarse una actividad con respecto al tiempo previsto sin que provoque un retraso en la duración del proyecto y se define como el tiempo resultante de restar el tiempo LET del suceso final del EET del suceso inicial y la duración de la actividad.

$$H_{IJ}^T = t_j^* - t_i - t_{ij}$$

Nota

La holgura total indica el número de unidades de tiempo que puede demorarse la realización de una actividad concreta con respecto al tiempo previsto de forma que la duración del proyecto no se retrase.

Se denomina **margen** de una actividad al exceso de tiempo que se dispone para realizar la actividad sobre la previsión en el tiempo de ejecución de dicha actividad.

Se denominan **actividades críticas** a las actividades cuya holgura total sea cero, denominando el camino que forman como **camino crítico.** Cualquier retraso en la realización de las actividades críticas provocará un retraso en el tiempo de finalización del proyecto.

La longitud máxima que va desde el vértice que representa el suceso de inicio del proyecto al vértice que representa el suceso fin de proyecto es el camino crítico. En el caso de que dentro de un proyecto existieran varios caminos críticos se pueden aplicar criterios estadísticos estableciendo distintos índices críticos.

**Ejemplo**

En este ejemplo se va a construir la red PERT/CPM para las actividades y los tiempos representados en la siguiente tabla:

| Activ. | Predecesor | T. Optimista (Semanas) To | T. Probable (Semanas) Tm | T. Pesimista (Semanas) Tp | Tiempo Esperado (Semanas) TE |
|---|---|---|---|---|---|
| A | --- | 2 | 4 | 6 | 4 |
| B | A | 1 | 2 | 3 | 2 |
| C | A | 2 | 3 | 4 | 3 |
| D | A | 0,5 | 1 | 1,5 | 1 |
| E | B,C | 4 | 5 | 6 | 5 |

Con los datos de tiempos optimistas ($T_o$), tiempo probable ($T_m$) y tiempo pesimista ($T_p$) se puede calcular el tiempo esperado para cada actividad representado en la última columna y que es obtenido de la siguiente fórmula:

$$\frac{TE(T_o = 4T_m + T_p)}{6}$$

La red de actividades y sus correspondientes tiempos esperados quedarían de la siguiente forma:

**Diagrama de red de actividades**

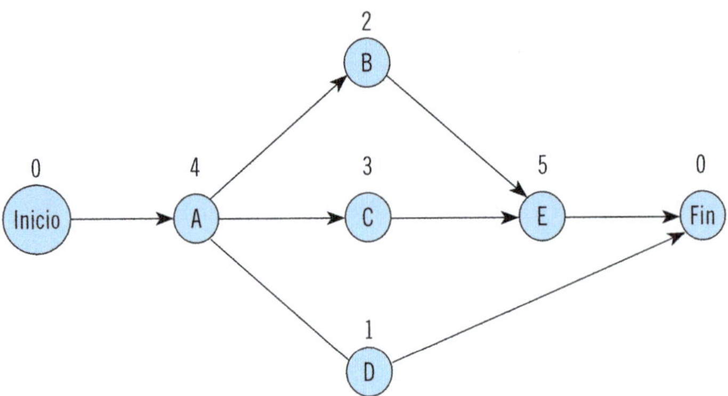

Para hallar la ruta crítica se debe calcular para cada actividad los cuatro tiempos:

- ES = tiempo de inicio más temprano.
- EF = tiempo de terminación más temprano.
- LS = tiempo de inicio lejano.
- LF = tiempo de terminación lejano.

**Representación de una actividad y sus cuatro tiempos correspondientes**

En la actividad A, su ES sería el EF de la actividad de INICIO como se muestra en la siguiente imagen:

**Cálculo del tiempo ES para una actividad**

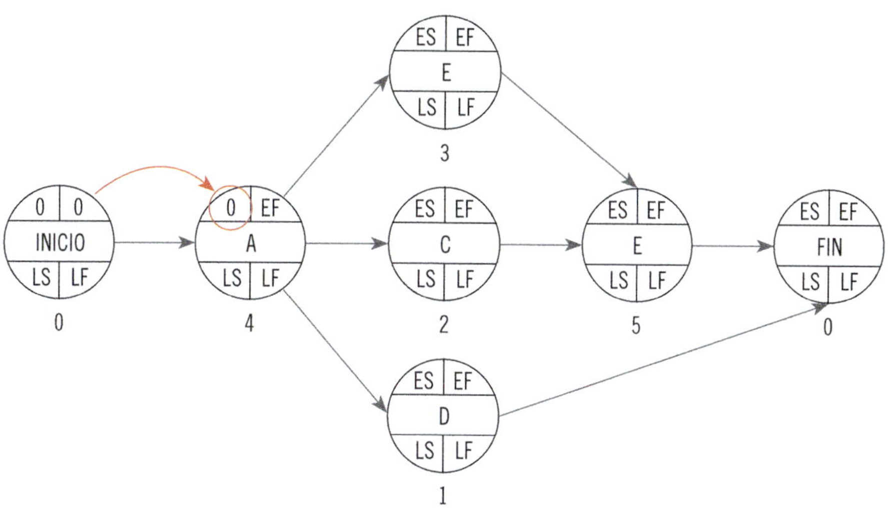

El EF de la actividad A se halla sumando su ES y la duración de su actividad, así sucesivamente para el resto de actividades:

**Cálculo del tiempo EF para una actividad**

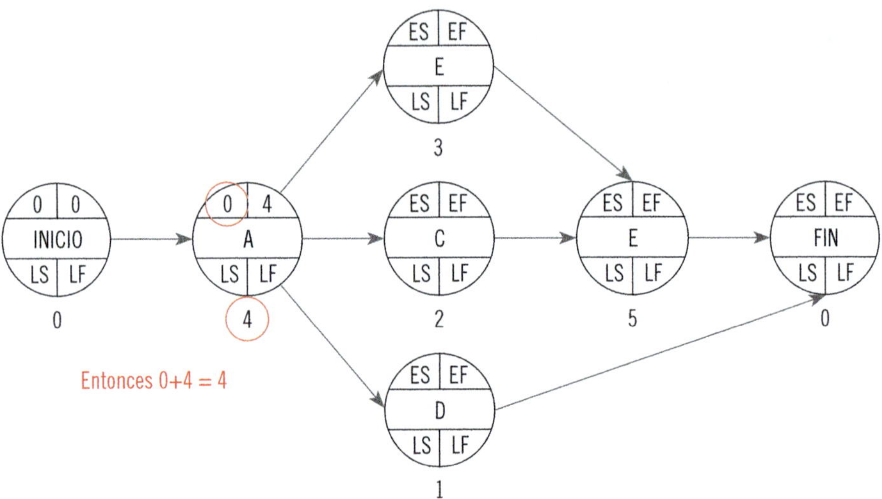


Para el caso del ES de la actividad E se selecciona el mayor EF de las actividades B y C, siendo el mayor de ellos EF = 7 de la actividad C. Finalmente, la red quedaría de la siguiente forma:

**Cálculo del tiempo ES y EF para una actividad**

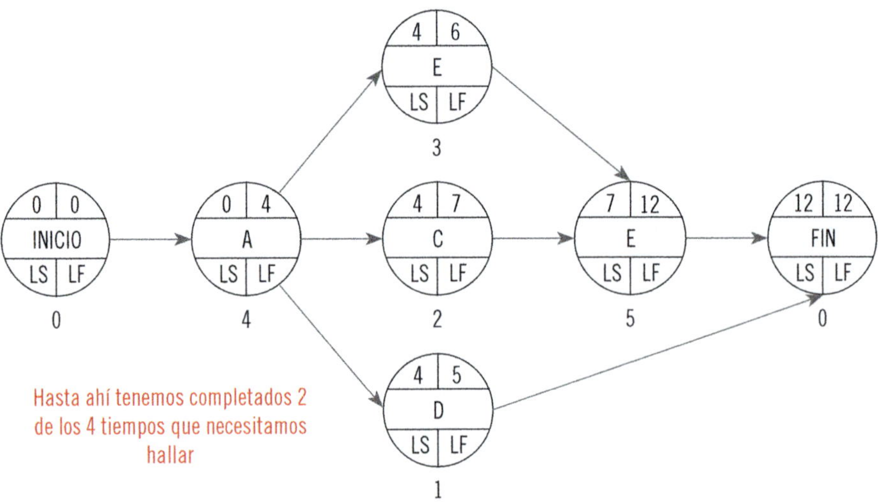

Para calcular LF y LS se recorre la red desde el final hasta el inicio, siendo LF el tiempo más bajo de las actividades próximas, convirtiéndose el EF de la actividad ficticia FIN en LF, solo esta primera vez. El tiempo LS es la resta entre LF y la duración de la actividad como se muestra en las siguientes imágenes:

**Cálculo del tiempo LF para una actividad**

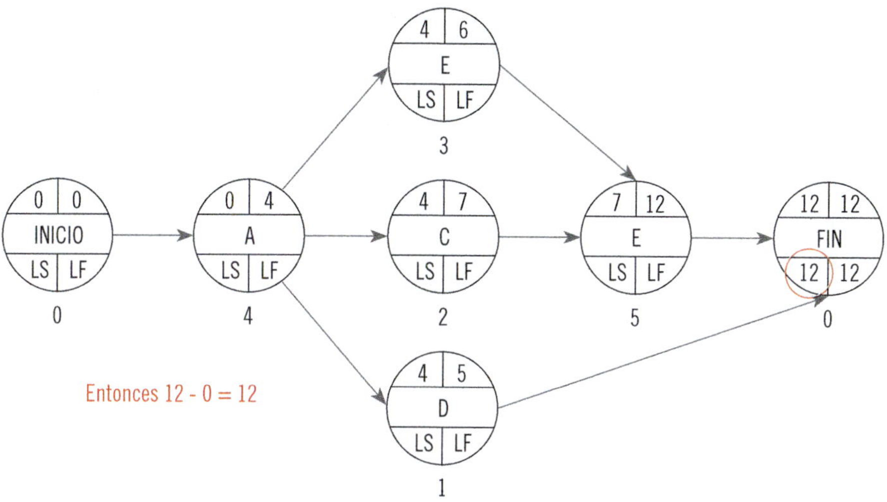


Para la actividad E, su LF será el LS = 12 de la actividad FIN. El tiempo LS de la actividad E sería 12 – 5 = 7.

**Cálculo del tiempo LS y LF de la actividad E del diagrama**

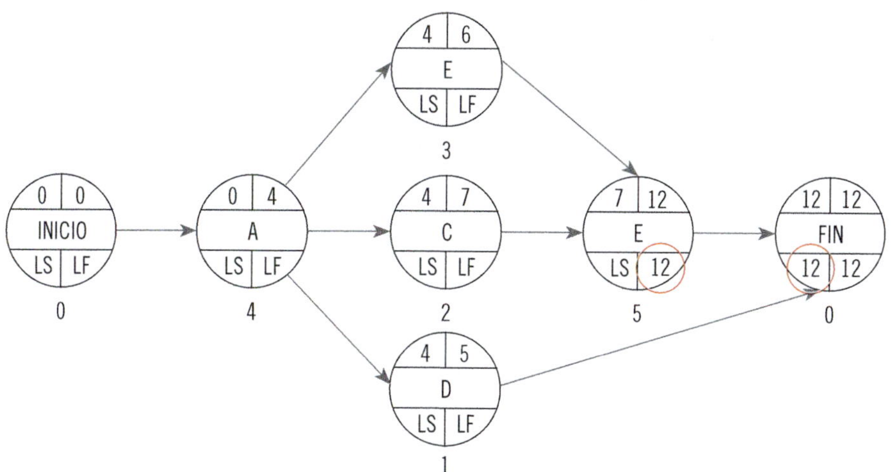

De igual forma se realiza el mismo cálculo para las siguientes actividades donde finalmente la red quedaría de la siguiente manera:

**Cálculo del tiempo LS y LF para todas las actividades de la red**

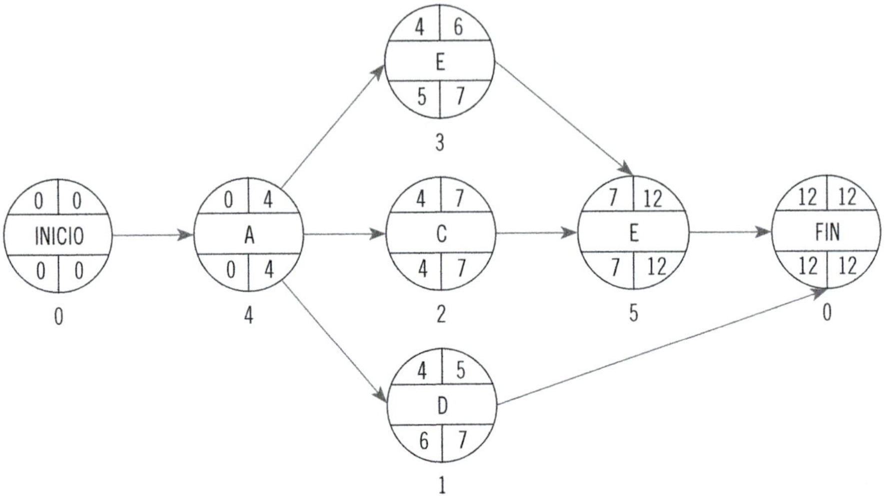


Por último, se halla la ruta crítica que viene dada por la resta entre los valores de LS y ES de cada actividad, dando como resultado la holgura de cada actividad y considerando la ruta crítica aquellas actividades con holgura = 0; en este caso las actividades de INICIO, A, C, E y FIN señaladas en la siguiente imagen:

**Resultado final de los tiempos y la ruta crítica sobre las actividades**

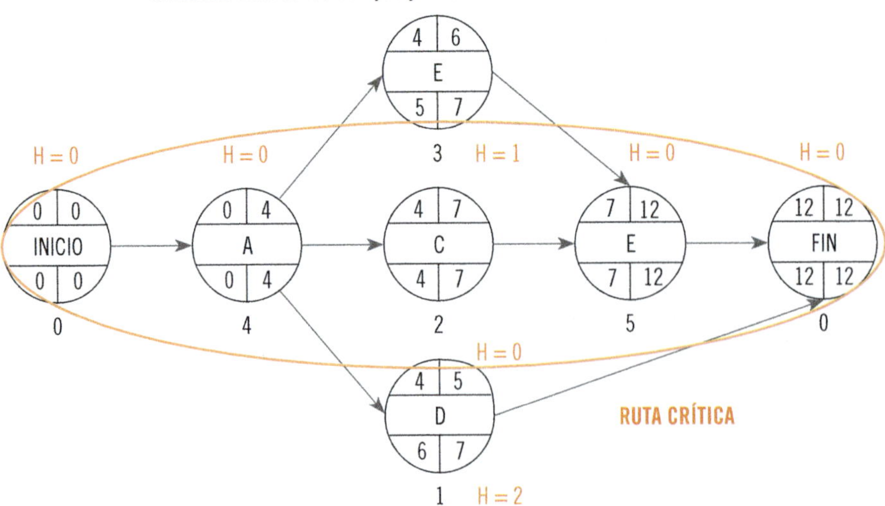

## 3.9. Calendario de ejecución

Para elaborar el calendario de ejecución del proyecto se establecen cuatro fechas para cada una de las actividades que componen el proyecto, las cuales se muestran a continuación:

- Fecha de comienzo más temprana: $\Delta ij = ti$.
- Fecha de comienzo más tardía: $\Delta^* ij = ti + HTij = t^*j - tij$.
- Fecha de finalización más temprana: $\nabla ij = ti + tij$.
- Fecha de finalización más tardía: $\nabla^* ij = t^*j$.

Siendo la nomenclatura de las expresiones matemáticas la siguiente:

- $t_i$ = tiempo LET del suceso final.
- $H^T_{ij}$ = holgura total de la actividad.
- $t^*_j$ = tiempo EET del suceso inicial.
- $t_{ij}$ = duración de la actividad.

Todas las fórmulas mostradas anteriormente coinciden en el caso de las actividades críticas.

Se define **holgura total** de una actividad como la diferencia entre las fechas de comienzo más tardía y más temprana e igualmente a la diferencia entre las fechas de finalización más tardía y más temprana como se muestra a continuación:

$$H^T_{ij} = \Delta^*_{ij} - \Delta_{ij} = \nabla^* ij - \nabla_i$$

## 3.10. Optimización de tiempos y costes

La duración de cada actividad que compone un proyecto dependerá de la asignación de recursos sobre ella para su ejecución. Estos recursos pueden homogeneizarse en función del coste expresado en unidades monetarias y, por tanto, variando los recursos (coste de actividad) se puede variar su duración.

La relación entre el coste y el tiempo se pueden representar mediante una gráfica en la que el eje de ordenadas representa el coste y en el de abscisas el tiempo, dibujando la curva representativa como se muestra a continuación:

**Curva representativa de la optimización de tiempo y costes**

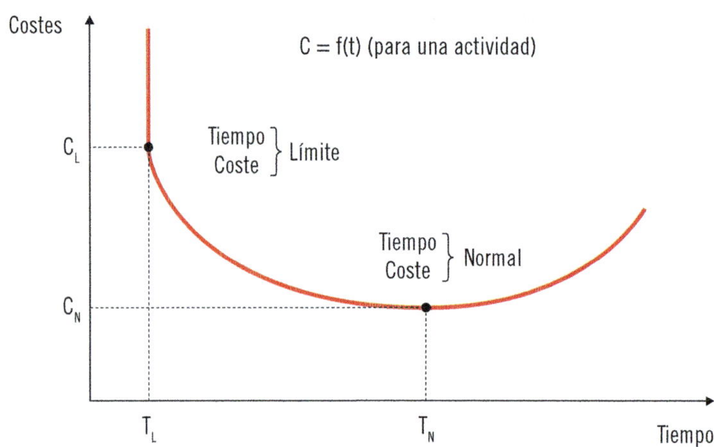

## Recuerde

Variando los recursos asignados a una actividad, es decir, variando el coste de la actividad, se puede variar la duración de dicha actividad.

### Gestión de plazos y costes

En la gestión de plazos y costes sobre las actividades siempre existirá un tiempo normal de ejecución para cada actividad, definiendo de la misma manera su coste normal. Si el plazo de tiempo se alarga, los costes normalmente también aumentan.

Es posible disminuir los plazos de ejecución de una actividad mediante el aumento del coste, basándose en el aumento de recursos que serán necesarios utilizar para producir una aceleración sobre la ejecución. Este proceso de aumento de recursos para la aceleración no puede ser indefinido ya que, a partir de un tiempo denominado **límite** que define la mínima duración de la actividad acelerada, no se conseguirá reducir el tiempo a pesar del aumento de recursos.

Si se desea reducir el tiempo de ejecución de una actividad, teniendo en cuenta que provoca un mayor coste, se puede actuar sobre las actividades que definen el camino crítico pasando de sus tiempos normales (TN) a los tiempos límites (TL), provocando una reducción de tiempo sobre el proyecto. Esta reducción afectará a otras actividades que pasarán a ser críticas y por el contrario puede haber actividades no críticas susceptibles de ser realizadas en tiempos más largos y con menor coste.

La reducción de tiempos de las actividades que componen el proyecto llevará hacia una solución de tiempo mínimo pero no con el menor coste posible sino con el mayor coste (CM) como se muestra en la siguiente gráfica:

**Curvas representativas de costes según la reducción de tiempo sobre las actividades**

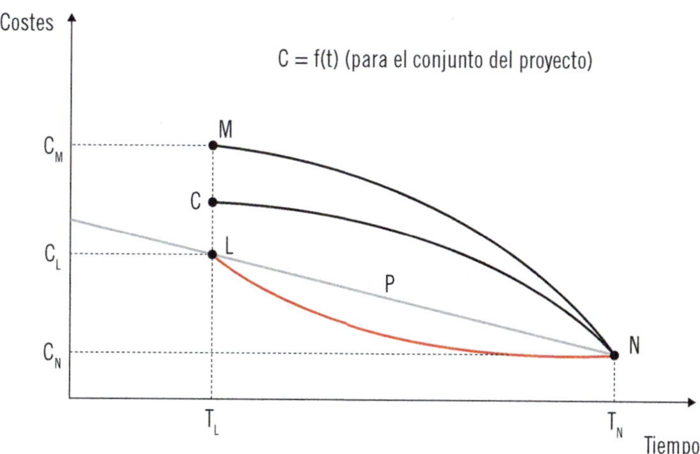

Para evitar el mayor coste es necesario reducir únicamente los tiempos de las actividades no críticas que pueden entrar en esa situación; por tanto, esto se traduce en moverse buscando el punto L a través de la curva NL.

La curva NL representa las soluciones óptimas, es decir, las soluciones con menor coste para un tiempo determinado. La curva NC representa el recorte sobre los tiempos únicamente e incrementando los costes de las actividades sobre el camino crítico.

Cuando las curvas de coste y tiempo son complejas y el proyecto contiene un gran número de actividades esto es inaplicable, mientras que en proyectos sencillos la selección de las actividades que conviene reducir para conseguir duraciones mínimas con el menor coste resulta más fácil.

### Importante

Definir el alcance del proyecto consiste en desarrollar la descripción detallada de los aspectos del proyecto y del producto que se desea conseguir, siendo esta descripción fundamental para el éxito final.

### Actividades

7. Realice un cuadro resumen que contenga los cuatro cálculos de tiempo para una actividad indicando la operación que se debe realizar.
8. ¿Qué significa holgura de un suceso? Indique la operación para obtener la holgura de una actividad.
9. Realice un esquema que resuma los pasos que deben seguirse para obtener los tiempos de las actividades representadas mediante grafos usando técnicas de PERT/CPM, la holgura de cada actividad y la definición de la ruta crítica.

## Aplicación práctica

Elabore el diagrama de red usando técnicas PERT/CPM y calcule los tiempos ES, EF, LS y LF según los valores de duración previstos que refleja la siguiente tabla para cada una de las actividades:

| ACTIVIDAD | PRECEDENTES | DURACIÓN |
|---|---|---|
| A | - | 3 |
| B | - | 5 |
| C | B | 3 |
| D | A, C | 4 |
| E | D | 8 |
| F | C | 2 |
| G | F | 4 |
| H | F | 2 |
| I | B | 5 |
| J | H, E, G | 3 |

Hay que recordar que los tiempos para el cálculo son los siguientes:

- ES = tiempo de inicio más temprano.
- EF = tiempo de terminación más temprano.
- LS = tiempo de inicio lejano.
- LF = tiempo de terminación lejano.

De manera que:

- EF = Duración + ES.
- LS = LF – duración.
- Holgura = LF – EF = LS – ES.

En el caso de que exista precedencia, el valor de EF será el mayor valor de EF de las actividades precedentes.

Continúa en página siguiente >>

<< Viene de página anterior

**Calcule todos los tiempos de cada actividad, elaborar una la tabla con los cálculos de tiempos para cada actividad, calcular las holguras, la ruta crítica y diseñar la red de actividades.**

**SOLUCIÓN**

La tabla de tiempos para cada actividad y la holgura de dichas actividades quedarían de la siguiente forma:

| ACTIVIDAD | PRECEDENTES | DURACIÓN | ES | EF | LS | LF | HOLGURA |
|---|---|---|---|---|---|---|---|
| A | - | 3 | 0 | 3 | 5 | 8 | 5 |
| B | - | 5 | 0 | 5 | 0 | 5 | 0 |
| C | B | 3 | 5 | 8 | 5 | 8 | 0 |
| D | A, C | 4 | 8 | 12 | 8 | 12 | 0 |
| E | D | 8 | 12 | 20 | 12 | 20 | 0 |
| F | C | 2 | 8 | 10 | 14 | 16 | 6 |
| G | F | 4 | 10 | 14 | 16 | 20 | 6 |
| H | F | 2 | 10 | 12 | 18 | 20 | 8 |
| I | B | 5 | 5 | 10 | 18 | 23 | 13 |
| J | H, E, G | 3 | 20 | 23 | 20 | 23 | 0 |

La ruta crítica viene determinada por las actividades de holgura = 0 y dada por las actividades B, C, D, E y J como se muestra en la siguiente red correspondiente a las actividades:

Continúa en página siguiente >>

<< Viene de página anterior

**Representación del diagrama de red para las actividades y su ruta crítica**

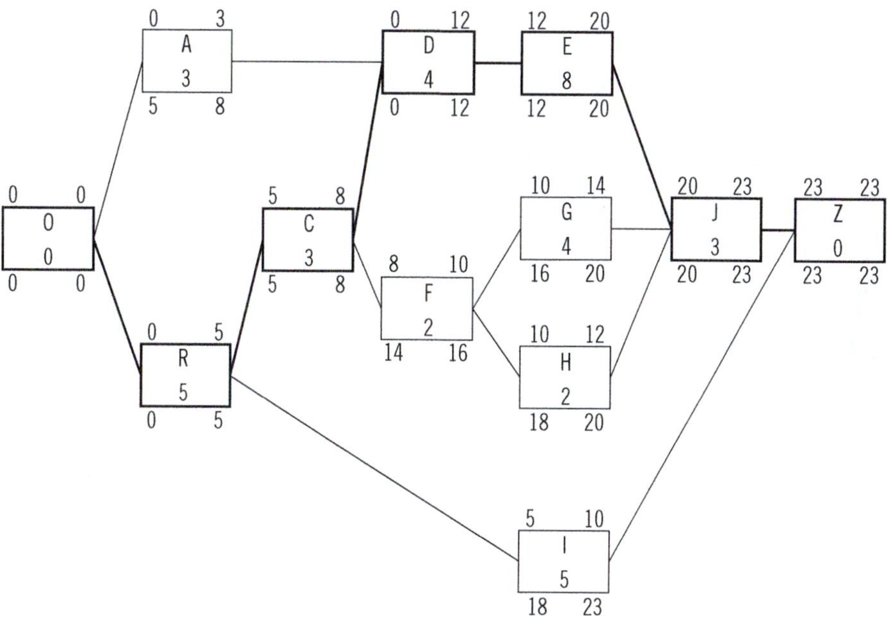


La ruta crítica completa vendría dada por 0, B, C, D, E, J y Z para un tiempo total del proyecto de 23 días.

---

## 4. Planificación de un proyecto de implantación de infraestructura de red telemática

Dentro de la gestión de un proyecto se encuentra la parte de planificación, donde se establece el orden secuencial de actividades que conforman el proyecto. Una vez establecido el orden secuencial de actividades, se realiza la cuantificación de recursos y tiempo necesarios para llevar a cabo las actividades requeridas para la ejecución y el desarrollo del proyecto.

Inicialmente se definen todas las tareas necesarias para establecer el alcance del proyecto de red telemática, después se determina la duración de cada tarea y se agrupan en la estructura de descomposición del trabajo (EDT). Posteriormente se establecen las dependencias entre dichas tareas y el camino crítico sobre las actividades que componen el proyecto de implantación de red telemática.

Con la planificación del proyecto se busca alcanzar un balance entre el uso de recursos y la duración total que permitan cumplir los objetivos requeridos. A partir de la planificación se puede medir el progreso en la ejecución de actividades durante la vida del proyecto.

### Importante

La planificación del proyecto no es una actividad que deba realizarse solamente al inicio, sino que debe ser actualizada constantemente a lo largo del mismo.

Para realizar el correcto diseño del proyecto para la implantación de una red telemática se van a seguir los siguientes pasos representando un guion general para dicha implantación:

1. Tener los conocimientos previos necesarios para realizar el proyecto de implantación de red telemática ya sean legales, técnicos, conocimientos en redes y análisis y diseño de sistemas.
2. Describir la solicitud de red:

   - Plantear el problema y las causas por las que se solicita la red.
   - Información necesaria sobre la implantación (planos, red telefónica, sistemas de seguridad y eléctricos, riesgos y ubicación).
   - Requisitos deseados por el cliente.

3. Análisis de la red que debe instalarse:

   - Determinar la topología lógica y física.
   - Definir el tipo de administración de la red.

- Estudio de previsión de tráfico de red.
- Dimensionado de la red, velocidad requerida, distancias entre los puntos y equipos de la instalación.
- Determinar enlaces físicos según las dimensiones y verificación de los enlaces.

4. Definir la red:

    - Seleccionar el equipamiento de conexión y usuario.
    - Determinar las alternativas posibles.
    - Relación coste/beneficio.
    - Evaluación de la contratación de terceros.
    - Diseño definitivo y elaboración de documentación.

5. Instalación de la red:

    - Planificación y programación de tareas:

        - Descomposición de tareas.
        - Secuenciación de tareas.
        - Estimación y asignación de duraciones y recursos.
        - Estimación de costes.
        - Programación usando técnicas de grafos (PERT Y CPM).

    - Instalación de la distribución de cableado, equipos de red y usuario.
    - Pruebas y verificación de red.
    - Documentación de la instalación.

6. Certificado de la red y mantenimiento.

Siguiendo estos pasos se ha establecido el guion que debe llevarse a cabo en la implantación de red telemática. En el punto número cinco se realiza la planificación del proyecto donde se realiza la descomposición de tareas, su secuenciación, así como la estimación de duración, recursos y costes necesarios para el proyecto.

### Importante

Para planificar el proyecto de implantación de red telemática debe establecerse un calendario de ejecución que recoja todas las actividades necesarias que lo componen.

### Nota

Si se producen desviaciones durante el control de plazos, deben analizarse sus causas y tomar las medidas oportunas para solucionarlo si procede.

### Actividades

10. Reflexione sobre el guion para instalar una red telemática representado anteriormente. ¿Cree que podría ser más completo? ¿Añadiría alguna actividad más?
11. Enumere los seis pasos que deben realizarse para diseñar una correcta planificación del proyecto de implantación de red telemática.

## 5. Descomposición en tareas

El éxito en la planificación y el control del proyecto depende de una definición correcta del ámbito, siendo el diagrama de descomposición de tareas una herramienta muy útil para ello. Mediante la estructura de descomposición de tareas se establece el diagrama organizativo que representa las actividades del proyecto, que a su vez es subdividido en elementos más pequeños hasta el nivel inferior donde aparecen los paquetes de trabajo.

La estructura de descomposición del trabajo (EDT) es una herramienta fundamental para la gestión de proyectos.

Se puede afirmar que el diagrama de descomposición de trabajo es un prerrequisito donde se une el proyecto global con la elaboración del método sobre el camino crítico.

## 5.1. Explicación de los objetivos del proceso de descomposición en tareas

El objetivo principal de la descomposición de tareas es organizar y definir el alcance del proyecto de forma jerárquica orientada al entregable para cumplir los objetivos del proyecto y crear los entregables necesarios.

Su forma jerárquica facilita la identificación de los elementos finales, los paquetes de trabajo, siendo esta descomposición de trabajo un elemento exhaustivo en cuanto a la definición del alcance del proyecto y utilizado como base para la planificación del proyecto sobre la implantación de la red telemática.

Todo el trabajo necesario que se realizará en la instalación de la red debe reflejarse en la descomposición de tareas de manera que en cada actividad que se ejecute se conozca su origen en una o más entradas para la estructura de descomposición.

El diagrama de descomposición elaborado deberá poner de manifiesto y definir el ámbito del proyecto y la responsabilidad de cada paquete de trabajo establecido. La estructura de descomposición deberá contemplar la organización de las actividades en el que cada nivel sucesivo representa la división del nivel superior establecido. Cada nivel de descenso representa un mayor detalle en cuanto a las descripciones de los elementos incluidos dentro de la estructura de descomposición.

Recuerde

El objetivo principal de la EDT es organizar y definir el alcance del proyecto jerárquicamente y orientado a entregables.

## 5.2. Descripción del proceso

Para representar la organización de las tareas requeridas dentro del proyecto de forma eficaz debe tenerse en cuenta que su característica principal es ser orientada a entregables o productos de trabajo, siendo estos el resultado del esfuerzo realizado y no del esfuerzo en sí.

De esta forma, para construir una EDT hay que tener muy claro el alcance sobre la implantación de red telemática, siendo definida la magnitud y la dimensión de la red en la declaración de alcance del proyecto.

La descomposición de tareas debe ser progresiva representando siempre el alcance completo del proyecto; por tanto, para elaborar la EDT se debe desglosar desde lo general a lo particular, siendo cada nivel el resultado de la integración del siguiente nivel.

El contexto y la dimensión de la red determinarán los niveles en cuanto al ancho y alto de la estructura EDT, cumpliendo siempre el alcance definido y asegurando la ejecución de las tareas para obtener los resultados esperados en la red telemática.

La forma más sencilla de abordar la definición de la EDT es revisando los objetivos del proyecto para la implantación de la red telemática que definirá un primer nivel de trabajo.

Otra forma recomendada consiste en orientar la descomposición o el desglose del trabajo según los entregables del proyecto, siendo estos entregables el resultado o la capacidad para generar un servicio único y verificable que debe ser producido para completar una fase, un proceso o el proyecto de implantación de la red telemática.

### Importante

La EDT documenta el alcance del proyecto pero no su plan de ejecución.

La distribución del trabajo puede incluir las fases de administración, iniciación, planificación, diseño de la red, su implantación, verificación y cierre del proyecto. Para comenzar se elabora una lista de actividades incluidas dentro del proyecto, y a partir de esta lista se categorizan y agrupan las actividades consideradas tareas mayores, formando el nivel 1 con una secuencia determinada. A partir de esta fase 1 se realizan las subdivisiones hasta llegar al último nivel donde se definen los paquetes de trabajo con el nivel de detalle para realizar el control necesario y requerido por el jefe de proyecto.

Las divisiones en diferentes niveles de trabajo dependerán de:

- El trabajo que se debe realizar según su complejidad de la red, dependiendo de sus necesidades y los requisitos deseados.
- El equipo de proyecto asociado al trabajo estableciendo la necesidad de obtener una salida asignada a un contratista o a parte del equipo de trabajo que tiene un coste específico dentro del proyecto de implantación de la red telemática.
- La tarea o tareas definidas como críticas porque es la entrada a otras tareas o porque su salida depende de la continuación sobre la ejecución de la implantación de red deberían ser definidas como paquetes de trabajo.
- La estructura de instalación de la red, los servicios o los entregables dentro del proyecto, donde los niveles de la EDT incluirán los componentes necesarios para la implantación final.

El proceso de descomposición EDT debe facilitar el entendimiento del trabajo que es necesario realizar en el proyecto de implantación de red telemática, permitiendo una visión global del trabajo y una buena definición de su alcance.

Actividades

12. Realice un resumen sobre el proceso de descomposición del trabajo.
13. ¿De qué dependen las divisiones en diferentes niveles de trabajo a la hora de realizar la descomposición del trabajo correspondiente al proyecto?

## 5.3. Identificación de técnicas de análisis de tareas

Las técnicas para el análisis de tareas proporcionan el entendimiento sobre el sistema de red telemática y los flujos de información necesarios para todo usuario operativo dentro del proyecto.

El proceso de descomposición se divide en dos partes:

- La descomposición de tareas a alto nivel, dividiendo las tareas mayores en subtareas.
- Diagrama de flujo de tareas donde las tareas específicas se dividen en pasos básicos.

Nota

El análisis sobre el flujo de tareas proporcionará la documentación acerca de los detalles sobre las tareas específicas del proyecto de implantación de red telemática así como cualquier tipo de problema relacionado con la instalación.

Para realizar la descomposición de tareas se pueden emplear técnicas como las tablas de decisión, los diagramas de conectividad, los diagramas de flujo de decisiones y los diagramas de barras que sirven como herramientas en las distintas fases del proyecto.

### Tablas de decisión

La tabla de decisión es una herramienta que permite sintetizar los procesos en los cuales se establece un conjunto de condiciones y acciones que deben llevarse a cabo.

La tabla de decisión se puede definir como la representación gráfica de una matriz de filas y columnas separadas en cuatro cuadrantes que indican las condiciones y las acciones. Habitualmente se suelen utilizar tablas de decisiones cuando existen muchas combinaciones.

Las tablas de decisión son una técnica de aplicación para el diseño de sistemas en su documentación y como medio de comunicación y programación. La estructura de una tabla de decisión es la siguiente:

- **Identificación de condiciones:** donde se indican las condiciones más relevantes. Se detalla una condición por renglón.
- **Entradas de condiciones:** indica el valor (si lo hay) que se debe asociar a una determinada condición. Se indican los valores de las condiciones indicadas en la primera sección.
- **Identificación de acciones:** lista del conjunto de pasos que se deben llevar a cabo cuando se presenta una determinada condición y el orden de ejecución.
- **Entradas de acciones:** muestran las acciones específicas del conjunto cuando determinadas condiciones son verdaderas.

Para construir la tabla se debe determinar el máximo de la tabla y posteriormente eliminar cualquier situación no posible y las redundancias hasta simplificarla lo máximo posible siguiendo los siguientes pasos:

1. Determinar las condiciones.
2. Determinar las acciones posibles.

3. Determinar las alternativas para cada condición. Existen dos tipos diferentes de tablas:

   - Tablas limitadas: solo dos alternativas posibles (sí/no, verdadero/falso).
   - Tablas extendidas: para cada condición existen varias alternativas.

4. Calcular el máximo de columnas en la tabla de decisión, multiplicando el número de alternativas de cada condición.
5. Elaborar la tabla de cuatro cuadrantes.

| Condición | Reglas de decisión |
|---|---|
| Identificación de condiciones | Entradas de acciones |
| Identificación de acciones | Entradas de condiciones |

6. Determinar las reglas de la tabla de decisión y completar las alternativas.
7. Completar la tabla con una X en todas las acciones que deben ejecutarse con cada regla.

| Condiciones | Reglas | | | | | | | |
|---|---|---|---|---|---|---|---|---|
| Condición 1 | S | S | S | S | N | N | N | N |
| Condición 2 | S | S | N | N | S | S | N | N |
| Condición 3 | S | N | S | N | S | N | S | N |
| Acción 1 | X | X | | | | | | |
| Acción 2 | | | | X | | X | | X |
| Acción 3 | | | X | | | | X | |
| Acción 4 | | | | | X | | | |

8. Combinar aquellas reglas en las que aparecen alternativas de condiciones que no influyen en el conjunto de acciones.
9. Verificar la tabla y eliminar redundancia.
10. Reordenar las condiciones si fuese necesario para mayor claridad.

**Acciones**

Distintos comportamientos que se asumirán en función de los valores tomados por las condiciones.

### Diagrama de conectividad

Un diagrama de conectividad consiste en trazar las líneas que unen los flujos de entrada para formar los flujos de salida. Cada tarea tiene una conexión establecida con otra tarea dentro del proyecto, representando de esta forma la secuenciación sobre la descomposición del conjunto de tareas establecido.

La unión entre tareas representa secuencialmente lo establecido para llevar a cabo su ejecución durante el proyecto, reflejando un determinado orden en las actividades del proyecto.

Con la elaboración del diagrama de conectividad se pretende que el nivel de detalle sea máximo y que esté enfocado en los detalles del proceso, es decir, en todas las actividades que deben ejecutarse para alcanzar los objetivos exigidos sobre la implantación de red telemática.

En el diagrama solo se muestran las tareas detalladas y la conexión entre ellas, pero no quién realiza estas tareas.

Para elaborar el diagrama de conectividad primero deberán identificarse todas las actividades necesarias en el proyecto, así como sus entradas y salidas para de esta forma establecer la secuencia de ejecución en las actividades.

A continuación se muestra un ejemplo sobre la estructura de un diagrama de conectividad para la ejecución de seis tareas estableciendo su secuencia:

**Diagrama de conectividad entre tareas**

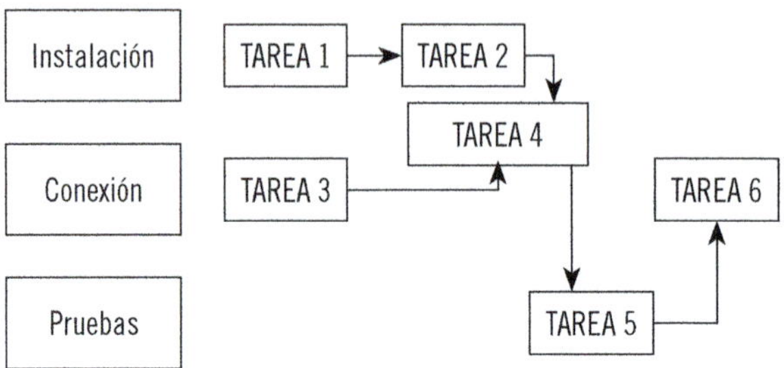

## Aplicación práctica

**Elabore el diagrama de conectividad para las actividades incluidas en la implantación de una red telemática, la cual está compuesta por las actividades que se muestran en la siguiente tabla:**

| Actividad | Tareas | Conectividad con tarea |
|---|---|---|
| **Diseño** | (1) Requisitos del sistema<br>(2) Planos de la red | ---- |
| **Implantación** | (3) Cableado estructurado<br>(4) Conexionado de equipos de red | Planos de red |
| **Configuración** | (5) Configuración de la red | Conexionado de equipos de red y cableado |
| **Pruebas** | (6) Verificación y pruebas de funcionamiento de la red<br>(7) Documentos de resultado de pruebas | Configuración de la red |
| **Documentación** | (8) Manuales e informes del proyecto | Pruebas de funcionamiento y documentos de resultado de pruebas |

Continúa en página siguiente >>

<< Viene de página anterior

**La tabla anterior indica que las actividades 3 y 4 correspondientes al cableado y conexionado de equipos están conectadas al diseño de los planos de red, lo cual es lógico ya que hasta que no se hayan diseñado los planos no se puede obtener la información gráfica de la distribución del cableado y el conexionado que se va a realizar para la red.**

**Lo mismo ocurre para las actividades 6 y 7 correspondientes a las pruebas y los documentos sobre el resultado de las pruebas con respecto a la configuración de la red (5), ya que una vez terminada la configuración se puede proceder a las pruebas de red. Previamente, la configuración de la red depende de la realización de las actividades 3 y 4.**

**De esta forma se representa la conectividad y la secuenciación entre las actividades mediante el diagrama de conectividad como se muestra a continuación:**

**Diagrama de conectividad entre actividades**

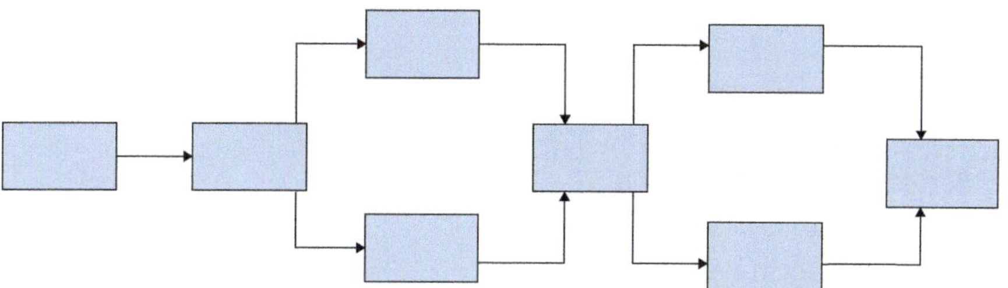

**A partir de este diagrama de conectividad, complete cada una de las actividades según la conectividad reflejada en la tabla anterior de manera que se mantenga la secuenciación establecida según el orden y el número de actividad del 1 al 8.**

**SOLUCIÓN**

Basándose en la conectividad y la secuenciación representadas en la tabla, el diagrama de conectividad de actividades quedaría de la siguiente forma:

**Diagrama completado de conectividad entre actividades**

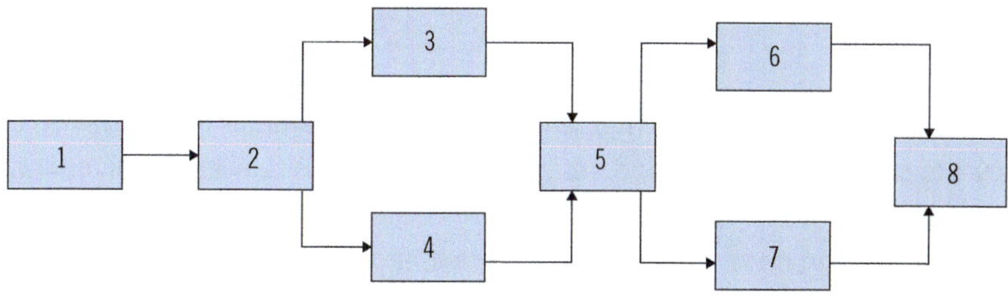


Continúa en página siguiente >>

<< Viene de página anterior

En el diagrama se muestra cómo las actividades 3 y 4 (cableado y conexionado) están directamente conectadas a la finalización de la actividad 2 (planos de red); y lo mismo ocurre para las actividades 6 y 7 conectadas a la actividad 5.

---

### Diagrama de flujo de decisiones

El diagrama de decisiones establece la estrategia en cuanto a la sucesión lógica con respecto al orden de las decisiones así como a la consideración de los elementos contextuales del proyecto. Las etapas de construcción de un diagrama de decisiones son:

1. Identificar los momentos de decisión.
2. Formular las preguntas.
3. Recopilar la información.
4. Establecer un diagrama provisional.
5. Comprobación del diagrama.
6. Establecer el diagrama definitivo.

Nota

Un diagrama de decisiones se apoya en la decisión según los objetivos establecidos, la localización, la recopilación y el tratamiento de la información correspondiente.

---

En esta elaboración habrá que tener en cuenta los recursos necesarios en el proyecto con respecto al tiempo, humanos y económicos. La ventaja en cuanto al uso de un diagrama de flujo de decisiones como herramienta en el proyecto es la clarificación de la estrategia que se va a llevar a cabo en su ejecución.

El diagrama hace visible todo el conjunto de opciones posibles para alcanzar los objetivos del sistema y las incidencias que hayan conducido a las distintas elecciones facilitando de esta forma el análisis de la estrategia. Los límites más relevantes para esta herramienta se presentan en la disponibilidad de la información y la incertidumbre sobre las casualidades.

En algunas ocasiones es necesario interpretar, con los riesgos de error que esto conlleva, especialmente cuando las decisiones pueden justificarse en la conjunción de varias causas.

A continuación, se muestra un ejemplo de un diagrama de decisiones con tres actividades y dos decisiones:

**Diagrama de flujo de decisiones**

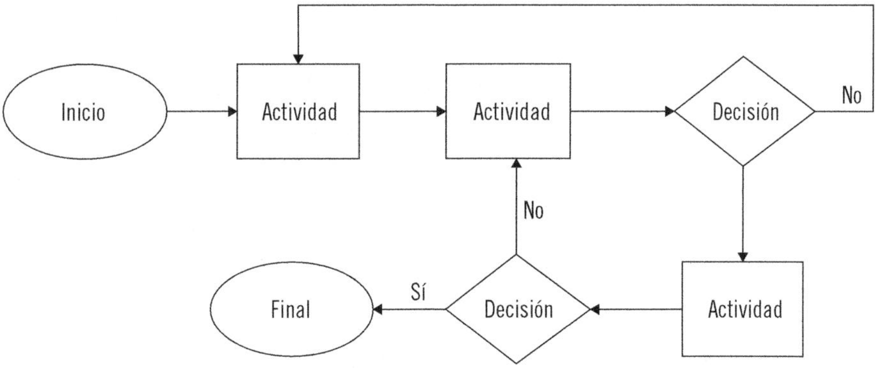

Inicio
Actividad
Actividad
Decisión
No
No
Final
Sí
Decisión
Actividad

### Diagrama de barras

El diagrama de barras es una representación gráfica donde se muestra la información relacionada con el tiempo sobre el desglose de tareas. En un diagrama de barras típico se muestra el listado de actividades en la parte izquierda, las fechas en la parte superior y las duraciones de las actividades se representan como barras horizontales dependiendo del tiempo. Este tipo de diagrama es el diagrama de Gantt.

El diagrama de barras, durante el proceso de desarrollo del proyecto, contiene la información del cronograma de tiempo para cada una de las actividades que deben realizarse durante el desarrollo del proyecto. A continuación se muestra un ejemplo del cronograma para dos fases de un proyecto y sus respectivas actividades:

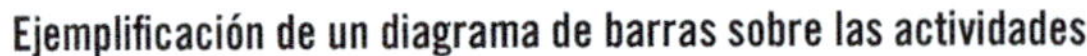

**Ejemplificación de un diagrama de barras sobre las actividades**

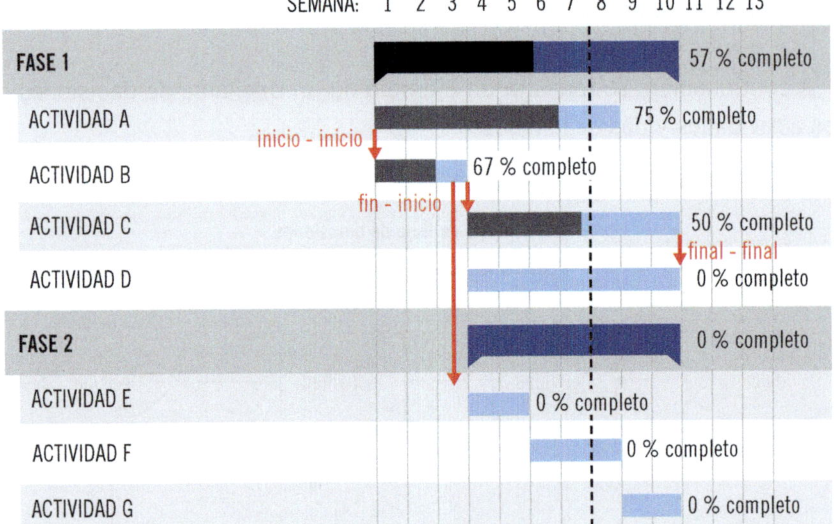


Este diagrama se puede utilizar para mostrar gráficamente los planes del proyecto, representando con una línea con flechas el inicio y el fin. La escala temporal utilizada puede ser por días, semanas, meses, trimestres o años, siempre en función de la duración y la dimensión del proyecto.

En cada una de las tareas representadas en el diagrama de barras se establece la fecha de inicio y la fecha de finalización de cada actividad. Las tareas deben ser ordenadas de arriba hacia abajo en función de la fecha de comienzo de las mismas. Las tareas se pueden colocar de forma secuencial o pueden colocarse de forma paralela cuando su realización es simultánea.

Cuando las tareas son secuenciales, la definición temporal se puede confeccionar utilizando las horas de inicio y finalización de las tareas de forma que una tarea precede a otra y siempre debe comenzar después de la anterior. A continuación se muestra un ejemplo donde se combina la ejecución simultánea de tareas (las dos barras en la parte superior) y la ejecución secuencial de precedencia (las dos barras inferiores) sobre dos actividades:

**Diagrama de barras que muestra el estado de ejecución de forma simultánea y la precedencia entre las actividades**

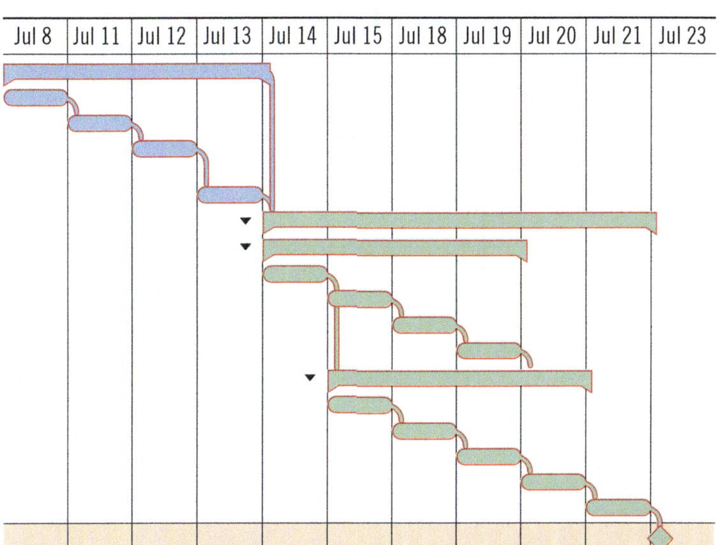


## Diagrama de flujo de trabajo

Este diagrama representa un ejemplo de cada una de las actividades que se deben realizar para una instalación de red. Se ha establecido una división de las actividades según las fases correspondientes y se ha representado el orden secuencial que debe cumplir la ejecución de cada actividad hasta finalizar el proceso, como se muestra en la siguiente imagen:

**Diagrama sobre el flujo de trabajo de una instalación de red**

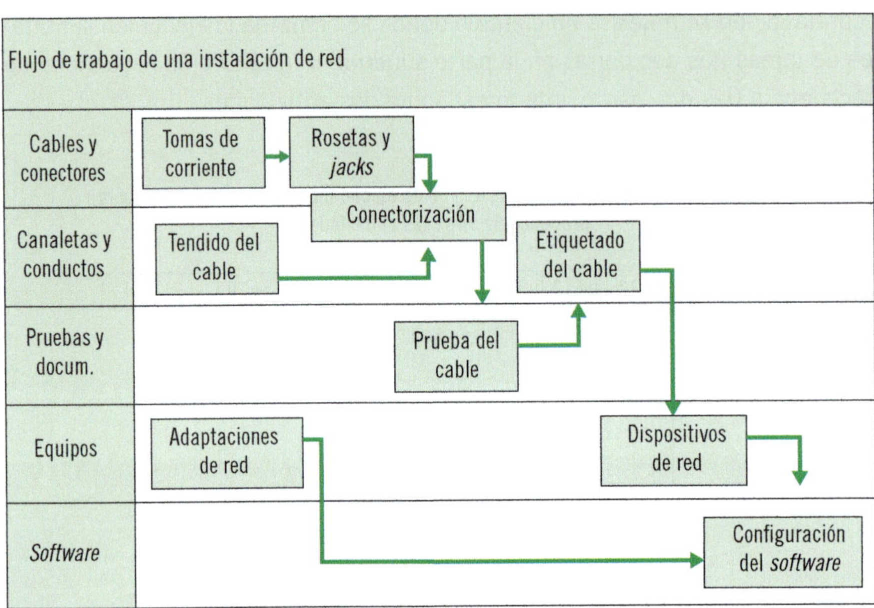

## Actividades

14. ¿Qué es una tabla de decisión? Indique los cuatro puntos que componen su estructura y en qué consiste cada punto.
15. Realice una búsqueda en internet sobre técnicas de análisis de documentos y sus correspondientes diagramas observando su composición y estructura.

## 5.4. Recomendaciones de buenas prácticas

Para realizar una correcta gestión del proyecto no se debe únicamente tener en cuenta la ejecución del trabajo y las actividades necesarias para su finalización, sino que debe realizarse una monitorización que permita asegurar que los resultados deseados y planificados para el proyecto sean cumplidos según lo establecido inicialmente.

Un buen método para realizar un desglose de actividades del proyecto es realizar una EDT lo suficientemente detallada. Una descomposición detallada de las actividades proporcionará una correcta definición sobre el alcance del proyecto. Por tanto, una buena medida práctica es considerar que la profundidad que debe alcanzar la descomposición de tareas es preguntarse si el nivel establecido permite definir claramente las variables de coste y tiempo correspondientes. En el caso de que no pueda determinarse en el nivel en el que se esté, se debe dividir aún más el desglose de tareas.

Como ya se indicó, se establece una serie de recomendaciones para realizar una correcta descomposición del trabajo. En la siguiente tabla se vuelven a mostrar las recomendaciones más importantes sobre la elaboración de una EDT a modo de recordatorio:

| **Recomendaciones para elaboración de una EDT** |
| --- |
| Una EDT no debe superar los 100 elementos terminales |
| La EDT deberá contener tres o cuatro niveles de profundidad |
| Cada nivel debe contener entre cinco y nueve elementos en su ancho |
| Utilizar un sistema de identificación de niveles basado en jerarquía |
| Ejemplo de código de identificación: nivel más alto (1, 2, 3);<br>nivel inferior (1.1, 1.2, 1.3) y así sucesivamente |

### Recuerde

Una buena medida práctica es considerar que la profundidad de la descomposición del trabajo que debe alcanzarse permita definir las variables de coste y tiempo.

Es conveniente tener en cuenta las siguientes recomendaciones prácticas a la hora de realizar la descomposición de tareas en el proyecto:

- Generar un mapa de usuarios indicando sus principales tareas y funciones.
- Identificar las personas que pueden proporcionar información sobre las tareas que se realizan, estableciendo reuniones para asegurar que todos los usuarios pueden ser incluidos en el análisis.
- Planificar sesiones de observación con el objetivo de conseguir una perspectiva sobre las tareas y los problemas que puedan surgir.
- Reunir la mayor cantidad posible y estructurarla de inmediato.
- Acudir a los usuarios para aclarar determinadas cuestiones durante la elaboración de la estructuración.

Para muchos, la EDT es una herramienta tan sencilla aparentemente que se menosprecia su realización y se prefiere centrar en la obtención de la estimación sobre los costes y el tiempo con estructuras diferentes que provocan confusión y conflictos. Para evitar problemas en la descomposición de las tareas sobre el proyecto se van a establecer las siguientes pautas:

- El objetivo debe estar especificado y claro.
- Cada entregable al cliente definido debe estar acotado en cuanto a su alcance.
- Se sugiere considerar características objetivas para que el cliente verifique que la documentación cumple con lo acordado.
- En la EDT se deben plasmar los esfuerzos de tiempo y coste para el cumplimiento del alcance exigido y acordado, así como los entregables específicos.
- Elaborar y generar la EDT con un orden claro, sin duplicidad o insuficiencia.
- La EDT no debe ser únicamente la gráfica sobre el desglose de tareas establecida al comienzo, sino que será el eje en forma de trabajo durante todo el desarrollo del proyecto.
- Coherencia en cuanto a la cantidad de documentos generados en las actividades, evitando actividades altamente documentadas y otras actividades con información nula.

Nota

Apoyándose en la EDT y en la documentación de cada paquete de trabajo se consigue un mayor equilibrio sobre las actividades que requieren mayor esfuerzo.

En función del objetivo establecido y el alcance requerido se sugiere hacer una matriz como la que se muestra a continuación donde se representa cada paquete de trabajo y sus respectivas actividades con la definición de un conjunto de preguntas que ayudarán a realizar un correcto desglose de tareas:

| Paquete 1 | ¿Existe documento para esta tarea? | Si existe, ¿cuál es? | Si no existe, ¿quién debe realizarlo? |
|---|---|---|---|
| 1.1 | | | |
| Actividad 1 | | | |
| Actividad 2 | | | |
| ... | | | |
| Actividad i | | | |
| 1.2 | | | |
| Actividad 1 | | | |
| Actividad 2 | | | |
| ... | | | |
| Actividad i | | | |

## 5.5. Ejemplificación de documentos modelo

En este apartado se van a mostrar algunos ejemplos sobre los documentos modelos para la descomposición y el desglose de las tareas en el proyecto de implantación de una red telemática. A continuación se muestran ejemplos sobre los diferentes modelos de documentos para la descomposición de las tareas:

- Diagrama de la estructura de descomposición del trabajo (EDT) para el proyecto de red telemática.
- Cronograma de entregables donde se definen los hitos establecidos durante la ejecución del proyecto y su correspondiente diagrama de barras.
- Lista de tareas donde se enumeran todas las tareas que se van a realizar en la implantación de red telemática.
- Ficha de descripción de tareas, más concretamente para la tarea de diseño de la red telemática indicando toda la información necesaria.
- Ficha del diccionario EDT donde se almacena la información correspondiente a los paquetes de trabajo definidos en el proyecto.

**EDT**

Para determinar el alcance del proyecto de implantación de una red telemática se ha realizado la descomposición de tareas mediante un diagrama que recoge todas las tareas que se van a llevar a cabo durante el proyecto. Para cada uno de los niveles más altos se muestran las subtareas de las que están compuestas y que son necesarias ejecutar para completar cada una de las fases, como se muestra en el siguiente diagrama:

**Diagrama de estructura de descomposición del trabajo para un proyecto de una red telemática**

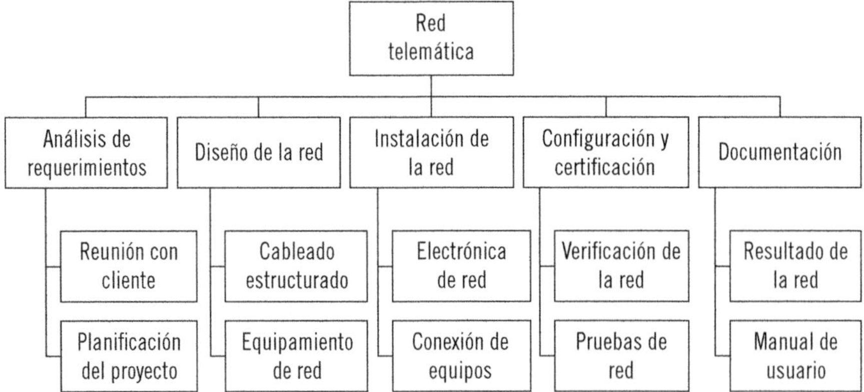

## Cronograma con entregables

Se han establecido cuatro hitos donde se elaborarán los entregables durante el desarrollo del proyecto. Por ejemplo, en la planificación se han definido las cuatro fechas a lo largo del desarrollo de la implantación de la red telemática donde se informa del estado del proyecto, proporcionando de esta manera la información necesaria sobre la ejecución de la instalación, como se muestra en la siguiente tabla:

| Entregable | Hito |
|---|---|
| [Entregable 1] | Diseño de la red |
| [Entregable 2] | Instalación del cableado |
| [Entregable 3] | Configuración y certificación |
| [Entregable 4] | Documentación de la red |

**Diagrama de barras cronológico y sus correspondientes hitos para un proyecto de instalación de redes**

| 5 may 26 | 20 may 26 | 5 jun 26 | 20 jun 26 | 5 jul 26 |
|---|---|---|---|---|

| **Análisis de requerimientos** |
|---|
| Reunión con el cliente |
| Planificación del proyecto |
| **Diseño de la red** |
| Diseño del cableado estructurado |
| Equipamiento de red |
| **Instalación del cableado** |
| Electrónica de red |
| Conexión de equipos |
| **Configuración y certificación** |
| Verificación de la red |
| Pruebas de funcionamiento de la red |
| **Documentación** |
| Análisis de resultados |
| Manual de usuario |

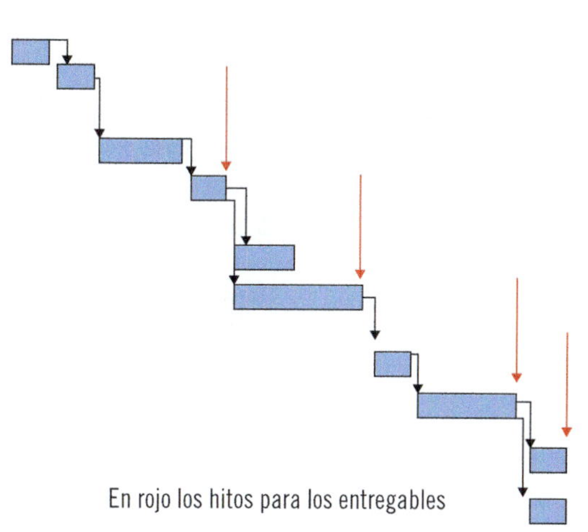

Anteriormente se presenta el diagrama de Gantt con el diagrama de barras cronológico donde se recogen todas las tareas necesarias para la implantación de la red telemática así como los cuatro hitos de entregables establecidos justo al finalizar el diseño de red, el conexionado de equipos, las pruebas realizadas y al final de la elaboración de la documentación.

**Lista de tareas**

El desglose de tareas que incluye el proyecto de red telemática se muestra en la lista de tareas donde se representan las cinco fases en las que se ha dividido el proyecto. En cada fase se indican las tareas que deben ser realizadas como se muestra en la siguiente lista:

**1. Análisis de requerimientos**

1.1. Reunión con el cliente
1.2. Planificación del proyecto

**2. Diseño de la red**

2.1. Diseño del cableado estructurado
2.2. Definición del equipamiento de red

**3. Instalación de red**

3.1. Electrónica de red necesaria
3.2. Conexión de equipos

**4. Configuración y certificación**

4.1. Verificación de la red
4.2. Pruebas de red

**5. Documentación**

5.2. Resultados de la red
5.3. Manual de usuario

## Descripción de una tarea

A continuación se muestra una ficha de tareas incluida dentro del desarrollo del proyecto. Esta ficha contiene toda la información correspondiente a la tarea de diseño de la red donde se indica su número, nombre, una breve descripción, el esfuerzo estimado, la fecha de inicio y fin, su entregable y la asignación del responsable de la tarea.

| Ficha de tarea | |
|---|---|
| **Número** | 2.1 |
| **Nombre** | Diseño del cableado estructurado |
| **Descripción** | Se realizará el diseño del cableado horizontal, vertical y de puesto de usuario cumpliendo las características y los requisitos impuestos sobre la red partiendo de la topología de red establecida con el objetivo de definir el sistema de cableado estructurado de la implantación telemática |
| **Esfuerzo estimado** | 2 semanas/hombre |
| **Fecha inicio** | 20/05/2014 |
| **Fecha fin** | 03/06/2014 |
| **Entregables** | Diseño de la red para el cableado estructurado y equipamiento |
| **Responsable** | Ingeniero de redes |

## Diccionario EDT

Para establecer un orden y una organización en cuanto a los entregables, se elabora un diccionario EDT donde se almacena toda la información para cada uno de los entregables del proyecto durante su ejecución.

Este diccionario EDT contiene todas las fichas de datos de cada entregable como su nombre, descripción, estimación de costes, el responsable encargado, la duración y las fechas de inicio y fin, como se muestra en la siguiente imagen:

| Diccionario de la Estructura Detallada de Trabajo (EDT) | | | | |
|---|---|---|---|---|
| Nivel del diccionario | Entregable | Si | Paquete de trabajo | Si |
| Información general | Id: | 1 | EDT # | Cableado |
| Nombre | Instalación del cableado estructurado. | | | |
| Descripción | Instalación del cableado horizontal, vertical y de puesto de usuario. | | | |
| Cómputos métricos: | 17 bobinas de cable UTP (305 m de cable en cada bobina) para un edificio de tres plantas con una superficie unitaria de 700 m² por planta. | | | |
| Estimación de costos: | Coste de bobinas de cable UTP 2.250 €.<br>Coste de equipos de canalización 11.430 €.<br>Coste de equipos de acceso 8.125 €.<br>Coste de equipos de distribución 55.300 €. | | | |
| Entradas: | Cable UTP.<br>Equipos de distribución y acceso.<br>Conectores RJ-45 puesto de usuario. | | | |
| Salidas: | Infraestructura instalada del cableado de red. | | | |
| Puntos de control: | Control en la distribución horizontal, vertical y en los puestos de usuario | | | |
| Responsable (s): | Roberto Pérez Huguet | | | |
| Personal requerido | 2 Técnicos de cableado. | | | |
| Subcontrataciones | No | | | |
| Estimación de la actividad | | | | |
| Trabajo | < 6 horas /día | Costo Final | 70.540 € | |
| Duración | 14 días | Fecha de inicio | 05/05/2026 | |
| | | Fecha finalización | 19/05/2026 | |

*Diccionario EDT para un proyecto de implantación de una red telemática*

## Actividades

16. ¿Cómo se puede saber si la descomposición del trabajo tiene una correcta profundidad y nivel de detalle?
17. Enumere las recomendaciones prácticas que deben establecerse para elaborar la descomposición de trabajo. ¿Son necesarias estas recomendaciones? Justifique la respuesta.
18. Realice un resumen sobre los documentos modelo de descomposición de tareas.

## 6. Secuenciación de tareas

Para realizar una correcta planificación y ejecución del proyecto de redes telemáticas debe establecerse el alcance mediante la definición de las actividades que lo componen, realizando la definición de las relaciones de dependencia entre cada una de ellas, la prioridad y el orden de ejecución para cada actividad.

Una vez se haya establecido el conjunto de actividades de las que constará el proyecto para cumplir los objetivos deseados, deben establecerse la secuenciación y la dependencia entre dichas actividades o tareas. Para definir estas dependencias es necesario conocer detalladamente todo el conjunto de actividades que componen el proyecto para conseguir el alcance establecido.

Para realizar la secuenciación se utilizarán técnicas como el diagrama de Gantt y las técnicas basadas en la teoría de grafos (PERT Y CPM). Mediante el diseño de las redes basadas en grafos se establecerán las dependencias entre actividades y las precedencias entre ellas.

Importante

La dependencia entre actividades se produce cuando una actividad requiere para su inicio la finalización de otra actividad.

### 6.1. Identificación y comparación de los distintos tipos de dependencia entre tareas: primarias, secundarias y externas

Se define como dependencia entre tareas a la relación entre dos tareas vinculadas por una dependencia entre sus fechas de inicio y final.

El proyecto estará compuesto por una lista de tareas ordenadas secuencialmente según el orden de ejecución que debe llevarse a cabo. La relación y el orden entre cada tarea serán establecidos según su dependencia en la fecha de comienzo y fin de cada actividad, manteniendo la secuenciación de ejecución.

Se pueden diferenciar tres tipos de dependencia entre tareas como son las primarias, las secundarias y las externas. A continuación se definen y comparan cada una de estas tres dependencias:

- **Dependencia primaria:** inherentes a la naturaleza de los trabajos, es decir, este tipo de dependencia es permanente en la actividad y no puede ser eliminada porque forma parte de su naturaleza y no depende de algo externo. Por tanto, la dependencia primaria en la secuenciación indica que existen tareas que por su dependencia natural fuerza la unión y la secuencia con una tarea determinada.

- **Dependencias secundarias:** establecidas por el equipo de proyecto, donde de forma razonable se establece la organización y la secuencia lógica de las actividades que componen el proyecto.
  Es importante resaltar que las dependencias secundarias se deben realizar con lógica para no introducir limitaciones ficticias en la duración del proyecto.
- **Dependencias externas:** legislación y licencias donde la dependencia de una actividad está directamente relacionada a permisos, aceptación y conformidad según las leyes y normativas vigentes establecidas así como las licencias de instalación o implantación en este caso de la red telemática.

A continuación, se muestra un cuadro comparativo entre los tres tipos de dependencia:

| | Dependencia de | Establecida por | Basada en |
|---|---|---|---|
| **Primaria** | Naturaleza del trabajo | Limitaciones del trabajo | No depender de algo externo |
| **Secundaria** | Ordenación y secuencia lógica | Grupo de proyecto | Lógica |
| **Externa** | Legislación y licencias | Organismos | Normativas y leyes |

Para realizar los procedimientos de secuenciación sobre las actividades del proyecto se utilizarán las técnicas basadas en la teoría de grafos CPM y PERT, así como en el diagrama de Gantt modificado. Los resultados de utilizar estas herramientas de secuenciación serán los siguientes:

- Diagrama de Gantt.
- Diagrama de red del proyecto.

- Actualización de las actividades y la estructura de descomposición del trabajo (EDT).
- Documento que describe la secuenciación y la descripción de las relaciones.

## 6.2. Identificación de los distintos tipos de relaciones de precedencia entre tareas

En la técnica basada en la teoría de grafos las actividades se representan mediante flechas desde un nodo hacia otro nodo, formando una red de actividades donde cada nodo representa un suceso. Por tanto, toda actividad tendrá un suceso, un inicio de actividad y un fin de la actividad como se muestra en la siguiente imagen:

**Representación de la actividad**

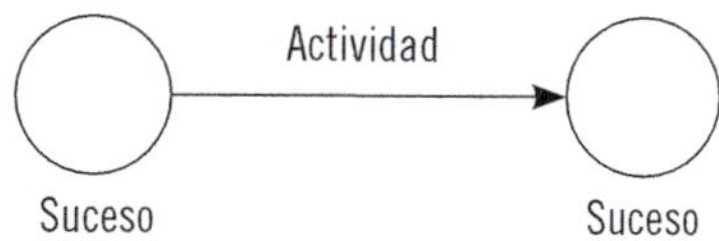


Un nodo al que solo llegan actividades representa un suceso de tipo terminación del proyecto mientras que si el nodo no tiene ninguna actividad entrante el suceso es de tipo comienzo del proyecto. De forma general, un nodo de la red representa el momento en el que finalizan todas las actividades que son entrantes a dicho nodo.

### Recuerde

La técnica basada en la teoría de grafos representa las actividades mediante flechas siempre desde un nodo hacia otro nodo.

Los tipos de relaciones de precedencia entre tareas se desarrollaron anteriormente en esta unidad. A continuación se muestra un cuadro resumen donde se representan los tipos de relaciones de precedencia que se pueden encontrar y su correspondiente ejemplo gráfico:

| Tipo de procedencia | Descripción | Ejemplo gráfico |
|---|---|---|
| **Lineal** | Para iniciar la actividad b, la actividad a tiene que haber finalizado | 1 —a→ 2 —b→ 3 |
| **Convergente** | Para iniciar la actividad d, es necesario haber finalizado las actividades a, b y c | 1 —a→ 4; 2 —b→ 4; 3 —c→ 4; 4 —d→ 5 |
| **Divergente** | Para iniciar las actividades b, c o d, es necesario haber finalizado la actividad a | 1 —a→ 2; 2 —b→ 3; 2 —c→ 4; 2 —d→ 5 |

Algunas veces es necesario incluir una actividad extra para definir una relación de precedencia que no ha sido reflejada por las actividades existentes, y para ello se introduce una actividad extra denominada **actividad ficticia** que no tiene correspondencia con ninguna actividad real. Esta actividad ficticia requiere tiempo cero de ejecución y se representa con una flecha en línea discontinua como se muestra a continuación:

**Representación de una actividad ficticia**

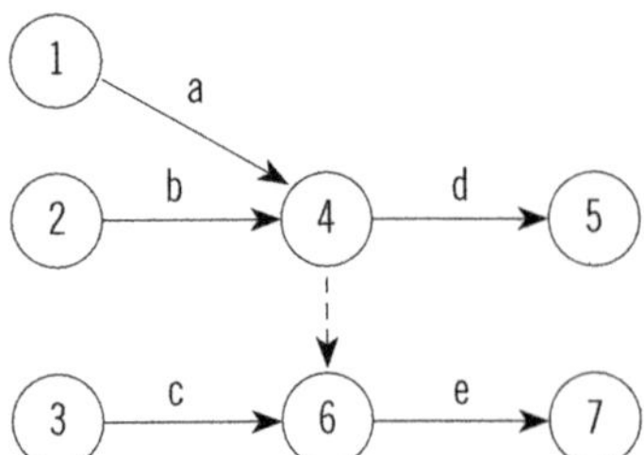

### 6.3. Definición del concepto "hito"

Un hito se define como una tarea de duración cero que representa la consecución de un logro o meta importante establecida dentro del proyecto para unas fechas de entrega concretas y compartidas con los demás miembros del grupo de proyecto. Los hitos proporcionan información sobre los avances llevados a cabo sobre el proyecto e indican de forma simbólica un logro, punto o momento importante del proyecto.

En el cronograma del proyecto de redes deben existir varios hitos en unas determinadas fechas estimadas, los cuales indican que se estima el cumplimiento de esas actividades en esas fechas concretas.

Cuando en un proyecto un hito es actualizado, automáticamente todas las fechas de entrega relacionadas con esa tarea son actualizadas, además de sincronizarse los calendarios de todos los miembros participantes en el proyecto.

El uso de hitos es recomendable en la planificación del proyecto ya que permite organizar el proyecto por etapas y realizar una mejor gestión del resultado final en base a los objetivos. Además, permite realizar el seguimiento de avance del proyecto, hacer revisiones periódicas y seguir el cronograma que permite finalizar el proyecto en los plazos previstos.

**Nota**

Cada hito tiene una fecha establecida y puede tener relacionada una o más tareas de las que consta el proyecto de implantación de red telemática.

Los hitos deben ser programados por el jefe de proyecto cuando se realiza la propuesta de dicho proyecto, señalando dentro de la descripción del proyecto los hitos o fechas que los miembros del equipo deben tener presentes.

En la siguiente imagen se muestra un ejemplo de representación de un hito (círculo rojo) sobre el cronograma de un proyecto en el que se puede observar que su asignación de duración es nula, tiene una fecha concreta y se establece en el fin de una etapa:

**Representación de un hilo sobre un cronograma**

| | | Nombre de tarea | Duración | Comienzo | may'26 L M X J V S | 08 may'26 D L M X J V S | 15 may'26 D L M X J V |
|---|---|---|---|---|---|---|---|
| 1 | | tarea 1 | 3 días | mié 11/05/26 | | | |
| 2 | | tarea 2 | 7 días | mié 11/05/26 | | | |
| 3 | | tarea 3 | 1 día | mié 11/05/26 | | | |
| 4 | | fin de la primera etapa | 0 días | mié 11/05/26 | | 11/05 | |
| | | | | | | | |
| | | | | | | | |
| | | | | | | | |

## Aplicación práctica

**Debe realizar la secuenciación de las siguientes seis tareas teniendo en cuenta sus tipos de precedencias a partir de la información contenida en la siguiente tabla:**

| ACTIVIDAD | TIPO DE PRECEDENCIA | PRECEDENCIA CON LA ACTIVIDAD: |
|---|---|---|
| INICIO | - | - |
| A | LINEAL | INICIO |
| B | CONVERGENTE | A |
| C | CONVERGENTE | A |
| D | LINEAL | B |
| E | LINEAL | C |
| F | DIVERGENTE | E, D |
| FIN | LINEAL | F |

Continúa en página siguiente >>

<< Viene de página anterior

**Dibuje el grafo que represente el diagrama de red de actividades estableciendo la secuenciación entre las tareas según la tabla anterior, dibujando el grafo para un tipo de precedencia lineal, convergente y divergente.**

**SOLUCIÓN**

A partir de las actividades reflejadas en la tabla y el tipo de precedencia existente entre cada una de ellas, se dibuja la red de secuenciación de actividades como se muestra a continuación:

**Grafo para el diagrama de red de actividades**

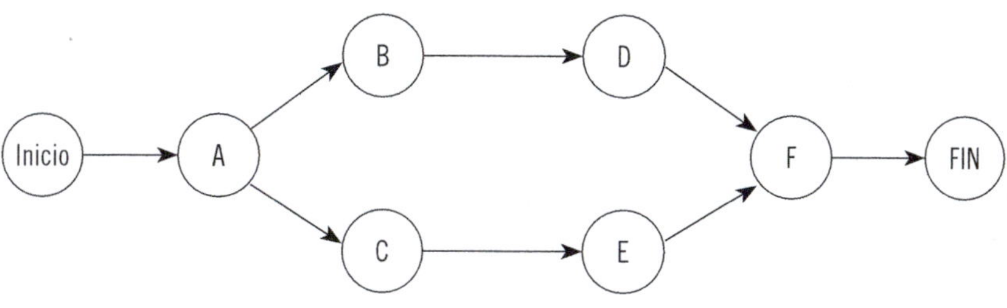


## 6.4. Descripción de distintas técnicas de secuenciación: diagrama de Gantt y técnicas basadas en la teoría de grafos: PERT (técnica de revisión y evaluación de programas) y CPM (método de la ruta crítica)

Para realizar la secuenciación de actividades de las que se compone el proyecto es necesario usar herramientas de secuenciación como por ejemplo el diagrama de Gantt y las técnicas basadas en la teoría de grafos (PERT y CPM). Estas técnicas servirán como ayuda a la hora de realizar la estructura, la organización y la secuenciación de todas las actividades del proyecto de manera que proporcionarán una información gráfica sobre el desarrollo.

A continuación se describen las técnicas de secuenciación correspondientes al diagrama de Gantt y a las técnicas PERT y CPM basadas en la teoría de grafos.

### Diagrama de Gantt

Una de las técnicas más sencillas para realizar la secuenciación de tareas es la técnica de los diagramas de barras, en los que destaca el diagrama de Gantt.

El diagrama de Gantt consiste en una representación gráfica en la que:

- A la izquierda, alineadas por filas, aparecen las actividades que debe realizarse.
- A la derecha, alineada por columnas, aparece la escala de tiempo establecida para la ejecución del proyecto.
- La duración de tiempo de cada actividad se representa mediante una línea o rectángulo situado en su correspondiente actividad y con una dimensión que depende de dicha duración.

El diagrama de Gantt es una técnica sencilla, intuitiva y muy representativa, pero presenta algunos defectos que provocan que su uso sea limitado, como en los siguientes casos:

- Representa una imagen estática del proyecto; una vez realizada la planificación no puede actualizarse durante su seguimiento, sino que hay de volver a construirlo.
- No es adecuado cuando el proyecto requiere de numerosas actividades; además, el diagrama de Gantt clásico solo considera tiempos, pero no el consumo de recursos.

### Técnica de revisión y evaluación de programas (PERT) y método de la ruta crítica (CPM)

El método de PERT tiene como objetivo optimizar el tiempo de ejecución del proyecto empleando grafos orientados que conforman la red de actividades, permitiendo visualizar las interrelaciones entre las actividades, su duración, sus fechas de inicio más temprana o tardía permisibles, definiendo de esta forma el conjunto de actividades al que se denomina **camino crítico.**

El objetivo de la técnica CPM es controlar la ejecución y optimizar los costes sobre las actividades de las que se compone el proyecto.

Los métodos de secuenciación de PERT y CPM tienen las siguientes características:

- Identifican las actividades y su duración específica.
- Permiten determinar su secuencia apropiada.
- Determinan el camino crítico y permiten actualizar según el progreso del proyecto.

Como se ha comentado al inicio del capítulo, los métodos de PERT y CPM son muy similares y están basados en la teoría de grafos, siendo la diferencia entre ellos la base para la estimación de los tiempos sobre las actividades. El método de PERT utiliza tres tiempos probabilísticos de estimación para cada tarea mientras que CPM ayudará a obtener el camino crítico sobre la red de actividades utilizando tiempos determinísticos.

Actividades

19. Defina los tres tipos de dependencia entre tareas. ¿Qué diferencias hay entre estos tres tipos?
20. Busque en internet algún ejemplo gráfico de un diagrama de red que represente los tres tipos de precedencia que se pueden encontrar.
21. ¿Qué es una actividad ficticia? ¿Cómo se representa y qué características tiene?
22. Busque un ejemplo de diagrama de red que contenga una actividad ficticia. Analice su funcionamiento y razone su utilización.

## 7. Estimación de duraciones

Una vez conocido el grupo de actividades que serán llevadas a cabo durante la ejecución del proyecto, el siguiente paso es estimar la duración de cada actividad. Para ello hay que asignar un tiempo a cada actividad usando técnicas y herramientas que permitan establecer la duración de cada actividad, la duración en las distintas fases del proyecto y la duración global que conlleva el proyecto.

Para realizar una eficaz y correcta estimación sobre las duraciones de las actividades se va a indicar una serie de recomendaciones que se deben llevar a la práctica para establecer dichas duraciones, así como los procedimientos de estimación que pueden utilizarse y algunos ejemplos de documentos que representan la estimación de duraciones con respecto a las tareas.

## 7.1. Definición de duración de una tarea

Se define la duración de una tarea como el tiempo necesario para completarla, obteniendo este tiempo mediante una estimación. La duración de cada tarea en particular y la duración global del conjunto de tareas marcarán la duración total del proyecto.

Hay que destacar que cuantas más tareas se realicen en paralelo, es decir, más tareas puedan realizarse simultáneamente en la misma línea de tiempo, menor duración tendrá el proyecto.

La estimación de las duraciones sobre las tareas debe ser realizada y aprobada por el jefe de proyecto o en conjunto con el grupo de proyecto basándose en anteriores experiencias o proyectos similares realizados con anterioridad.

Para realizar las estimaciones sobre las duraciones de las actividades es necesario tener en cuenta el calendario laboral definido durante la ejecución del proyecto así como los horarios de trabajo de cada integrante del equipo de proyecto; en este caso, los ingenieros de redes, los técnicos de cableado y los ingenieros de telecomunicaciones.

La estimación puede ser determinista o probabilística, dependiendo de si la técnica de grafo usada es la técnica PERT o el método de la ruta crítica (CPM).

## 7.2. Recomendaciones sobre la estimación de duraciones

Habitualmente se comete el error en la estimación de duraciones provocado por suposiciones erróneas a las que inicialmente no se les dio la importancia suficiente y que luego provocaron fallos.

Frecuentemente se producen estos errores por no tener la información necesaria, ya sea de proyectos anteriores o de organizaciones que ejecutaron un proyecto similar, a la hora de asignar las duraciones sobre las actividades.

**Nota**

La falta de experiencia del jefe de proyecto puede provocar errores en la estimación de duraciones.

A veces se consideran recursos que permiten disminuir la duración de la actividad y que finalmente no están disponibles. Este fallo es producido por una falta de previsión a la hora de planificar el proyecto y de elaborar la asignación de tiempos y recursos sobre el conjunto de tareas. En ocasiones se comete el error de suponer tiempos y recursos que en realidad no están disponibles y que influyen negativamente a lo largo del desarrollo y ejecución del proyecto, provocando situaciones no deseables al no cumplir los plazos de tiempo y objetivos exigidos.

A continuación se muestran algunas recomendaciones en forma de resumen en cuanto a la estimación de la duración de las actividades:

- No hacer suposiciones con situaciones similares cuando en realidad no lo son.
- No subestimar la dificultad de determinadas actividades, principalmente por falta de información y desconocimiento de la dificultad que acarrea dicha actividad.

- Evitar que la persona encargada de realizar las estimaciones carezca de experiencia.
- Tener en cuenta determinados aspectos considerados como recursos no sustituibles.
- Evitar realizar falsas hipótesis, siendo realista y no partiendo del autoengaño, pues en el futuro provocará numerosos problemas.

## 7.3. Identificación de procedimientos de estimación

Para llevar a cabo los procedimientos de estimación es necesario el asesoramiento de expertos en la materia del proyecto, bien dentro o fuera de la empresa mediante compañías especializadas en los cálculos y el asesoramiento sobre la estimación de duración en el proyecto.

Otro procedimiento es la estimación basada en la analogía de otros proyectos realizados anteriormente donde debe recopilarse toda la información que se generó sobre dicho proyecto anterior para que proporcione toda la información necesaria en cuanto sus duraciones. De esta forma, partiendo de los datos históricos del anterior proyecto, proporcionará una ayuda para establecer la estimación de las duraciones sobre las actividades del proyecto. Además, también se pueden recoger informes de otras organizaciones o equipos los cuales hayan realizado proyectos similares; en este caso, proyectos de implantación de redes telemáticas.

Si no se dispone de datos históricos o proyectos similares, se recurrirá a las técnicas probabilísticas de PERT.

El error habitual cometido al estimar las duraciones sobre las actividades viene dado por disponer de los recursos necesarios para la realización de las actividades de forma hipotética, siendo diferentes la suposición y la estimación de lo que verdaderamente es la realidad en cuanto a los recursos disponibles para el proyecto.

Para realizar una estimación siempre es aconsejable recurrir a expertos en materia de implantación para redes telemáticas de forma interna o externa a la empresa.

## 7.4. Ejemplificación de documentos resultado de estimación de duraciones

A continuación se muestran algunos ejemplos de documentos que recogen la estimación de duraciones sobre las actividades llevadas a cabo en un proyecto.

En una primera imagen se muestra un diagrama de flujo donde se definen los diferentes caminos que se pueden utilizar para realizar un total de nueve actividades. Este diagrama representa gráficamente la interconexión que se establece entre las actividades desde su inicio hasta su final y la estimación de duración para cada una de ellas.

**Documento en forma de diagrama para la estimación de duraciones**

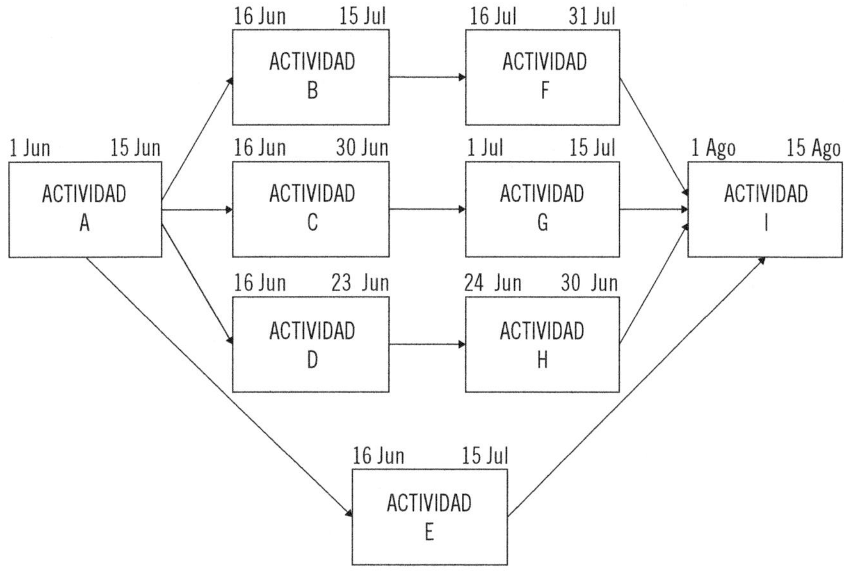

En la siguiente imagen se representa la duración para cuatro actividades usando un diagrama de barras horizontal, donde cada actividad tiene asignada una duración determinada indicando su comienzo y su final en el eje inferior del diagrama.

**Diagrama de barras horizontal para representar duraciones de las actividades**

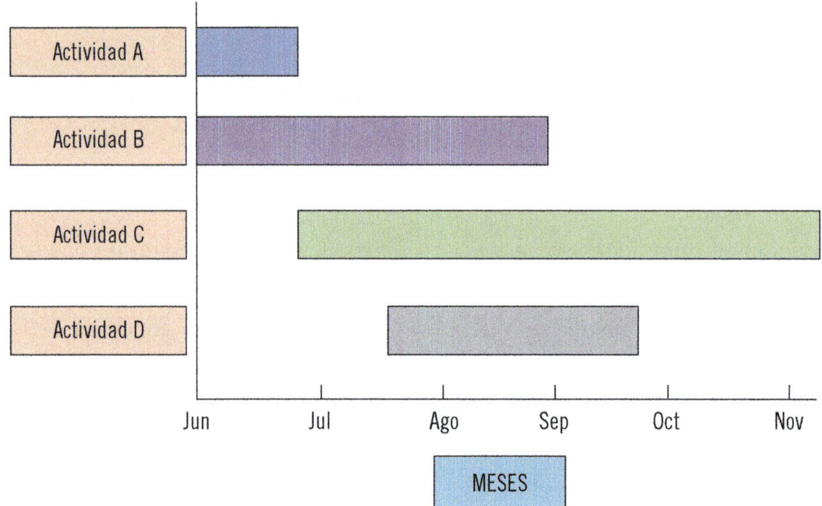


En esta última imagen se representa mediante un cuadro la estimación de duración de nueve actividades durante seis meses. En ella se utilizan dos tipos de símbolos, un triángulo blanco para indicar la fecha estimada de duración en la planificación y un triángulo negro para determinar la fecha actual, y de esta manera comprobar el cumplimiento de plazos previstos.

## Actividades

23. Realice un resumen sobre las recomendaciones para la estimación de duraciones indicadas anteriormente.
24. Realice un esquema de los documentos ejemplo de estimación de duraciones e indique las características de cada uno de ellos.

**Tabla de estimación sobre la duración de las actividades**

| Actividad | Enero | Febrero | Marzo | Abril | Mayo | Junio |
|---|---|---|---|---|---|---|
| Actividad A | | △ | ▼ | | | |
| Actividad B | | | | | | |
| Actividad C | | | △ | | | |
| Actividad D | | | △ | | | |
| Actividad E | | | △ | | | |
| Actividad F | | | △ | | | |
| Actividad G | | | | △ | | |
| Actividad H | | | | | △ | |
| Actividad I | | | | | | △ |

▼ Actual △ Planeado

## 8. Estimación y asignación de recursos

Las estimaciones en la asignación de recursos son las asociaciones que se establecen entre las tareas específicas que se deben realizar en un proyecto y los recursos necesarios para llevar a cabo dicha tarea.

Cada tarea debe tener su asignación de recursos correspondiente; dependiendo de la necesidad de la tarea, la asignación de recursos será en mayor o menor grado, teniendo en cuenta que el aumento de recursos va directamente relacionado con el aumento del coste.

Por tanto, la clave al realizar la asignación de recursos dentro del proyecto está en buscar el equilibrio sobre las asociaciones establecidas entre las tareas y los recursos necesarios en dicha tarea para ser llevada a cabo durante el desarrollo del proyecto.

## 8.1. Definición y ejemplificación de distintos tipos de recursos humanos y materiales

Durante el desarrollo del proyecto se deben tener en cuenta los distintos tipos de recursos, tanto humanos como materiales, de los que se dispone y los que serán necesarios fuera de la organización interna.

Dentro del grupo de los recursos necesarios en un proyecto se pueden encontrar:

- **Recursos de tipo humano:** conjunto de personas que estarán directa o indirectamente involucradas en el proyecto, desde el jefe de proyecto hasta los diseñadores, los técnicos, los instaladores, los expertos en la materia, el personal externo a la empresa o los colaboradores.
- **Recursos de tipo material:** equipamiento necesario para realizar y llevar a cabo el proyecto, como por ejemplo material de instalación, maquinaria especializada, ordenadores, *software* de gestión y diseño, documentación sobre proyectos anteriores, equipos electrónicos y de conexión en particular para la instalación de red.

Para realizar una buena estimación en cuanto a los recursos se debe recopilar información histórica de proyectos anteriores, realizar una eficiente y correcta estructura de descomposición del trabajo (EDT) y por supuesto una planificación temporal y estimación de duraciones realista y lógica. En el caso de que se tenga oportunidad, deben estimarse los recursos necesarios para el proyecto utilizando proyectos análogos al que se está realizando, partiendo de los datos históricos e informes generados por otros grupos de proyectos o equipos.

### Importante

Es necesario utilizar un *software* de gestión para el proyecto de implantación de una red telemática que permita controlar y hacer un seguimiento de la ejecución a partir de la planificación establecida.

Para ello puede recurrirse al asesoramiento de expertos, ya sea dentro del grupo de proyecto o empresa o fuera de la empresa como personal externo.

## 8.2. Descripción de problemas y soluciones en la asignación de recursos

A la hora de realizar la asignación de recursos se deben tener en cuenta una serie de consideraciones para llevar a cabo esta asignación lo más eficiente posible. Para ello deben tenerse en cuenta las siguientes consideraciones:

- Debe considerarse cómo afecta el número de recursos a la duración de las tareas establecidas.
- Considerar la experiencia y las aptitudes de los recursos humanos disponibles para el proyecto.
- Considerar un ajuste de la duración de tareas una vez se haya aprobado la lista de recursos, establecido su calidad y aptitudes.
- Establecer un calendario donde se fije la disponibilidad de los recursos disponibles, como por ejemplo vacaciones, periodos laborables, festividades, etc. Incluso pueden ser necesarios calendarios individuales para cada recurso.

Habitualmente, en la asignación de recursos, surgen problemas provocados por la sobreasignación de recursos a determinadas tareas.

Esta sobreasignación genera conflictos ya que se dispone de un número insuficiente de recursos para atender de forma normal las actividades.

Otro problema producido por una mala asignación de recursos es no aprovechar el grupo de proyecto disponible de forma estable y uniforme durante todo el tiempo de desarrollo del proyecto. En ocasiones surgen tiempos en los que los miembros que colaboran en el proyecto no son aprovechados al máximo en su rendimiento y funciones ya que se crean plazos de tiempo poco productivos por una incorrecta asignación de tareas.

Para solucionar estos posibles conflictos a la hora de realizar la asignación de recursos es recomendable seguir los siguientes pasos:

- Aumentar la disponibilidad de recursos sobreasignados teniendo en cuenta que poner esta práctica en ejecución es cara.
- Retrasar algunas actividades evitando de esta forma solapes entre actividades, es lo que se denomina **nivelación de las actividades.**
- Realizar una correcta división de tareas, asignando a cada miembro del grupo las funciones correspondientes según su perfil y labor dentro del grupo de proyecto.
- Sacar el máximo rendimiento a la plantilla o grupo de proyecto disponible de forma uniforme durante todo el tiempo de ejecución y desarrollo del proyecto, a lo que se denomina **equilibrado de recursos.**
- En el caso de tratar los recursos humanos remunerados por objetivos y recursos materiales propios no es tan importante establecer el equilibrado.

Importante

Debe evitarse que haya miembros del proyecto incluidos en plazos pocos productivos debido a una mala asignación de tareas y, por tanto, una mala utilización de los recursos disponibles.

## 8.3. Ejemplificación de documentos resultado de la estimación de recursos

El objetivo principal de la planificación de los recursos humanos y materiales es la asignación eficiente de recursos al proyecto. A continuación se muestran algunos ejemplos que deben llevarse a la práctica para la asignación de recursos, como son la hoja de estimación, la matriz de recursos, el diagrama de Gantt orientado a recursos, la hoja de cálculo de recursos y el diagrama de cantidad de recursos.

### Hoja de estimación

En la hoja de estimación se representan cada una de las actividades que se van a realizar durante la ejecución del proyecto indicando el rol de la persona o personas destinadas a esa actividad. Se representa también el número de personas, la estimación de tiempo necesaria y la utilización de recursos materiales, equipamiento y *software* para cada una de las actividades.

**Hoja de estimación de recursos**

| Actividad | Rol | Cantidad de personas asignadas | Estimación de horas / semana | *Software* para | Materiales |
|---|---|---|---|---|---|
| Actividad 1 | Especialista | 1 | 12 | Diseño | -- |
| Actividad 2 | Especialistas | 2 | 12 | Planos | -- |
| Actividad 3 | Instaladores | 4 | 48 | -- | Material 1 |
| Actividad 4 | Instaladores | 2 | 36 | -- | Material 2 y equipamiento |
| Actividad 5 | Instaladores | 3 | 20 | -- | Material 3 y Material 4 |
| Actividad 6 | Instaladores | 2 | 10 | Documentación | -- |

### Matriz de recursos

Su función consiste en establecer el vínculo entre los recursos humanos y materiales para las tareas del proyecto. Se enumeran las actividades en la izquierda y en la parte superior los recursos disponibles. De esta forma se realiza la distribución de carga de actividades sobre los recursos diferenciando entre dos tipos de responsabilidades, la primaria y la secundaria. Se considera responsabilidad primaria cuando la persona o personas encargadas son totalmente responsables de la ejecución de la actividad, mientras que se considera secundaria a las personas que ejercen un papel de apoyo. A continuación se muestra un ejemplo de matriz de recursos:

**Matriz de asignación de recursos sobre los especialistas y trabajadores del proyecto**

| | Especialista A | Especialista B | Especialista C | Persona D |
|---|---|---|---|---|
| Actividad 1 | S | P | | |
| Actividad 2 | P | S | | S |
| Actividad 3 | S | P | P | S |
| Actividad 4 | S | P | S | S |
| Actividad 5 | | S | P | |
| Actividad 6 | P | S | | |
| Actividad 7 | | | S | P |
| Actividad 8 | | | S | P |
| Actividad 9 | P | | S | P |
| Actividad 10 | | P | S | S |

P = Posibilidad primaria S = Posibilidad secundaria

## Gantt de recursos

La matriz muestra cómo se asignan los recursos pero no muestra la asignación de recursos a lo largo del tiempo de ejecución del proyecto. Esto se logra mediante el diagrama de Gantt, orientado a recursos y que muestra cómo deben asignarse los recursos tarea a tarea a lo largo del tiempo. El diagrama de Gantt sobre los recursos permite planificar las asignaciones además de rastrearlas, como se muestra en la siguiente imagen durante un tiempo definido de un mes:

**Diagrama de Gantt orientado a la estimación de recursos**

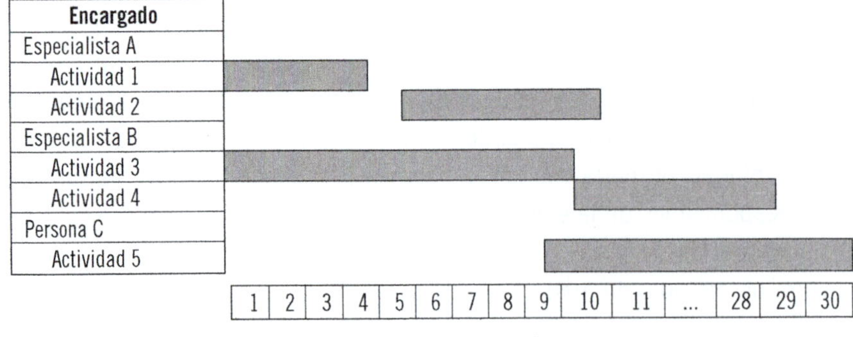

### Hoja de cálculo de recursos

La hoja de cálculo muestra la información del diagrama de Gantt de recursos en forma de tabla. Esta tabla permite observar la cantidad de recursos totales que se ha asignado durante los diferentes periodos del proyecto, de manera que sumando los recursos para cada unidad de tiempo se obtiene un desglose detallado de recursos a lo largo del tiempo como se muestra a continuación:

**Representación mediante una hoja de cálculo de recursos**

| | Tiempo | | | | | | | |
|---|---|---|---|---|---|---|---|---|
| | 1 | 2 | 3 | 4 | 5 | 6 | ... | 30 |
| **Especialista A** | 6 | 6 | | | | | | |
| **Especilaista B** | 6 | 6 | 4 | | | | | |
| **Especialista C** | | | | 4 | 4 | 2 | | 6 |
| **Persona A** | | | | 5 | 5 | | | |
| **Persona B** | | | | | | 6 | | 8 |
| **Total** | **12** | **12** | **4** | **9** | **9** | **8** | **...** | **14** |

### Diagrama de cantidad de recursos

También denominado **histograma de recursos,** donde se representa el ciclo de vida del proyecto orientado a los recursos. Se puede observar que al principio del proyecto el uso de recursos es bajo y que conforme avanza el uso de recursos aumenta considerablemente hasta el final, donde vuelven a disminuir.

## Actividades

25. ¿Qué tipo de recursos necesarios se pueden encontrar dentro de un proyecto de redes telemáticas?
26. ¿Qué posibles conflictos se pueden encontrar en la estimación y la asignación de recursos?

Continúa en página siguiente >>

<< Viene de página anterior

27. ¿Qué soluciones se plantean para estos conflictos? Reflexione sobre alguna posible solución no mencionada anteriormente y que puede ser útil en el proyecto de implantación de red telemática.
28. Realice una breve definición de los documentos para la asignación de recursos mostrados anteriormente.

---

**Diagrama representativo de la cantidad de recursos asignados a lo largo de un tiempo determinado**

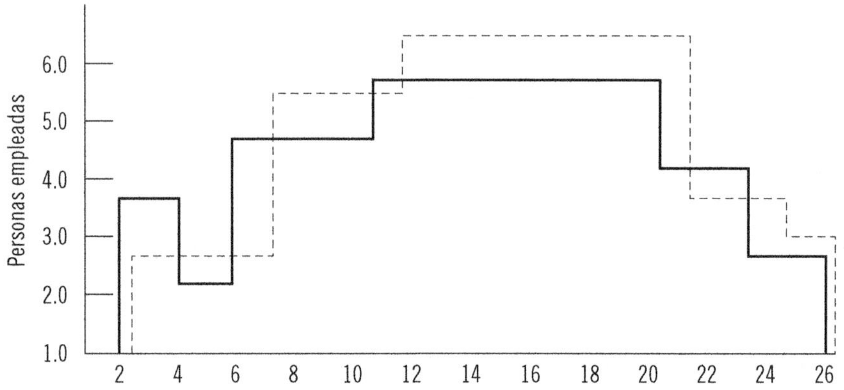

## Aplicación práctica

**Elabore la matriz de recursos necesarios para llevar a cabo un proyecto de implantación de red telemática con los datos de recursos humanos que se muestran a continuación y las distintas actividades con sus correspondientes estimaciones de duración para cada una de ellas:**

- **Actividades: reunión con el cliente (3 días), diseño de la red (3 días), cableado estructurado (21 días), conexión de equipos de red (3 días), configuración de la red (3 días), pruebas (7 días) y documentación (2 días).**
- **Recursos humanos necesarios: técnico de redes (x2), técnico de cableado (x3), técnico de telecomunicaciones (x1) y capataz (x1).**

Continúa en página siguiente >>

<< Viene de página anterior

**Toda la información necesaria queda recogida en la siguiente tabla.**

| Actividad | Recursos humanos necesarios |
|---|---|
| 1. Reunión con cliente | Técnicos de redes, Técnico de telecomunicaciones |
| 2. Diseño de la red | Técnicos de redes, Técnico de telecomunicaciones |
| 3. Cableado estructurado | Técnico de redes, Técnicos de cableado y capataz |
| 4. Conexión de equipos | Técnico de redes, Técnicos de cableado y capataz |
| 5. Configuración de la red | Técnico de redes y capataz |
| 6. Pruebas | Técnico de redes, Técnico telecomunicaciones y capataz |
| 7. Documentación | Técnico de telecomunicaciones |

**Las prioridades primarias y secundarias para cada trabajador quedan definidas de la siguiente forma:**

- **Técnico de redes: prioridad primaria en las actividades 1, 2, 5 y 6, mientras que tendrá prioridad secundaria en las actividades 3 y 4.**
- **Técnico de cableado: prioridad primaria en las actividades 3 y 4.**
- **Técnico de telecomunicación: prioridad primaria en las actividades 1 y 7, mientras que tiene prioridad secundaria en las actividades 2 y 6.**
- **Capataz: prioridad primaria en las actividades 3, 4, 5 y 6.**

**Con los datos aportados, complete la matriz de recursos asignando las prioridades en cada actividad para cada trabajador.**

| Matriz de Recursos humanos | | | | |
|---|---|---|---|---|
| **Actividad** | **Técnicos de redes (x2)** | **Técnicos de cableado (x3)** | **Técnico telecomunicaciones (x1)** | **Capataz (x1)** |
| 1. Reunión con el cliente | | | | |
| 2. Diseño de la red | | | | |
| 3. Cableado estructurado | | | | |

Continúa en página siguiente >>

<< Viene de página anterior

Matriz de Recursos humanos

| Actividad | Técnicos de redes (x2) | Técnicos de cableado (x3) | Técnico telecomunicaciones (x1) | Capataz (x1) |
|---|---|---|---|---|
| 4. Conexión de los equipos | | | | |
| 5. Configuración de la red | | | | |
| 6. Pruebas | | | | |
| 7. Documentación | | | | |

## SOLUCIÓN

La matriz de recursos y la asignación de prioridades principales y secundarias para cada trabajador quedarían de la siguiente forma:

Matriz de Recursos humanos

| Actividad | Técnicos de redes (x2) | Técnicos de cableado (x3) | Técnico telecomunicaciones (x1) | Capataz (x1) |
|---|---|---|---|---|
| 1. Reunión con cliente | P | | P | |
| 2. Diseño de la red | P | | S | |
| 3. Cableado estructurado | S | P | | P |
| 4. Conexión de equipos | S | P | | P |
| 5. Configuración de la red | P | | | P |
| 6. Pruebas | P | | S | P |
| 7. Documentación | | | P | |

# 9. Estimación de costes

Una vez realizada la estimación de las duraciones y las asignaciones de recursos sobre el proyecto, se calculan los costes asociados a cada una de las tareas que componen el proyecto.

Excederse en la estimación del presupuesto puede tener consecuencias negativas sobre el jefe de proyecto y sobre el proyecto en concreto. Un proyecto financiado internamente en el cual se ha sobrepasado el presupuesto y los costes estimados puede acarrear una gran pérdida en cuanto a recursos internos de la organización.

Dada la importancia de la estimación de costes, es necesario hacer un gran esfuerzo para realizar una correcta estimación de costes, utilizando técnicas para elaborar presupuestos como modo operativo de la empresa.

## 9.1. Ejemplificación de distintos tipos de costes

Para la estimación de costes se debe distinguir entre la asignación de costes y el precio del producto, dependiendo de la decisión comercial. La estimación de costes incluye las tareas de identificación y definición de posibles alternativas, donde es posible realizar una reprogramación de las estimaciones realizadas.

Partiendo de unos datos de partida se puede realizar una estimación de costes lo más exacta posible basándose en los distintos tipos de información que se generan durante la planificación del proyecto; como por ejemplo la información histórica, la EDT, la planificación, la estimación de duraciones y la estimación de recursos. Los distintos tipos de costes son los siguientes:

- **Recursos humanos:** correspondientes a los costes salariales de cada trabajador, establecido su coste según el número de horas y la tarifa horaria correspondiente.
- **Materiales:** determinando el precio unitario del material; el coste con respecto a los materiales se define como el número de unidades de material por su coste unitario.

- **Equipamiento:** este coste implica alquiler de equipos, maquinaria, transporte del equipamiento y mantenimiento.
- **Subcontrataciones:** son las contrataciones externas con otras empresas que prestan un servicio concreto y acordado.
- **Costes indirectos:** como viajes, estancias y reuniones fuera del lugar habitual.

Recuerde

Para realizar una estimación de costes lo más exacta posible hay que apoyarse en la documentación que compone toda la planificación del proyecto de implantación de una red telemática.

Por lo general, el coste de un proyecto se compone de cuatro elementos que se indican y describen a continuación:

- **Costes directos de mano de obra:** se determinan multiplicando los salarios de los trabajadores por la cantidad de tiempo que se espera dediquen al proyecto. En los proyectos de servicio, los costes directos de mano de obra son el componente más grande en cuanto al coste general del proyecto.
- **Gastos generales:** son los gastos típicos sobre el ambiente de los trabajadores, como por ejemplo las instalaciones de oficinas, la energía eléctrica y el alquiler.
- **Prestaciones suplementarias:** son beneficios fuera del salario normal otorgado a los empleados, como por ejemplo la seguridad social del trabajador y en algunas ocasiones un seguro de vida, salud, plan de compra de acciones, plan de jubilación, premios y bonificaciones.
- **Costes auxiliares (costes indirectos):** son gastos específicos del proyecto que la empresa no hace normalmente, como por ejemplo un viaje para una reunión sobre el proyecto, equipamiento y material especial, honorarios de consultoría y costes de reproducción e información.

## 9.2. Explicación de la relación opuesta entre duración y coste

Una vez se haya definido el alcance con el nivel de calidad exigido sobre el proyecto, se puede analizar la relación opuesta entre el tiempo o duración y el coste o recursos del proyecto.

Para ello se establecen dos límites sobre la relación entre la duración y el coste del proyecto. Hay que destacar que estos dos aspectos están directamente relacionados durante el desarrollo del proyecto ya que, produciéndose una variación en alguno de ellos, provoca una modificación en el otro. Los dos límites que se van a establecer son:

- **Límite inferior:** este límite indica que por más recursos que se asignen no provocará una disminución en la duración de actividades.
- **Límite superior:** este límite indica que, por mucho que se alargue la duración de la actividad, serán necesarios unos recursos mínimos que asignar.

En la siguiente gráfica se puede apreciar la representación de los costes directos e indirectos para un proyecto determinando un tiempo óptimo de realización de las actividades que proporcionará un coste mínimo. Se observa que la curva de costes directos es decreciente a lo largo de tiempo mientras que la curva de costes indirectos es creciente con el paso del tiempo. Los costes totales se representan mediante un punto donde interfieren el punto establecido como coste mínimo en función del tiempo óptimo de realización.

**Hoja de estimación de recursos**

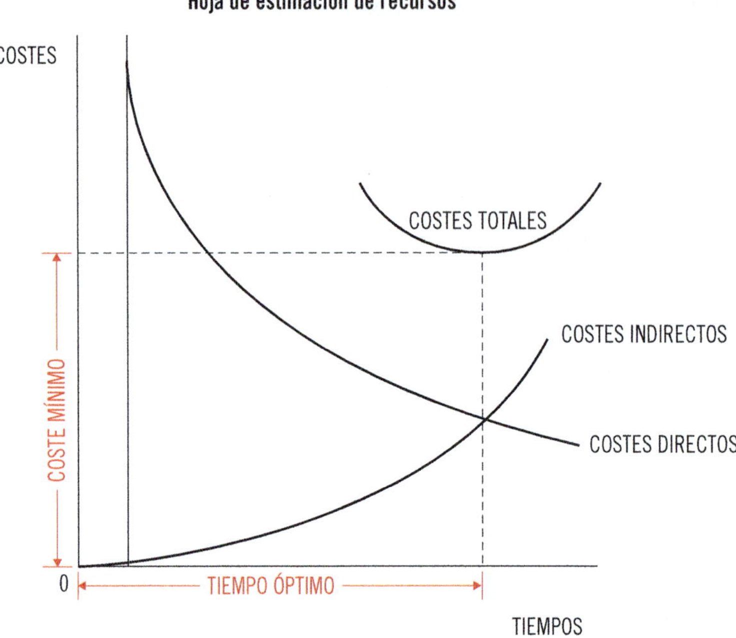

## Actividades

29. Haga un esquema resumen sobre los tipos de costes que se pueden encontrar dentro del proyecto. Indique algún ejemplo para cada uno de ellos relacionado con el proyecto de implantación de red telemática.
30. ¿Qué relación existe entre la duración y el coste del proyecto? Realice un análisis de la gráfica mostrada anteriormente según el aumento o la disminución del tiempo y el coste.

## 9.3. Ejemplificación de documentos resultado de la estimación de costes

A continuación se muestran algunos ejemplos de documentos realizados para la estimación de los costes del proyecto. Para analizar los costes, se desglosa el desarrollo y la ejecución del proyecto por etapas, lo que permitirá analizar dichos costes en cada una de estas fases.

Además, se analizan los costes correspondientes a los recursos humanos, materiales y costes globales incluyendo una representación gráfica de barras y porcentaje del coste que conlleva el proyecto.

**Tabla de costes por etapas**

El proyecto se divide en etapas para facilitar la estimación de costes donde se representará cada etapa, la estimación de su duración, los recursos humanos necesarios y el esfuerzo necesario para la ejecución de cada fase como se muestra en la siguiente tabla:

| Etapa | Duración | N.º de trabajadores | Esfuerzo (horas/trabajador) | Costes por etapa |
|---|---|---|---|---|
| Etapa 1 | 15 días | 4 | 30 | 4.650 € |
| Etapa 2 | 15 días | 3 | 25 | 16.740 € |
| Etapa 3 | 30 días | 6 | 65 | 32.550 € |
| Etapa 4 | 20 días | 2 | 45 | 27.900 € |
| Etapa 5 | 10 días | 2 | 20 | 11.160 € |

**Coste de recursos humanos**

La tabla correspondiente a los recursos humanos refleja los costes de personal, diferenciando el rol de cada persona, el coste por hora, el número de días de trabajo estimado, la cantidad de personal y los días necesarios para el desarrollo de las actividades, como se muestra en la siguiente tabla:

| Rol | Coste euros/hora | N.º de horas/día | Coste diario | Cantidad | Días de trabajo | Coste total |
|---|---|---|---|---|---|---|
| Especialista A | 30 € | 6 | 180 € | 2 | 18 | 6.480 € |
| Especialista | 30 € | 6 | 180 € | 2 | 20 | 7.200 € |

Continúa en página siguiente >>

<< Viene de página anterior

| Rol | Coste euros/hora | N.º de horas/día | Coste diario | Cantidad | Días de trabajo | Coste total |
|---|---|---|---|---|---|---|
| Técnico A | 25 € | 6 | 150 € | 3 | 45 | 6.750 € |
| Técnico B | 25 € | 6 | 150 € | 1 | 30 | 4.500 € |
| **COSTE TOTAL** | | | | | | **24.930 €** |

### Coste de materiales

En la tabla de costes de materiales se representa el coste unitario de cada material necesario durante la ejecución del proyecto, obteniendo el coste total de cada material multiplicando su coste unitario por la cantidad del material correspondiente como se muestra en la siguiente tabla:

| Material | Coste unitario | Cantidad | Coste total |
|---|---|---|---|
| Material A | 60 € | 17 | 1.020 € |
| Material B | 460 € | 50 | 23.000 € |
| Material C | 320 € | 45 | 14.400 € |
| Equipamiento A | 246 € | 2 | 492 € |
| Equipamiento B | 4.450 € | 3 | 13.350 € |
| **COSTE TOTAL** | | | **52.262 €** |

### Coste total

La tabla de coste total representa el resumen de costes relacionados con el proyecto, como son los costes directos (mano de obra y materiales), los costes generales, de prestaciones e indirectos, obteniendo así el coste general del proyecto como se muestra a continuación:

| CONCEPTO | COSTE |
|---|---|
| Costes directos | |
| Mano de obra | 24.930 € |
| Materiales | 52.262 € |
| Costes generales | 8.700 € |
| Costes de prestaciones | 5.000 € |
| Costes indirectos | 2.000 € |
| COSTE TOTAL | 92.892 € |

## Diagrama de costes

En ocasiones es recomendable utilizar elementos representativos como diagramas que muestran el precio detallado para cada una de las actividades. Esta forma de representar los costes profundiza en cada actividad ya que refleja el valor de cada subtarea de la que está compuesta dicha actividad, como se muestra en el siguiente diagrama:

**Representación mediante un diagrama de costes**

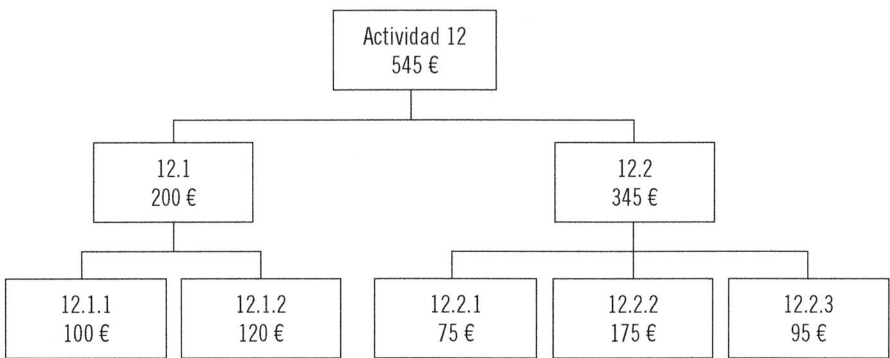

## Gráfica de distribución de costes por etapas

La gráfica por etapas es igual que la tabla de etapas pero esta vez se muestra el porcentaje de coste en cada fase sobre el coste total. De esta forma se puede analizar la estimación de coste mediante el porcentaje que acarrea cada etapa, siendo útil esta representación para determinar las etapas con mayor coste según su duración y recursos necesarios.

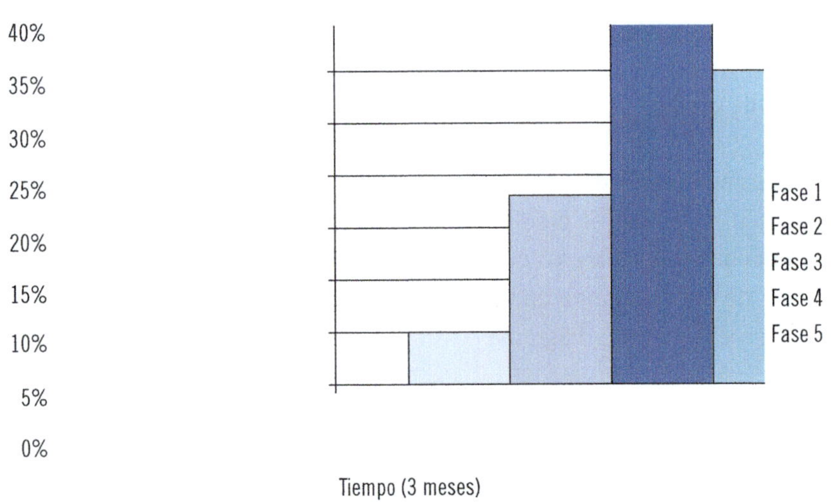


## Gráfica para el porcentaje de estimación en costes

Al igual que la tabla del coste total, esta gráfica representa el porcentaje de cada uno de los gastos de los que se componen el proyecto sobre el coste total, permitiendo analizar gráficamente la influencia de cada tipo de coste sobre el proyecto.

**Gráfica representativa del porcentaje sobre la estimación de costes**

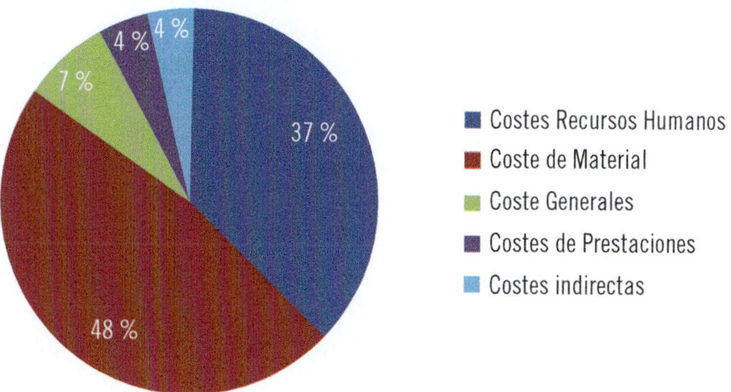

## Actividades

31. ¿Qué tipo de documento o documentos se utilizarían dentro del proyecto de implantación de redes telemáticas? Justifique la respuesta en base a las características del proyecto.
32. Busque en internet algún ejemplo como los mostrados anteriormente que represente el coste de un proyecto relacionado con las redes telemáticas.
33. Plantee un ejemplo con datos ficticios donde se caractericen y se elaboren las tablas de costes correspondientes a los recursos humanos y materiales.

## Aplicación práctica

**Realice la estimación de costes mediante su clasificación dependiendo del tipo de coste al que corresponde. En la siguiente lista se muestran costes derivados de materiales, recursos humanos, equipamiento, subcontratas y costes directos. A partir de esta lista se debe clasificar cada tipo de coste mediante la tabla de clasificación y a partir del coste económico de cada recurso representar gráficamente el porcentaje de estimación de costes.**

- **Reunión para la promoción del proyecto (75 €).**
- **Contratación para el transporte de equipos (250 €).**

Continúa en página siguiente >>

<< Viene de página anterior

- **Equipos electrónicos de la red telemática (15.500 €).**
- **Contratación del servicio de instalación para la infraestructura fuera del edifico de implantación de la red (150 €).**
- **Viaje del jefe de proyecto a la sede central de la empresa (200 €).**
- **Licencia para el *software* de diseño de red (400 €).**
- **Reunión con un experto de redes externo a la empresa (150 €).**
- **Cables UTP de red (600 €).**
- **Dos ingenieros de redes y dos técnicos de cableado la empresa (16.000 €).**
- **Equipos electrónicos de pruebas de red (700 €).**
- **Contratación externa de una empresa gestora de documentación para la aprobación de la instalación (100 €).**
- **Canaletas para el cableado (200 €).**

**Deben clasificarse cada uno de los recursos anteriores según el tipo de coste que supone para el proyecto marcando una X donde corresponda en la siguiente tabla:**

| Recurso | RR. HH. | Material | Equipos | Sub-contrata | Días de trabajo | Coste directo |
|---|---|---|---|---|---|---|
| Reunión de promoción del proyecto | | | | | | |
| Contratación del transporte de equipos | | | | | | |
| Equipos de la red | | | | | | |
| Contratación del servicio de instalación ADSL | | | | | | |
| Viaje del jefe de proyecto a la sede central de la empresa | | | | | | |
| Licencia para el *software* de diseño de red | | | | | | |
| Reunión con un experto de redes externo en la empresa | | | | | | |
| Cables UTP de red | | | | | | |
| 2 ingenieros de redes y 2 Técnicos de cableado dentro de la empresa | | | | | | |
| Equipos electrónicos de pruebas de red | | | | | | |

Continúa en página siguiente >>

<< Viene de página anterior

| Recurso | RR. HH. | Material | Equipos | Sub-contrata | Días de trabajo | Coste directo |
|---|---|---|---|---|---|---|
| Contratación externa de una empresa gestora de documentación | | | | | | |
| Canaletas para el cableado | | | | | | |

**A partir del coste de cada recurso y la tabla completada se debe diseñar la representación gráfica del porcentaje para cada grupo según el tipo de coste (recursos humanos, material, equipos, subcontrata y coste directo).**

**SOLUCIÓN**

La siguiente tabla muestra la clasificación según el tipo de coste que conlleva cada uno de los recursos de la lista:

| Recurso | RR. HH. | Material | Equipos | Sub-contrata | Coste directo |
|---|---|---|---|---|---|
| Reunión de promoción del proyecto | | | | | x (75 €) |
| Contratación del transporte de equipos | | | x (250 €) | | |
| Equipos de la red | | | x (15.500 €) | | |
| Contratación del servicio de instalación por el proveedor de servicios | | | | x (150 €) | |
| Viaje del jefe de proyecto a la sede central de la empresa | | | | | x (200 €) |
| Licencia para el *software* de diseño de red | | x (400 €) | | | |
| Reunión con un experto de redes externo en la empresa | | | | | x (150 €) |
| Cables UTP de red | | x (500 €) | | | |
| 2 ingenieros de redes y 2 Técnicos de cableado dentro de la empresa | x (16.000 €) | | | | |
| Equipos electrónicos de pruebas de la red | | | x (700 €) | | |

Continúa en página siguiente >>

<< Viene de página anterior

| Recurso | RR. HH. | Material | Equipos | Sub-contrata | Coste directo |
|---|---|---|---|---|---|
| Contratación externa de una empresa gestora de documentación | | | | x (100 €) | |
| Canaletas para el cableado | | x (200 €) | | | |
| **COSTE TOTAL** | **16.000 €** | **1.200 €** | **16.450 €** | **250 €** | **425 €** |

Para realizar la representación gráfica se utiliza el coste total de cada tipo de recurso que permitirá definir el porcentaje de coste de cada grupo como se muestra a continuación:

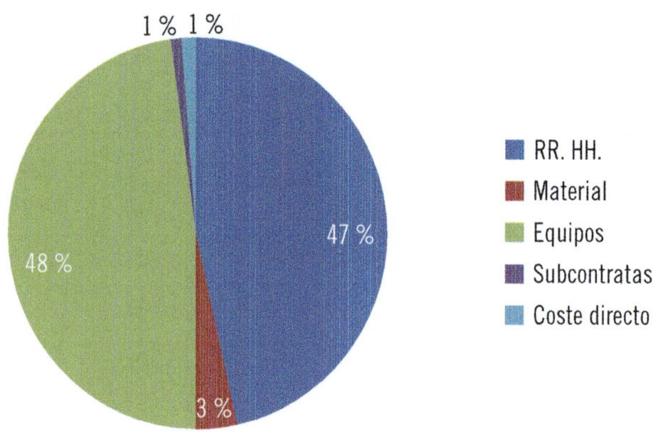


## 10. Programación

Una vez definidos todos los aspectos necesarios en cuanto a tareas necesarias, recursos, duración y costes, se define la programación que servirá de guía para la realización y la ejecución del proyecto.

Esta programación establecida permitirá hacer un seguimiento del estado y los avances del proyecto, definiendo de esta manera durante la ejecución un calendario para el desarrollo en unos plazos de tiempo concretos y realizar los ajustes necesarios y pertinentes durante el desarrollo para la asignación de recursos, duración de tareas y costes del proyecto.

De igual forma se asignarán los recursos que se crean necesarios usando técnicas de planificación, gestión de proyectos y diagramación que ayudarán a elaborar dicha programación correspondiente a todo el ciclo de vida del proyecto.

## 10.1. Explicación del concepto y los objetivos de la programación

La programación se define como la elaboración de la planificación del proyecto en su entorno real, fijando un calendario de desarrollo y estableciendo sus fechas de inicio y final para cada una de las tareas.

Cada tarea que compone el proyecto se ordena secuencialmente de manera lógica estableciendo así el orden de ejecución sobre la planificación del proyecto.

Los objetivos de la programación es fijar los plazos y los recursos necesarios para poder realizar las correspondientes tareas del proyecto, teniendo en cuenta aspectos como:

- Algunas actividades pueden adquirir holgura, es decir, un atraso en su ejecución no afecta significativamente al desarrollo general del proyecto en cuanto a su plazo de finalización.
- Algunas actividades pueden tener la definición de críticas.
- Realizar nivelación de recursos en las asignaciones para evitar conflictos durante la ejecución.
- La programación establece los plazos y lo recursos de los cuales se derivan los costes asociados del proyecto, y por tanto existe una relación directa entre los factores de plazos y costes dentro del proyecto.

Definición

**Actividad crítica**

Actividad dentro del proyecto en la que se produce un retraso y que provoca el retraso general en los plazos del proyecto.

## 10.2. Descripción de las distintas técnicas de programación: diagrama de Gantt y técnicas basadas en teoría de grafos (PERT y CPM)

Las técnicas de programación permiten llevar a cabo y elaborar la planificación del proyecto para su desarrollo. Para ello se pueden utilizar técnicas de programación como los diagramas de Gantt, los diagramas de Gantt modificados y las técnicas de la teoría de grafos como PERT y CPM.

Dependiendo de las necesidades de la programación que se quiere llevar a cabo y del resultado que se quiere obtener, se utilizará una u otra técnica de programación, como se muestra en la siguiente tabla:

<table>
<tr><th colspan="4">Tabla de características para las diferentes</th></tr>
<tr><td colspan="2" rowspan="2"></td><td colspan="2">Escala temporal</td></tr>
<tr><td>No</td><td>Sí</td></tr>
<tr><td rowspan="2">Representación de dependencias</td><td>No</td><td>Lista de tareas<br>Lista de Hitos</td><td>Diagrama de Gantt Gráficos de Hitos</td></tr>
<tr><td>Sí</td><td>Diagramas de red:<br>PERT y CPM</td><td>Diagrama de tiempos con independencia entre tareas</td></tr>
</table>

El diagrama de Gantt se representa mediante barras, siendo un método muy simple que constituye una de las técnicas de programación temporal más importante que muestra la duración temporal para cada actividad, su fecha de comienzo y final pero que no muestra las dependencias entre las tareas.

En la actualidad se utilizan diagramas de Gantt modificados que muestran las relaciones de dependencia entre tareas, aspecto que el diagrama de Gantt convencional no proporciona. El diagrama de Gantt modificado incluye las relaciones de precedencia entre tareas y la ruta crítica, además de incluir la asignación de recursos y costes para cada tarea.

Las técnicas PERT y CPM están basadas en la teoría de grafos y son pioneras en la programación moderna y el control del proyecto. La principal diferencia entre estas dos técnicas es la asignación sobre la duración de las tareas, ya que PERT realiza una asignación probabilística y CPM determinista.

Estas dos técnicas permiten detectar las actividades críticas que afectan a la duración general del proyecto, el cálculo de holguras de actividades no críticas y el cálculo de costes siendo la programación del proyecto a coste mínimo y óptima duración.

Para la construcción de las redes de actividades se parte de la estructura de descomposición del trabajo (EDT), donde se establecerán las relaciones entre las actividades y los sucesos que indican el inicio y el fin de cada actividad.

## Actividades

34. ¿Qué objetivos tiene la programación de un proyecto? ¿Qué aspectos deben tenerse en cuenta para dicha programación?
35. Describa las distintas técnicas de programación indicando para cada una de ellas si tienen representación de dependencias entre actividades y escala temporal.

## 10.3. Identificación y descripción de las fases del proceso de programación: construcción de diagramas de tiempo, análisis de costes, verificación y ajuste

Para realizar el proceso de programación del proyecto debe realizarse una serie de pasos donde deben elaborarse los diagramas de tiempo correspondientes, realizar un análisis de costes y verificar los factores de tiempo y recursos asignados mediante un ajuste de la programación.

Los pasos que deben realizarse a la hora de diseñar la programación sobre el proyecto son los siguientes:

1. Construir el diagrama de tiempo para cada una de las actividades, siempre teniendo en cuenta la estimación de las duraciones y la secuenciación lógica establecida sobre dichas actividades.
2. Realizar un estudio y análisis de los costes.
3. Realizar una verificación y ajuste de la programación según las necesidades requeridas en cuanto a plazos de tiempo y recursos.

Nota

El estudio y el análisis de costes dependerán directamente de la estimación sobre las duraciones y los recursos asignados a cada actividad.

Para iniciar la programación es necesario comenzar con unos datos de partida como los que se indican a continuación:

- Documentos de planificación.
- Calendarios de disponibilidad de recursos (ya sean humanos o materiales).
- Limitaciones de programación correspondientes a fechas de entrega.
- Definición de hitos.
- Plazos establecidos.

Estos datos de partida deben ser definidos al comienzo de la planificación del proyecto de implantación de una red telemática y a partir de ellos realizar las asignaciones sobre los diferentes aspectos del proyecto como los recursos, los costes, la duración de actividades y la duración total del proyecto.

## 10.4. Descripción de distintos tipos de ajustes: duración de las tareas, duración del proyecto, asignación de recursos, costes por tarea, etc.

Para realizar una correcta programación del proyecto hay que tener en cuenta las asignaciones que se van a llevar a cabo sobre las tareas que lo componen. Para ello deben realizarse ajustes sobre la duración de cada tarea, la duración del proyecto, la asignación de recursos y los ajustes sobre los costes.

Los ajustes dependerán de la necesidad y los requisitos establecidos, ya que un ajuste realizado sobre la duración repercute directamente sobre el tiempo del proyecto y la asignación de recursos estimados.

En la programación del proyecto existen varios tipos de ajustes que pueden realizarse y que se muestran a continuación:

- **Ajuste de tiempos sobre las tareas del proyecto:** consiste en reducir los tiempos mediante la asignación de un mayor número de recursos sobre dicha tarea, como por ejemplo asignando horas extras para la ejecución.
- **Ajuste de tiempos sobre el proyecto:** consiste en reducir la duración de la secuencia establecida sobre las tareas que se han considerado críticas.
- **Ajuste sobre la asignación de recursos:** consiste en establecer un equilibrio en los recursos infrautilizados, es decir, la asignación de recursos denominados **ociosos** sobre alguna de las tareas desarrolladas. Además, debe ajustarse la programación para la solución de conflictos por sobreasignación mediante la nivelación de recursos de la siguiente manera:
  - Aumentar el tiempo de dedicación del recurso con horas extras.
  - Dedicación a tiempo parcial sobre tareas en conflicto y no definidas como críticas.

- Modificar la secuencia de ejecución de alguna de las tareas en conflicto.

- **Ajuste de costes por tarea:** consiste en sustituir algunos recursos por recursos de menor coste y reducir la duración de tareas con altos costes por unidad de tiempo como por ejemplo un alquiler determinado. Además, se puede realizar un ajuste para la reducción de los costes fijos del proyecto.

### Ejemplo de ajuste de costes

Se debe realizar un ajuste de tiempos, recursos y costes en un plazo de tres días durante el desarrollo de una actividad A (ejecutada por un solo trabajador) para disminuir un retraso surgido dentro proyecto donde se plantean las siguientes soluciones:

- Asignar durante los tres días 4 horas extra a un trabajador para realizar la actividad A.
- Incorporar una persona más a la actividad A como trabajador, para un total de dos trabajadores.

Los datos para realizar los ajustes son:

- Los trabajadores cobran 25 €/hora.
- Las horas extras son pagadas a 40 €/hora.
- El ajuste se quiere realizar durante tres días.
- Un día de trabajo equivale a 6 h/día.

Analizando las consecuencias de las soluciones tenemos:

- Asignar durante los tres días 4 horas extra a un trabajador para realizar la actividad A. La asignación de horas extras provoca la disminución del tiempo de ejecución planificado, el aumento de recursos necesarios y un aumento del coste. Este aumento del coste puede calcularse de la siguiente forma:

- 6 h/día x 3 días = 18 horas; coste = 18 horas x 25 €/hora = 450 €. Horas extra: 3 días x 4 horas extra/día = 12 horas extra. Coste de las horas extra = 12 horas extra x 40 €/hora extra = 480 €. El coste de las 4 horas extra durante tres días sería de 480 €.
- Incorporar una persona más a la Actividad A como trabajador, para un total de dos trabajadores: 1 trabajador x 6 horas/día x 3 días = 18 horas. Coste de un trabajador durante 3 días con su jornada laboral: 18 horas x 25 €/hora = 450 €

El aumento en la asignación de recursos provoca la disminución de tiempo en la actividad que, a su vez, provoca un aumento de los costes del proyecto. Estos tres aspectos están relacionados directamente entre sí, ya que cualquier variación en uno de ellos provoca una variación en los demás.

Por tanto, se observa que los costes serían similares pero la opción más conveniente sería la de reforzar la actividad con una persona más para realizar la actividad A durante esos 3 días realizando su jornada laboral completa y desestimando la opción de las horas extras (4 horas al día), ya que supone una carga de trabajo muy grande en una sola jornada laboral (6 horas + 4 horas extra) y no sería conveniente para la productividad.

## Actividades

36. ¿Qué pasos deben seguirse para diseñar la programación del proyecto?
37. Indique los tipos de ajustes que se pueden realizar en la programación de un proyecto. ¿En qué consiste cada uno de ellos?
38. Realice el ejemplo anterior con datos diferentes y analice los resultados referentes a los costes en función de la solución adoptada.

## Aplicación práctica

Se ha realizado la programación del proyecto en cuanto a duración, recursos y coste, pero surge un problema durante el desarrollo del mismo. Este problema viene provocado por la actividad de implantación de la red (la de mayor duración y de vital importancia), lo que conlleva un retraso de 3 días sobre los plazos establecidos.

En este momento faltan 4 días para finalizar el plazo establecido (25 días) en la planificación para la actividad de implantación de la red; por tanto, debe realizarse un ajuste que se adapte a las condiciones.

Los requisitos impuestos sobre el proyecto son los siguientes:

- Plazo máximo de realización de 40 días.
- Coste máximo admisible de 22.000 €.

En la planificación se estableció un coste de 20.500 €, una duración del proyecto de 39 días y teniendo a la disposición dos técnicos de redes y dos técnicos de cableado como se muestra en la siguiente tabla de planificación:

| Actividad | Duración | Recursos | Coste |
|---|---|---|---|
| 1. Diseño | 3 días | 2 Técnicos redes | 1.100 € |
| 2. Implantación de la red | 25 días (faltan 4 días) | 2 Técnicos cableado | 15.000 € |
| 3. Configuración de la red | 4 días | 1 Técnico de redes | 1.400 € |
| 4. Pruebas de la red | 7 días | 2 Técnicos de redes | 3.000 € |
| Total | **39 días** | -- | **29.500 €** |

Se plantea una serie de posibles soluciones que deben ser analizadas explicando las consecuencias que tendrían cada una de ellas y su repercusión. Las posibles soluciones se muestran a continuación:

- Disminuir la duración de la actividad de configuración con dos técnicos de redes.
- Disminuir la duración de la implantación de red con tres técnicos de cableado.
- Determinar algunas horas extra para los técnicos que corresponda en las actividades de implantación o configuración.
- Realizar actividades de forma paralela.
- Modificar la secuencia de ejecución de las actividades restantes para la finalización.

Continúa en página siguiente >>

<< Viene de página anterior

**Para realizar el estudio de las soluciones planteadas se deben tener en cuenta los siguientes datos en cuanto al coste de los recursos humanos disponibles, la secuenciación y su duración:**

- **Técnico de redes = 30 €/hora (hora extra = 40 €/hora).**
- **Técnico de cableado = 25 €/hora (hora extra = 35 €/hora).**
- **1 día de trabajo corresponde a 6 horas para cada trabajador.**
- **4 días para realizar el ajuste que corresponda.**
- **La configuración depende de la total finalización de la implantación.**
- **Las pruebas dependen de la total finalización de la configuración.**
- **El margen de coste admisible es de 1.500 €.**

**Rellene la siguiente tabla para realizar el análisis de las soluciones propuestas y su correspondiente consecuencia, analizando el aumento/disminución en cuanto a la duración, los recursos y los costes, calculando finalmente el valor numérico en cuanto al aumento de costes correspondiente:**

| | CONSECUENCIA | | | | |
|---|---|---|---|---|---|
| **Solución** | Tipo ajuste | Duración | Recursos | Costes | valor de ajuste |
| Disminuir la duración de la configuración con 2 técnicos de redes en lugar de 1 técnico | Recursos | | | | |
| Disminuir la duración de la implantación de la red con 3 técnicos en lugar de 2 técnicos | Recursos | | | | |
| Determinar horas extras para los técnicos en las actividades de implantación y/o configuración | Recursos | | | | |
| Realizar las actividades restantes de forma paralela | Tiempo | | | | |
| Modificar la secuencia de ejecución de las actividades restantes para finalizar | Recursos | | | | |

**A partir del valor del ajuste obtenido para cada solución, determinar si es conveniente realizar dicho ajuste teniendo en cuenta los requisitos del proyecto.**

Continúa en página siguiente >>

<< Viene de página anterior

**SOLUCIÓN**

Solución incorporando un técnico más de redes en la configuración:

- 6 horas/día x 4 días = 24 horas
- 24 horas x 30 €/hora = 720 €

Solución incorporando un técnico más de cableado en la implantación:

- 6 horas/día x 4 días = 24 horas
- 24 horas x 25 €/hora = 600 €

Establecer 2 horas extra al día durante los 4 días para el técnico de redes y los técnicos de cableado:

- 2 horas extra/días x 4 días = 8 horas extras

Para el técnico de redes:

- 1 técnico x 8 horas extra x 45 €/hora extra = 360 €

Para los técnicos de cableado:

- 2 técnicos x 8 horas extra x 35 €/hora extra = 560 €

El total del coste que suponen las 2 horas extra al día durante 4 días es de 920 €.

Solución realizando actividades de forma paralela: no es posible adoptar este ajuste ya que las actividades de implantación y configuración tienen dependencia de finalización de la implantación para el comienzo de la actividad de configuración; por tanto, no es posible este ajuste.

Solución modificando la secuencia de ejecución: de igual forma, no es posible modificar la secuencia de ejecución porque las actividades de implantación, configuración y pruebas tienen dependencia secuencial para su finalización y comienzo en el orden establecido.

Finalmente, la tabla de ajustes quedaría de la siguiente manera:

Continúa en página siguiente >>

<< Viene de página anterior

| CONSECUENCIA | | | | | |
|---|---|---|---|---|---|
| Solución (para 4 días) | Tipo ajuste | Duración | Recursos | Costes | valor del ajuste |
| Disminuir duración de la configuración con 2 técnicos de redes en lugar de 1 técnico | Recursos | Disminuye | Aumentan | Aumentan | 720 € |
| Disminuir la duración de la implantación de red con 3 técnicos en lugar de 2 técnicos | Recursos | Disminuye | Aumentan | Aumentan | 600 € |
| Determinar las horas extras para los técnicos en las actividades de implantación y/o configuración | Recursos | Disminuye | Aumentan | Aumentan | 920 € |
| Realizar las actividades restantes de forma paralela | Tiempo | Disminuye | Puede no variar | Puede no variar | -- |
| Modificar la secuencia de ejecución de las actividades restantes para finalizar | Recursos | Disminuye | Nivelación | Puede no variar | -- |

Se tiene un margen económico de costes de 1.500 € y, en este caso, ninguno de los tres ajustes supera esta cantidad. Por tanto, se elegirá la solución más económica que se ajuste a las necesidades, como es el de incorporar durante 4 días un técnico más de cableado a la actividad de implantación, siendo un total de 3 técnicos durante los 4 días. De esta forma, la duración de la ejecución disminuirá al poder asignar más carga de trabajo en consecuencia del aumento de recursos para la ejecución con un valor de 600 € en este plazo de 4 días.

## 11. Desarrollo de un supuesto práctico convenientemente caracterizado mediante la documentación técnica que establezca las especificaciones necesarias en el que se...

En este supuesto práctico se van a desarrollar aspectos sobre una implantación de red telemática caracterizado mediante la documentación técnica que establecerá las siguientes especificaciones del proyecto:

- Establecer las fases del proceso de implantación o mantenimiento.
- Descomponer cada fase en las distintas operaciones que la componen.
- Determinar los equipos y las instalaciones necesarios para el proceso.
- Calcular los tiempos de cada operación.
- Identificar y describir los puntos críticos del proceso.
- Representar las secuencias de tareas usando diagrama de Gantt y redes.
- Determinar los recursos humanos y materiales.
- Realizar la estimación de costes.

Este supuesto práctico está basado en una infraestructura de red telemática para dar servicio en dos plantas de un colegio, una planta baja y una 1.ª planta. En la planta baja se sitúan cinco aulas de enseñanza y el aula de secretaría mientras que en la primera planta se sitúan las dos aulas de informática para los alumnos y cinco despachos de profesores. La distribución necesaria es la siguiente:

- Planta baja:
  - 1 armario *rack* para ubicar los equipos en el cuarto de equipos.
  - 5 aulas: dos tomas de usuario en cada aula.
  - Secretaría: cinco tomas de usuario.
- 1.ª Planta:
  - 1 armario *rack* para ubicar los equipos en el cuarto de equipos.
  - 2 aulas de informática: 20 tomas en cada aula.
  - 5 despachos: dos tomas por despacho.

La justificación contenida en la memoria indica que se desea instalar una red telemática en el edificio del colegio (una planta baja y 1.ª planta) dotándolo de la infraestructura de red necesaria.

El objeto del proyecto es realizar la implantación de red telemática mediante la distribución del cableado, instalación y conexión de los equipos de red necesarios en base al cumplimiento de los requisitos exigidos y las normativas vigentes.

Se va a realizar la distribución del cableado horizontal en cada planta y la distribución vertical para la conexión entre plantas mediante canalización e instalando sistemas de protección y seguridad garantizando la compatibilidad de todos los equipos de red.

Con respecto a la red, se va a realizar un conexionado de los equipos que componen la red utilizando topología estrella. En este caso solo se tienen dos nodos, uno en la planta baja que se definirá como nodo principal y otro en la 1ª planta. Se ha elegido la topología estrella para facilitar una posible ampliación del edificio en un futuro, de esta forma la topología estrella facilitaría la nueva ampliación con respecto a su instalación y conexión.

En cuanto al equipamiento se van a utilizar los equipos de distribución y acceso de voz y datos ubicados en los armarios *rack* situados en el cuarto de equipos y con sistema de alimentación ininterrumpida. Se van a instalar el número de tomas de usuario correspondiente a cada espacio del colegio así como su etiquetado e identificación del cableado y de las tomas de usuario.

Se garantiza el mantenimiento de red una vez realizada la implantación y un servicio técnico las 24 horas en caso de incidencia además de un plazo de ejecución del proyecto de 60 días como máximo.

A continuación se muestran los planos incluidos en la documentación donde se representa la distribución del colegio en cada planta:

**Plano general del edificio y planos de la distribución para la implantación de la red telemática en el colegio para la 1.ª y 2.ª planta**

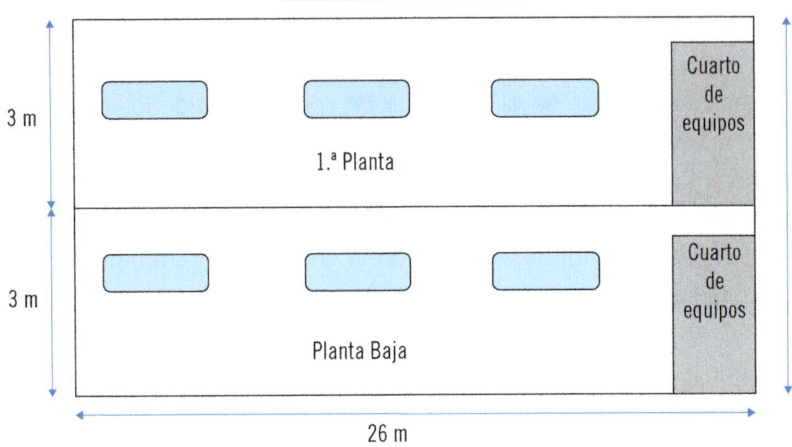


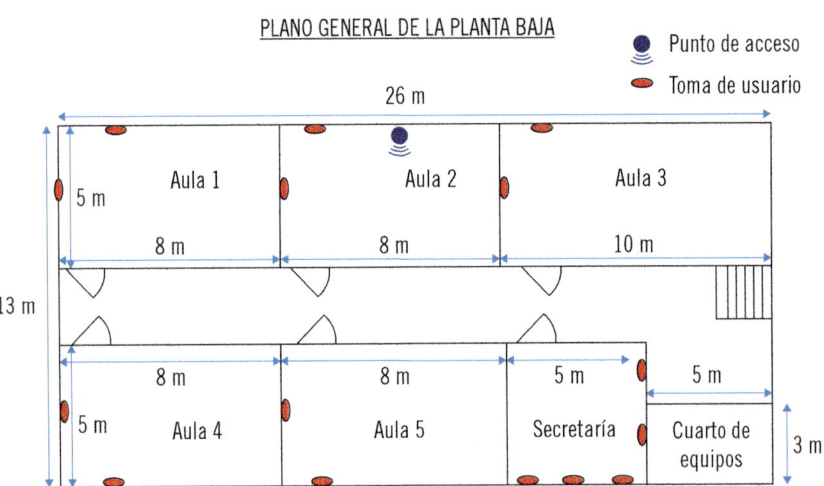


Continúa en página siguiente >>

<< Viene de página anterior

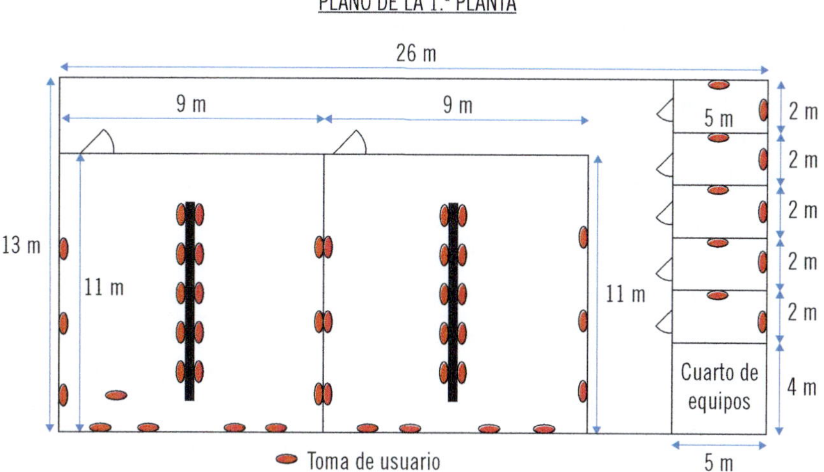


La información gráfica aportada por los planos permitirá establecer las medidas y las dimensiones de la red así como su distribución de cableado. Además, servirán para realizar los cálculos de materiales necesarios para la canalización del cableado, la longitud del cableado y las tomas de usuario necesarias en función de la información que contienen dichos planos.

## 11.1. Establecimiento de las fases del proceso de implantación o mantenimiento

En este apartado se van a establecer las distintas fases del proceso de implantación para una infraestructura de red telemática. Estas fases del proceso están compuestas por la totalidad de las actividades que deben realizarse para la finalización del proyecto.

### Fases del proceso de implantación

El proyecto de implantación de la red telemática en el colegio se va a dividir en las cuatro fases que se muestran a continuación:

1. **Recopilación de datos del proyecto:** se recogerán los datos necesarios relacionados con el proyecto.
2. **Diseño de la red telemática:** se diseñará la estructura y el cableado de la red telemática.
3. **Implantación de la red telemática:** se ejecutará la instalación de la red sobre el colegio.
4. **Pruebas de la red:** se realizarán las pruebas pertinentes sobre el funcionamiento e instalación de la red.

Estas cuatro fases del proyecto representadas en la memoria del proyecto, engloban todas las actividades necesarias para llevar a cabo la implantación de la red telemática en el colegio. Cada una de estas fases está compuesta por una serie de actividades que componen el proyecto y que son las actividades establecidas y necesarias para cumplir el objetivo y el alcance del mismo.

## 11.2. Descomposición de cada una de las fases en las distintas operaciones que la componen

Como ya se ha comentado, cada una de las fases en las que se ha dividido el proyecto está compuesta por una serie de actividades que, en su conjunto y representadas en la memoria, definen todas las tareas necesarias para su ejecución y cumplimiento del objetivo marcado.

A continuación se muestra la descomposición de las tareas que componen cada fase establecida sobre el proyecto:

1. **Recopilación de datos:**

   - Reunión con el cliente.
   - Recopilación de la información y los documentos relacionados con el proyecto.

2. **Diseño de la red:**

   - Diseño de la estructura de la red.
   - Cableado vertical, horizontal, puesto de usuario y canalizaciones.

3. **Implantación de la red:**

   - Instalación de armarios.
   - Despliegue del cableado.
   - Instalación de los equipos electrónicos de red.
   - Conexionado de los equipos de red.
   - Identificación y etiquetado del cableado y equipos.
   - Configuración de la red.
   - Certificado de instalación del cableado.

4. **Pruebas:**

   - Pruebas de funcionamiento e instalación de la red.
   - Documentación sobre la red.

De esta forma quedan definidas todas las fases del proyecto indicando la descomposición de las tareas que se van a llevar a cabo en la instalación de la red telemática en el edificio del colegio.

### 11.3. Determinación de los equipos y las instalaciones necesarios para ejecutar el proceso

Para realizar y ejecutar el proceso de instalación de la red se deben definir los equipos necesarios para llevar a cabo la instalación así como los sistemas de protección de la red que se van a implantar y los elementos de cableado necesarios.

A continuación se muestra el listado del equipamiento necesario dividido en diferentes grupos como son los equipos de red, el equipamiento eléctrico, los equipos de protección y los elementos para llevar a cabo el cableado sobre el edificio.

- **Equipos:**

  - 2 armarios *rack* (un armario principal y un armario secundario).
  - Dispositivos de red:

- 1 *router.*
- 2 *switches* de acceso y 2 *switches* de distribución.
- 1 controlador wifi.
- 1 equipo de punto de acceso.

- Electrónica común:

  - 4 *patch panel.*
  - 2 sistemas de alimentación ininterrumpida (SAI).

- Servidores:

  - Servidores DNS, Proxy y Radius

- Protección:

  - 1 equipo de ventilación monitorizado.
  - 1 dispositivo de monitorización ambiental (EMD).

- **Eléctrico:**

  - Protectores diferenciales y magnetotérmicos.
  - 2 regletas PDU de distribución eléctrica.
  - Cuadros eléctricos de distribución.

- **Cableado:**

  - Cableado vertical, horizontal y de puesto de usuario:

    - Cable UTP par trenzado de categoría 6.
    - Conectores RJ-45.
    - Caja Jack RJ-45.
    - Bandejas metálicas, canaletas PVC blancas, tuberías PVC y tubo de plástico flexible de color negro.

## 11.4. Cálculo de los tiempos de cada operación

Para cada una de las actividades de las que se compone el proyecto se va a realizar una estimación con respecto a los tiempos de ejecución necesarios para cada una de ellas. La estimación se realiza de forma lógica dependiendo del tiempo necesario que conlleva cada actividad, ya que hay actividades que necesitan un tiempo mayor para su ejecución.

Si fuese conveniente y necesario, se pueden utilizar datos de estimaciones referentes a otros proyectos similares o bien consultar con un experto en gestión de proyectos telemáticos que proporcione la información requerida para realizar una estimación de tiempos correcta.

A continuación se muestra una tabla con la estimación de tiempos realizada para cada una de las fases y sus correspondientes tareas:

| Recopilación de datos (TOTAL = 3 días) |
|---|
| Reunión con el cliente (1 día) |
| Recopilación de información y documentos sobre el proyecto (2 días) |
| Diseño de la red (TOTAL = 3 días) |
| Diseño de la estructura de red (3 días) |
| Implantación de la red (TOTAL = 32 días) |
| Instalación de armarios (3 días) |
| Despliegue del cableado (15 días) |
| Instalación de los equipos electrónicos de red (3 días) |
| Conexionado de los equipos de red (3 días) |
| Identificación y etiquetado del cableado y equipos (1 día) |
| Configuración de la red (3 días) |
| Certificado de instalación del cableado (4 días) |
| Pruebas (TOTAL = 8 días) |
| Pruebas de funcionamiento e instalación de la red (7 días) |
| Documentación sobre la red (1 día) |

## 11.5. Identificación y descripción de los puntos críticos del proceso

Durante la ejecución del proyecto se van a identificar tres puntos críticos considerados muy importantes para el correcto desarrollo de la ejecución. Se van a establecer estos tres puntos críticos en función del tipo de importancia que tiene sobre el proyecto, ya que la correcta ejecución y definición de cada uno de estos puntos provocará el cumplimiento de los requisitos y los objetivos deseados sobre la implantación.

### Primer punto crítico: recopilación de datos

El primer punto considerado crítico es el comienzo, ya que es la primera etapa del proyecto en la que se debe definir todo el alcance, los objetivos y los aspectos más importantes del proyecto. Esta definición es muy importante ya que toda la planificación y los aspectos relacionados con el proyecto girarán alrededor del objetivo planteado.

Para definir esta primera etapa se acordará una reunión con el cliente para que exponga todas sus necesidades y de esta manera realizar una correcta definición y planificación del proyecto.

En esta reunión se acordarán los plazos, los aspectos económicos, las necesidades y las características exigidas sobre el proyecto de implantación de red telemática. A partir de la reunión se establecerá toda la planificación y la ejecución del proyecto en función de las necesidades del cliente. Además, se recopilará toda la información necesaria de proyectos anteriores o bien con el asesoramiento de expertos que permitan aportar una oferta técnica o solución sobre los requisitos impuestos.

### Segundo punto crítico: implantación de la red

Este segundo punto crítico se debe marcar una vez realizada la certificación de la instalación del cableado realizado para la red. Este certificado permite comprobar que la finalización del cableado se ha llevado a cabo de forma correcta, siendo esta una de las partes básicas y más importantes del proyecto de implantación.

Por tanto, debe marcarse este plazo de finalización de la actividad como muy importante de cara a comprobar el correcto proceso de ejecución durante el seguimiento del proyecto.

**Tercer punto crítico: pruebas de red**

Es considerado el último punto crítico de la red ya que determinará el resultado de la verificación y el funcionamiento con las pruebas pertinentes que se realizarán sobre la red telemática. Con los resultados obtenidos de las pruebas se determinará si los requisitos impuestos por el cliente y las necesidades establecidas para la implantación se han cumplido de manera satisfactoria, garantizando así un correcto funcionamiento sobre las prestaciones de la red.

## 11.6. Representación de la secuencia de tareas utilizando diagramas de Gantt y diagramas de red

Para representar la secuenciación de las tareas se van a utilizar dos técnicas que permitirán establecer la programación de forma gráfica referente a los plazos del proyecto global, los plazos de ejecución establecidos para cada actividad y su correspondiente secuenciación a lo largo de la ejecución del proyecto.

A continuación se representa la secuenciación utilizando un diagrama de Gantt como se muestra en la siguiente imagen:

**Diagrama de Gantt para el proyecto de implantación de red telemática en el colegio**

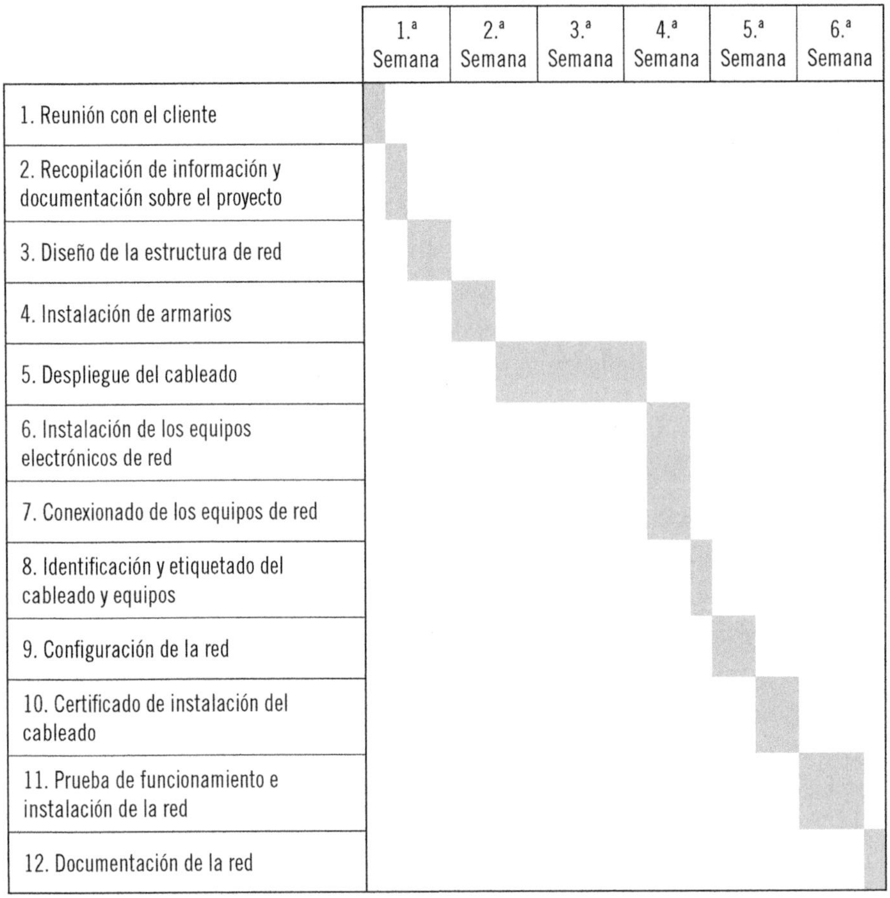

| | 1.ª Semana | 2.ª Semana | 3.ª Semana | 4.ª Semana | 5.ª Semana | 6.ª Semana |
|---|---|---|---|---|---|---|
| 1. Reunión con el cliente | | | | | | |
| 2. Recopilación de información y documentación sobre el proyecto | | | | | | |
| 3. Diseño de la estructura de red | | | | | | |
| 4. Instalación de armarios | | | | | | |
| 5. Despliegue del cableado | | | | | | |
| 6. Instalación de los equipos electrónicos de red | | | | | | |
| 7. Conexionado de los equipos de red | | | | | | |
| 8. Identificación y etiquetado del cableado y equipos | | | | | | |
| 9. Configuración de la red | | | | | | |
| 10. Certificado de instalación del cableado | | | | | | |
| 11. Prueba de funcionamiento e instalación de la red | | | | | | |
| 12. Documentación de la red | | | | | | |

Se observa que las actividades 6 y 7 correspondientes a la instalación de los equipos electrónicos y al conexionado de los equipos se pueden realizar simultáneamente. De esta manera y mediante el diagrama de Gantt se representa la secuenciación de tareas establecidas para el proyecto.

Con respecto al diagrama de redes se representarán las actividades mediante flechas como se muestra en el siguiente diagrama de red y su correspondiente tabla:

**Tabla y diagrama de redes para las actividades del proyecto de implantación de red telemática en el colegio**

| | TAREA | DEPENDENCIA |
|---|---|---|
| 1 - Reunión con el cliente | A | -- |
| 2 - Recopilación de información y documentos sobre el proyecto | B | A |
| 3 - Diseño de una estructura de red local | C | B |
| 4 - Instalación de los armarios | D | C |
| 5 - Despliegue del cableado | E | D |
| 6 - Instalación de los equipos electrónicos de red | F | E |
| 7 - Conexionado de los equipos de red | G | E |
| 8 - Identificación y etiquetado del cableado y equipos | H | E |
| 9 - Configuración de la red | I | F, G, H |
| 10 - Certificado de instalación del cableado | J | I |
| 11 - Pruebas de funcionamiento e instalación de la red | K | J |
| 12 - Documentación sobre la red | L | K |

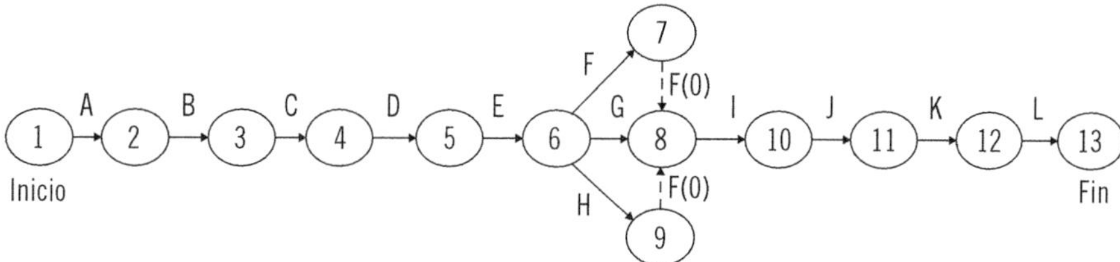


Se observa que la mayoría de actividades tienen precedencia lineal, excepto la F, G y H, que en este caso tienen precedencia de tipo divergente ya que las tres dependen de la realización de la actividad E para poder llevar a cabo su ejecución.

Por otra parte, se observa que existe una relación de precedencia convergente de la actividad I con respecto a las actividades F, G y H, de tal forma que la ejecución de la actividad I se realizará únicamente cuando se hayan ejecutado y finalizado las actividades F, G y H.

Se puede observar en el diagrama de redes que se han utilizado dos recursos de actividad ficticia (representadas con flecha discontinua) para poder realizar y establecer la relación de precedencia de la actividad I con su actividades predecesoras.

## 11.7. Determinación de los recursos humanos y materiales adecuados

Con respecto a los recursos humanos y materiales necesarios para llevar a cabo la implantación de la red, se ha determinado lo siguiente:

### Recursos humanos

Se necesita personal para realizar el diseño de la red además de personal especializado en la instalación de redes y distribución del cableado. Además, durante las actividades de implantación de la red será necesaria una persona encargada de la ejecución. Todos estos recursos humanos estarán dirigidos por el jefe de proyecto.

De forma resumida se muestran a continuación todos los recursos humanos necesarios:

| Recursos humanos necesarios |
| --- |
| Diseños de red: 1 consultor de redes y 2 técnicos de redes |
| Cableado de la red: 3 técnicos de cableado y un capataz de obra |
| 1 jefe de proyecto |

### Recursos materiales

Con respecto a los recursos materiales necesarios se establecen las siguientes necesidades:

| Recursos materiales necesarios |
| --- |
| Documentación de proyectos anteriores e información |
| Ordenador para documentación, gestión e informes |

Continúa en página siguiente >>

<< Viene de página anterior

| Recursos materiales necesarios |
|---|
| *Software* de gestión de proyectos y diseños de esquemáticos |
| Armarios *rack* para la ubicación de los equipos de red |
| Material de cableado: conectores, cables, canalizaciones |
| Equipamiento de electrónica de red: equipos de distribución, acceso, servidores, de distribución eléctrica y protección |

## 11.8. Realización de la estimación de costes

Para realizar la estimación de costes primero deben definirse los aspectos relacionados con los recursos humanos y los materiales necesarios. Debe establecerse el número y las horas estimadas para cada trabajador y así calcular el coste con respecto a los recursos humanos del proyecto.

De igual forma, se va a elaborar una tabla que represente el coste en cada fase de trabajo para poder hacer una visión general del desarrollo del proyecto y sus costes en cada una de las etapas de las que se componen.

Para los costes materiales, debe definirse el coste unitario de cada material y la cantidad de dicho material. En el caso del cableado es necesario realizar una serie de cálculos que determinarán la cantidad de material necesario para llevarlo a cabo. A continuación se muestran los cálculos de material para el cableado estructurado que se va a realizar en el proyecto:

- El punto más lejano sobre la superficie de instalación y el punto más cercano con respecto a las tomas de usuario que se van a instalar:
- Punto más cercano = 5 m y punto más lejano = 38 m
- Calculamos la distancia promedio = (punto más lejano + punto más cercano) / 2

A la distancia promedio se le añade el 10 % del valor obtenido como holgura:

D. promedio = (38 + 5) / 2 + 10 % = 23,65

Cada bobina de cable UTP tiene 305 metros de longitud de cable, el número de corridas de cada bobina viene dado de la siguiente forma:

D = 305 / D. promedio = 305 / 23,65 = 12,82 ≈ 13

El número de tomas en la planta baja será de 15 mientras que en la 1ª planta será de 5, para un total de 65 tomas.

Finalmente se calcula el número de bobinas necesarias:

Planta baja: n.º bobina s= n.º de tomas / D = 15 / 13 = 1,15 ≈ 1,5

1.ª planta: n.º bobinas = n.º de tomas / D = 50 / 13 = 3,8 ≈ 4

El total de bobinas necesarias sería de 5,5, que redondeando quedarían en 6 bobinas de cable UTP.

Para los latiguillos de conexión se estima una cantidad de 80, 2 regletas PDU (una en cada armario) y dos cuadros de distribución eléctrica (uno en cada planta).

El número de conectores sería: 90 latiguillos x 2 =180 conectores.

Se tienen 65 cajas RJ-45, por tanto se necesitan 65 conectores, lo que hace un total de 225 conectores.

Con respecto a las canaletas, se estima en la planta naja 21 metros y en la 1.ª planta 18 metros para un total de 40 metros redondeando.

Para a las bandejas metálicas se estima un recorrido de 65 metros por planta; por tanto, se tiene un recorrido total de 130 metros mientras que para la tubería de PVC que canaliza los cables entre las dos plantas se necesitarán 3,5 metros de longitud.

La protección eléctrica con diferenciales y magnetotérmicos resulta un total de 22 diferenciales distribuidos de la siguiente forma:

- 5 en cada aula de informática (2 aulas) = 10.
- 1 en cada despacho (5 despachos) = 5.
- 2 en secretaría = 2.
- 1 en cada clase (5 clases) = 5.

Una vez realizados los cálculos de material, se procederá a realizar los cálculos de estimación sobre los costes mediante las tablas que se muestran a continuación para los costes de recursos humanos, materiales, por fases y el coste total:

**Tabla de costes recursos humanos**

| Rol | Coste euros/hora | N.º de horas/día | Coste diario | Cantidad | Días de trabajo | Coste total |
|---|---|---|---|---|---|---|
| Consultor de redes | 30 € | 6 | 180 € | 1 | 3 | 540 € |
| Técnico de redes | 30 € | 6 | 180 € | 2 | 14 | 5.040 € |
| Técnico de cableado | 25 € | 6 | 150 € | 3 | 32 | 14.400 € |
| Capataz | 30 € | 6 | 180 € | 1 | 32 | 5.760 € |
| **COSTE TOTAL** | | | | | | **25.740 €** |

**Tabla de costes por fases**

| Etapa | Duración | Trabajadores | Coste por trabajador | Coste por etapa |
|---|---|---|---|---|
| Recopilación de datos | 3 días | Consultor (x1)<br>Técnico de redes (x2) | 540 €<br>1.080 € | 1.620 € |
| Diseño de la red | 3 días | Técnico de redes (x2) | 1.080 € | 1.080 € |
| Implantación de la red | 32 días | Técnico cableado (x3)<br>Capataz (x1) | 14.400 €<br>5.760 € | 20.160 € |
| Pruebas | 8 días | Técnico de redes (x2) | 2.880 € | 2.880 € |

**Tabla de costes de materiales**

| Material | Coste unitario | Cantidad | Coste total |
|---|---|---|---|
| Armario *Rack* | 475 € | 2 | 900 € |
| Bobina cable UTP (305m) | 145,75 € | 6 | 874,5 € |
| Latiguillos | 40,60 € | 90 | 3.654 € |
| Canaletas | 7,45 € /m | 40 m | 298 € |
| Tubería PVC | 11 € /m | 3,5 m | 38,5 € |
| Bandejas metálicas | 12,45 € /m | 130 m | 1.618,5 € |
| Conector RJ-45 | 0,50 € /m | 225 | 112,5 € |
| Caja RJ-45 | 4,75 € /m | 65 | 308,75 € |
| Router | 725 € | 1 | 725 € |
| *Switch* de acceso | 2.100 € | 2 | 4.200 € |
| *Switch* de distribución | 1.460 € | 2 | 2.920 € |
| Controlador wifi | 1.950 € | 1 | 1.950 € |
| Equipo de punto de acceso | 45,80 € | 1 | 45,80 € |
| *Patch Panel* | 55,70 € | 4 | 222,8 € |
| Servidores | 1.700 € | 3 | 5.100 € |

Continúa en página siguiente >>

<< Viene de página anterior

| Tabla de costes de materiales | | | |
|---|---|---|---|
| **Material** | **Coste unitario** | **Cantidad** | **Coste total** |
| Equipo ventilación | 13,80 € | 1 | 13,80 € |
| Equipo de monitorización ambiental | 540 € | 1 | 540 € |
| Diferenciales y magnetotérmicos | 8,64 € | 22 | 190,08 € |
| Regletas PDU | 40,86 € | 2 | 81,72 € |
| Cuadros de distribución eléctrica | 46,95 € | 2 | 93,9 € |
| **Coste Total** | | | **23.887,85 €** |

Una vez realizada la estimación de costes humanos y materiales se obtiene la tabla resumen de costes generales que se muestra a continuación:

| Tabla de coste total | |
|---|---|
| **Concepto** | **Coste** |
| Mano de obra | 25.740 € |
| Materiales | 25.887,85 € |
| Costes generales | 2.500 € |
| **Coste total** | **52.127,850 €** |

## 12. Desarrollo de un supuesto práctico de implantación de una red convenientemente caracterizado mediante documentación técnica que incluya, al menos, los planos y esquemas de la misma, las fechas de inicio y finalización, los procesos utilizados, los recursos humanos y medios de producción disponibles, así como el calendario laboral, la planificación del suministro de productos y equipos, en el que se...

Se desea instalar una red telemática en una residencia universitaria que conste de una transmisión de voz y datos y acceso a conexión wifi mediante los equipos e infraestructura adecuada para ello.

La residencia consta de dos edificios, un edificio destinado a las habitaciones de los universitarios y otro edificio independiente correspondiente a la biblioteca. La distribución será la siguiente:

- **Edificio de habitaciones:**
  - Planta baja: 9 habitaciones, secretaría, sala de estar, aseos y cuarto de equipos de red.
  - 1.ª y 2.ª planta: 12 habitaciones, aseos y cuarto de equipos (estas dos plantas son exactamente iguales en cuanto a su distribución y número de habitaciones).
- **Edificio biblioteca:**
  - Biblioteca: mesas de conexión a internet y estudio además de aseos y cuarto de equipos de red.

A continuación se muestra la distribución de los dos edificios donde se va a realizar la implantación de la red telemática:

**Planos de la distribución para la implantación de la telemática sobre los dos edificios que componen la residencia universitaria**

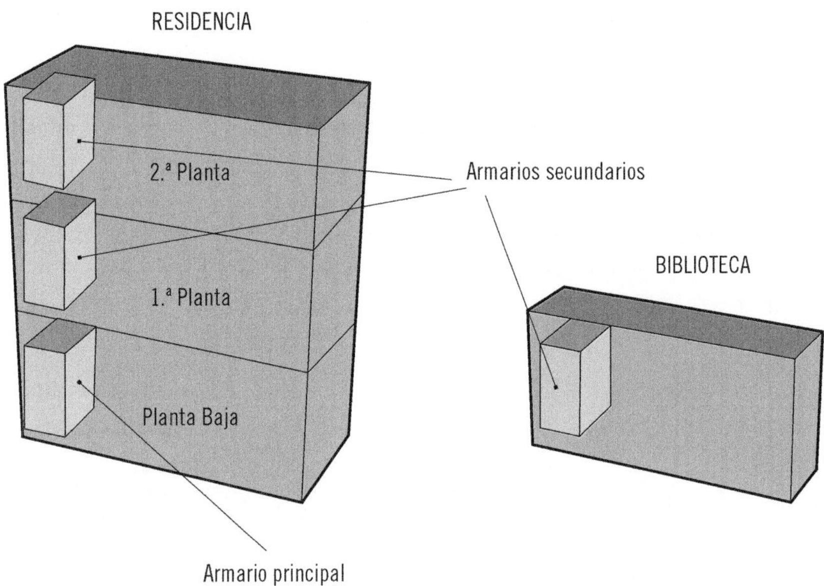


El diseño y la implantación de la red estarán definidos según la Norma TIA/EIA-568ª sobre el sistema de cableado que se va a desarrollar, las distancias, los tipos de cables y los conectores.

La topología de red usada será tipo estrella, donde el armario *rack* situado en la planta baja de la residencia será el nodo centra de la red, mientras que los otros tres armarios situados en la 1.ª y 2.ª planta, así como el situado en la biblioteca, serán los armarios secundarios conectados al nodo central.

Cada armario secundario contendrá un *switch* de acceso mientras que el armario principal contendrá un *switch* de acceso y otro de distribución para las plantas y el edificio de biblioteca.

La conexión de los armarios entre plantas se va a realizar con cable par trenzado UTP de categoría 6 mientras que para la conexión entre el armario principal situado en la residencia y el armario situado en la biblioteca se utilizará cable de fibra óptica multimodo para que proporcione una velocidad adecuada a la distancia existente entre los dos edificios, ya que el cable UTP no permite una distancia mayor a 90 metros y, en este caso, los edificios se encuentran a una distancia de 150 metros. A continuación se muestra el plano esquemático de dicha conexión:

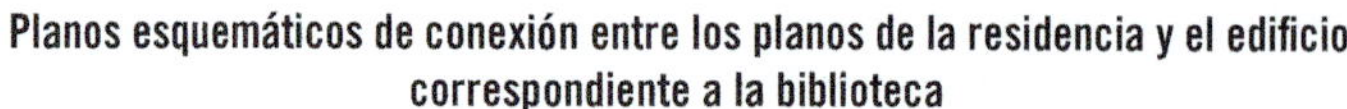

**Planos esquemáticos de conexión entre los planos de la residencia y el edificio correspondiente a la biblioteca**

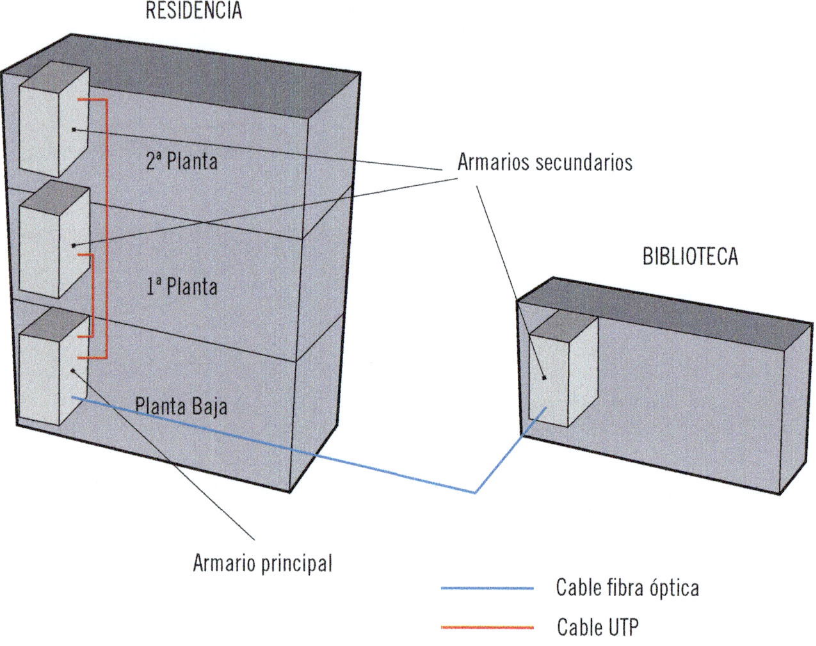


En los planos esquemáticos se muestran la distribución de habitaciones en cada planta así como la distribución en el edificio correspondiente a la biblioteca. A continuación se muestran los planos que representan gráficamente la ubicación de la instalación para la distribución de tomas de usuario y los puntos de distribución de para la conexión wifi:

**Planos de la distribución de la red para la planta baja, 1.ª y 2.ª planta, así como la distirbución para la biblioteca**

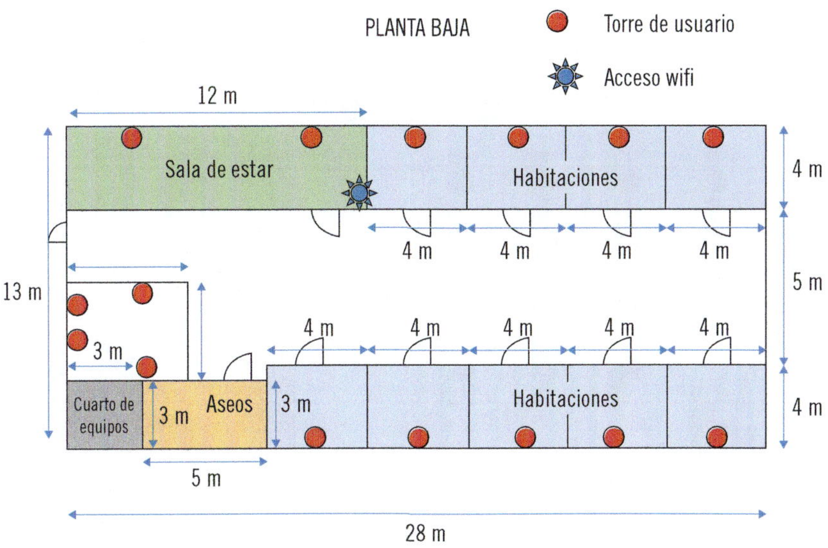


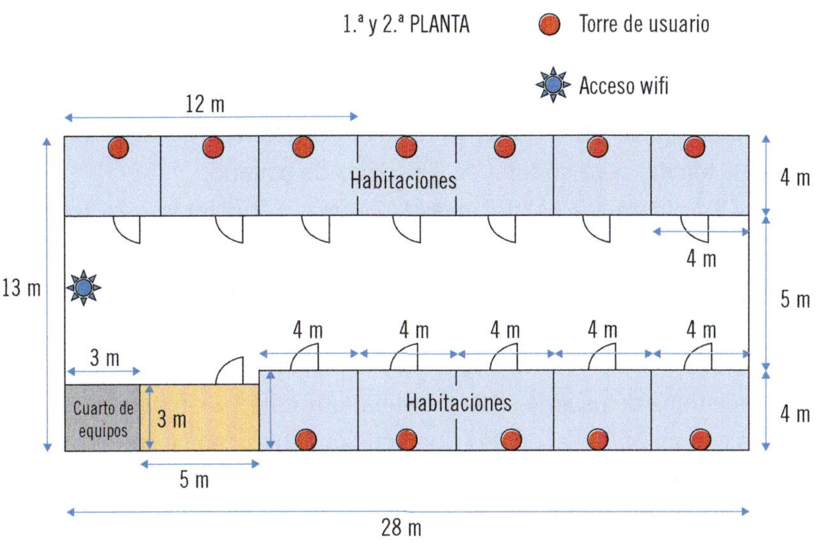


Continúa en página siguiente >>

<< Viene de página anterior

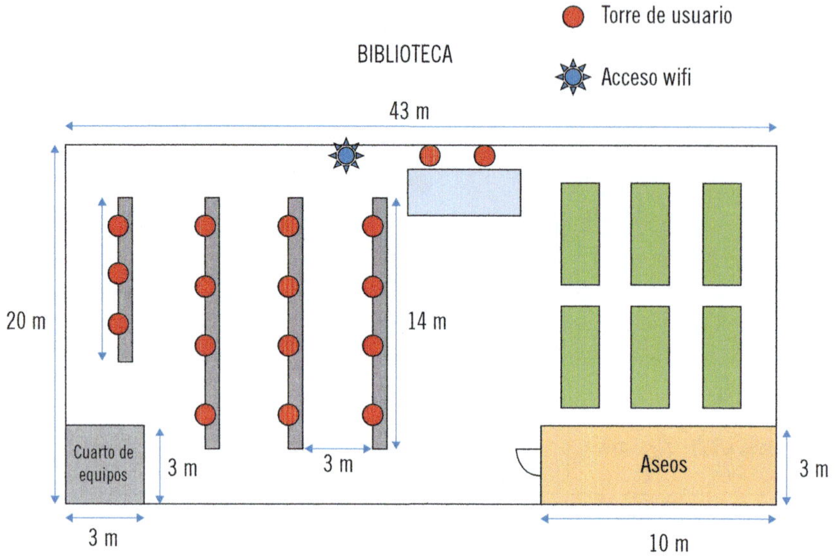


El número de tomas de usuario que se van a instalar son las siguientes (una toma por cada habitación):

- Planta baja: 9 habitaciones (9 tomas), secretaria (4 tomas), sala de estar (2 tomas) para un total de 15 tomas de usuario.
- 1.ª y 2.ª planta: 12 habitaciones (12 tomas x 2 plantas = 24 tomas).
- Biblioteca: 15 PC en la zona de ordenadores para estudiantes (15 tomas) más dos tomas de usuario para el responsable de biblioteca (2)
- Total de tomas = 56 tomas de usuario.

Para cada toma de usuario se va a instalar una caja RJ-45 para conexión de voz y datos con un par de enchufes tipo Schuko dobles con su correspondiente etiquetado. En el armario principal se va a instalar lo siguiente:

- Equipo de ventilación.
- Sistema de distribución de energía.
- Sistema de alimentación forzada.
- Sistema de seguridad para el acceso al armario.

Se realizará la distribución del cableado por el falso techo del edificio y su canalización a lo largo de las plantas de la residencia y para conectar la red con la biblioteca, además del etiquetado del cableado y los equipos de red.

Se instalará un sistema de protección sobre la distribución de electricidad sobre los equipos de red, incorporando interruptores diferenciales y magnetotérmicos a lo largo del despliegue para las tomas de corriente de los usuarios.

Una vez instalada y finalizada toda la implantación de la red se acuerda un servicio de mantenimiento durante dos años, estableciendo una revisión y mantenimiento trimestral además de la disponibilidad de un servicio técnico 24 horas en caso de incidencias.

Se ha establecido un plazo de dos meses para la realización del proyecto para un total de 45 días laborables. El inicio del proyecto será el 1 de septiembre y se espera que su finalización sea antes del 31 de octubre. A continuación se muestra el calendario laboral establecido para el proyecto:

**Calendario establecido para la realización del proyecto**

| Julio 2025 | | | | | | | |
|---|---|---|---|---|---|---|---|
| Sem. | Lu | Ma | Mi | Ju | Vi | Sá | Do |
| 27 | | 1 | 2 | 3 | 4 | 5 | 6 |
| 28 | 7 | 8 | 9 | 10 | 11 | 12 | 13 |
| 29 | 14 | 15 | 16 | 17 | 18 | 19 | 20 |
| 30 | 21 | 22 | 23 | 24 | 25 | 26 | 27 |
| 31 | 28 | 29 | 30 | 31 | | | |

| Agosto 2025 | | | | | | | |
|---|---|---|---|---|---|---|---|
| Sem. | Lu | Ma | Mi | Ju | Vi | Sá | Do |
| 31 | | | | | 1 | 2 | 3 |
| 32 | 4 | 5 | 6 | 7 | 8 | 9 | 10 |
| 33 | 11 | 12 | 13 | 14 | 15 | 16 | 17 |
| 34 | 18 | 19 | 20 | 21 | 22 | 23 | 24 |
| 35 | 25 | 26 | 27 | 28 | 29 | 30 | 31 |

| Septiembre 2025 | | | | | | | |
|---|---|---|---|---|---|---|---|
| Sem. | Lu | Ma | Mi | Ju | Vi | Sá | Do |
| 36 | 1 | 2 | 3 | 4 | 5 | 6 | 7 |
| 37 | 8 | 9 | 10 | 11 | 12 | 13 | 14 |
| 38 | 15 | 16 | 17 | 18 | 19 | 20 | 21 |
| 39 | 22 | 23 | 24 | 25 | 26 | 27 | 28 |
| 40 | 29 | 30 | | | | | |

| Octubre 2025 | | | | | | | |
|---|---|---|---|---|---|---|---|
| Sem. | Lu | Ma | Mi | Ju | Vi | Sá | Do |
| 40 | | | 1 | 2 | 3 | 4 | 5 |
| 41 | 6 | 7 | 8 | 9 | 10 | 11 | 12 |
| 42 | 13 | 14 | 15 | 16 | 17 | 18 | 19 |
| 43 | 20 | 21 | 22 | 23 | 24 | 25 | 26 |
| 44 | 27 | 28 | 29 | 30 | 31 | | |

| Noviembre 2025 | | | | | | | |
|---|---|---|---|---|---|---|---|
| Sem. | Lu | Ma | Mi | Ju | Vi | Sá | Do |
| 44 | | | | | | 1 | 2 |
| 45 | 3 | 4 | 5 | 6 | 7 | 8 | 9 |
| 46 | 10 | 11 | 12 | 13 | 14 | 15 | 16 |
| 47 | 17 | 18 | 19 | 20 | 21 | 22 | 23 |
| 48 | 24 | 25 | 26 | 27 | 28 | 29 | 30 |

| Diciembre 2025 | | | | | | | |
|---|---|---|---|---|---|---|---|
| Sem. | Lu | Ma | Mi | Ju | Vi | Sá | Do |
| 49 | 1 | 2 | 3 | 4 | 5 | 6 | 7 |
| 50 | 8 | 9 | 10 | 11 | 12 | 13 | 14 |
| 51 | 15 | 16 | 17 | 18 | 19 | 20 | 21 |
| 52 | 22 | 23 | 24 | 25 | 26 | 27 | 28 |
| 1 | 29 | 30 | 31 | | | | |

Inicio

Final

Las actividades que se van a realizar para la implantación del proyecto son las siguientes:

1. Reunión con el director de la residencia (1 día).
2. Recopilación de la documentación necesaria (2 días).
3. Diseño de la red telemática para los dos edificios (4 días).

    - Planos de ubicación de los equipos y armarios.
    - Diseño de la distribución del cableado.
    - Definición de los equipos de red necesarios.
    - Planos y esquemas de conexión de equipos.
    - Definición del equipo de trabajo.

4. Implantación de la red (25 días).

    - Despliegue del cableado estructurado.
    - Instalación y conexión de equipos.
    - Configuración de la red.
    - Certificado del cableado.

5. Pruebas de la red (10 días).

    - Pruebas de funcionamiento para los dos edificios.
    - Documentación de las pruebas.

6. Documentación del proyecto (1 día).

    - Manual de usuario.
    - Documentos técnicos de los equipos y el proyecto.

7. Mantenimiento de la red (2 años).

| Actividad | Duración | Fecha inicio | Fecha fin |
|---|---|---|---|
| Reunión director residencia | 1 día | 01/09/2025 | 02/09/2025 |
| Recopilación de documentación | 2 días | 02/09/2025 | 04/09/2025 |
| Diseño de la red telemática | 4 días | 04/09/2025 | 10/09/2025 |
| Implantación de la red | 25 días | 10/09/2025 | 15/10/2025 |
| Pruebas de red | 10 días | 15/10/2025 | 29/10/2025 |
| Documentación del proyecto | 1 día | 29/10/2025 | 30/10/2025 |
| Mantenimiento | 2 años | | |

### 12.1. Determinación de los hitos de cada una de las principales fases del trabajo

El proyecto está compuesto por siete fases de trabajo donde se va a establecer una serie de hitos que permitirán comprobar el estado del proyecto y hacer una valoración sobre el desarrollo del mismo. Se van a establecer cinco hitos durante la ejecución del proyecto al finalizar las actividades que se consideran determinantes para la correcta ejecución como se muestra en la siguiente tabla:

| **Calendario de ejecución del proyecto que define cinco hitos durante el desarrollo** | |
|---|---|
| **Fecha** | **Hito** |
| 03/09/2025 | Recopilación de documentación |
| 09/09/2025 | Definición del equipo de trabajo |
| 14/10/2025 | Certificación del cableado |
| 28/10/2025 | Documentación de las pruebas |
| 29/10/2025 | Documentación del proyecto |

**Calendario de ejecución del proyecto que define cinco hitos durante el desarrollo**

| Julio 2025 | | | | | | | |
|---|---|---|---|---|---|---|---|
| Sem. | Lu | Ma | Mi | Ju | Vi | Sá | Do |
| 27 | | 1 | 2 | 3 | 4 | 5 | 6 |
| 28 | 7 | 8 | 9 | 10 | 11 | 12 | 13 |
| 29 | 14 | 15 | 16 | 17 | 18 | 19 | 20 |
| 30 | 21 | 22 | 23 | 24 | 25 | 26 | 27 |
| 31 | 28 | 29 | 30 | 31 | | | |

| Agosto 2025 | | | | | | | |
|---|---|---|---|---|---|---|---|
| Sem. | Lu | Ma | Mi | Ju | Vi | Sá | Do |
| 31 | | | | | 1 | 2 | 3 |
| 32 | 4 | 5 | 6 | 7 | 8 | 9 | 10 |
| 33 | 11 | 12 | 13 | 14 | 15 | 16 | 17 |
| 34 | 18 | 19 | 20 | 21 | 22 | 23 | 24 |
| 35 | 25 | 26 | 27 | 28 | 29 | 30 | 31 |

| Septiembre 2025 | | | | | | | |
|---|---|---|---|---|---|---|---|
| Sem. | Lu | Ma | Mi | Ju | Vi | Sá | Do |
| 36 | 1 | 2 | 3 | 4 | 5 | 6 | 7 |
| 37 | 8 | 9 | 10 | 11 | 12 | 13 | 14 |
| 38 | 15 | 16 | 17 | 18 | 19 | 20 | 21 |
| 39 | 22 | 23 | 24 | 25 | 26 | 27 | 28 |
| 40 | 29 | 30 | | | | | |

| Octubre 2025 | | | | | | | |
|---|---|---|---|---|---|---|---|
| Sem. | Lu | Ma | Mi | Ju | Vi | Sá | Do |
| 40 | | | 1 | 2 | 3 | 4 | 5 |
| 41 | 6 | 7 | 8 | 9 | 10 | 11 | 12 |
| 42 | 13 | 14 | 15 | 16 | 17 | 18 | 19 |
| 43 | 20 | 21 | 22 | 23 | 24 | 25 | 26 |
| 44 | 27 | 28 | 29 | 30 | 31 | | |

| Noviembre 2025 | | | | | | | |
|---|---|---|---|---|---|---|---|
| Sem. | Lu | Ma | Mi | Ju | Vi | Sá | Do |
| 44 | | | | | | 1 | 2 |
| 45 | 3 | 4 | 5 | 6 | 7 | 8 | 9 |
| 46 | 10 | 11 | 12 | 13 | 14 | 15 | 16 |
| 47 | 17 | 18 | 19 | 20 | 21 | 22 | 23 |
| 48 | 24 | 25 | 26 | 27 | 28 | 29 | 30 |

| Diciembre 2025 | | | | | | | |
|---|---|---|---|---|---|---|---|
| Sem. | Lu | Ma | Mi | Ju | Vi | Sá | Do |
| 49 | 1 | 2 | 3 | 4 | 5 | 6 | 7 |
| 50 | 8 | 9 | 10 | 11 | 12 | 13 | 14 |
| 51 | 15 | 16 | 17 | 18 | 19 | 20 | 21 |
| 52 | 22 | 23 | 24 | 25 | 26 | 27 | 28 |
| 1 | 29 | 30 | 31 | | | | |

□ Inicio □ Final ○ Hitos

Se ha considerado que la finalización y el estado de estas cinco actividades determinarán el correcto desarrollo del proyecto. En cada una de estas cinco fechas establecidas se realizará un informe que refleje el estado actual del proyecto y el seguimiento efectuado. A partir de estos informes se realizarán las valoraciones necesarias en caso de no cumplir los requisitos de duración, recursos y costes.

## 12.2. Establecimiento de la carga de trabajo en los distintos puestos de trabajo, equilibrado de las cargas

Los recursos humanos necesarios para realizar el proyecto son los siguientes:

- 2 técnicos de redes.
- 3 técnicos de cableado.
- 1 capataz de obra.
- 1 ingeniero técnico de telecomunicaciones.
- 1 experto asesor de redes (miembro interno de la empresa).

Las cargas de trabajo establecidas para los diferentes trabajadores inmersos en el proyecto, la estimación de horas al día, el número de días y las personas asignadas a cada actividad se reflejan en la siguiente tabla:

| Actividad | ROL | Personas asignadas | Estimación horas/día | Número de días | Horas totales |
|---|---|---|---|---|---|
| Reunión director residencia | 2 Técnicos redes<br>1 Ing. Teleco | 3 | 6h/día | 1 día | 18 horas |
| Recopilación de documentación | 1 Experto asesor<br>2 Téc. redes | 3 | 6h/día | 2 días | 36 horas |
| Diseño de la red | 2 Téc. redes | 2 | 6h/día | 4 días | 48 horas |
| Implantación de la red | 1 Capataz<br>3 Téc. cableado | 4 | 6h/día | 25 días | 600 horas |
| Pruebas de red | 2 Téc. redes | 2 | 6h/día | 10 días | 120 horas |
| Documentación del proyecto | 1 Ing. Teleco<br>2 Téc. redes | 3 | 6h/día | 1 día | 18 horas |
| Mantenimiento | 1 Téc. redes | 1 | 4 | 8 días (1 día por trimestre durante 2 años) | 32 horas |

Puede surgir un problema durante el desarrollo por un desequilibrio en la asignación de cargas de trabajo. Se va a prestar especial atención a las actividades de implantación de la red (la que más duración tiene) ya que un posible retraso en esta actividad provocaría un retraso en los plazos globales establecidos. En el caso de no cumplir los tiempos estimados se plantean las siguientes soluciones para realizar un equilibrado de cargas de trabajo:

- Aumentar el tiempo de trabajo mediante horas extra en la actividad de implantación.
- Definir la dedicación de tiempo parcial de un técnico de cableado que ayude a realizar la actividad de implantación.

Otra actividad que se va a definir como crítica es la de pruebas. Esta actividad reflejará el estado correcto o incorrecto del sistema de red implantado. En el caso de tener la necesidad de realizar un equilibrio de cargas para los dos técnicos de redes disponibles para esta actividad se establece que un técnico se dedicará a las pruebas de red y otro técnico comenzará con la documentación técnica de la red con dedicación parcial a las pruebas.

## 12.3. Identificación, por el nombre o código normalizado, de los materiales, los productos, los componentes, las herramientas y los equipos requeridos para acometer las distintas operaciones que implican la implantación o el mantenimiento del sistema

La planificación de productos y equipos necesarios para llevar a cabo la implantación se va a dividir en los grupos de equipos de red, los materiales de cableado, las herramientas *software* y las herramientas para el cableado como se muestra en las siguientes tablas:

| **Equipos de red** | | |
|---|---|---|
| **Equipo** | **Marca** | **Modelo** |
| Router | Cisco | ASA5506-K9 |
| Switch principal Ethernet | Cisco | Catalyst C9200-24T |
| Switch principal fibra | Cisco | MDS 9124V |
| Switch secundario- 24p | D-Link | DXS-3400 Series |
| *Patch Panel* | D-Link | *Patch panel* 22-26 AWG |
| Controlador wifi | Cisco | Catalyst 9800-40 |
| Punto de acceso | Cisco | Catalyst 9166 Series |
| Firewall | Cisco | ASA 5500-X Series |
| Servidor DNS | HP | HPE ProLiant ML110 G6 Server |
| Servidor Proxy | Intel | PENTIUM E5700 |
| Servidor Asterix | Intel | PENTIUM E5700 |
| SAI | Schneider Electric | BACK-UPS 500VA, 230 V SX3500CI |

| **Material de cableado** | |
|---|---|
| **Material** | **Modelo** |
| Bobinas UTP de 305 metros | Categoría 6 |
| Bobina de fibra de 300 metros | Multimodo |

Continúa en página siguiente >>

<< Viene de página anterior

| Material de cableado | |
|---|---|
| **Material** | **Modelo** |
| Latiguillos de fibra | MTRJ-SC |
| Conector | RJ-45 |
| Conector | Cisco SFP |
| Caja | RJ-45 doble |
| Bandejas metálicas | Bandeja 60 electrozincada |
| Canaletas | Estándar PVC blanco |
| Máquina de etiquetado portátil | PT-H500 |

| Equipo de protección de armario y red | |
|---|---|
| **Equipo** | **Modelo** |
| Rack PDU | Switches, 1U, 16ª, 208/230V C13 |
| Interruptores diferenciales | CFK6 |
| Ventilador | 120x120x40mm de 220VAC |
| Control ambiental | RSE2X panel LCD |
| Seguridad y acceso | Sistema de vigilancia monitorizado CMC-TC |

| Herramientas *Software* | |
|---|---|
| **Planificador y gestión de proyectos** | **Openproj** |
| Hojas de cálculo | *Microsoft Excel* |
| Procesador de texto | *Microsoft Word* |
| Herramienta de diagramación | *Microsoft Visio* |
| Diseño de red | *Autocad* |
| Diseño de planos y esquemas | *SketchUp* |

Las herramientas y el utillaje necesarios para realizar la implantación de la red telemática serán definidos para llevar a cabo el cableado estructurado y su canalización. Además, se necesitará un equipo de pruebas de red y equipos de certificación del cableado que midan los factores de atenuación, impedancias, ruidos, retardos de propagación y resistencia sobre la red y su transferencia de voz y datos.

## 12.4. Generación de información que defina los aprovisionamientos, los medios, el utillaje, las herramientas y los *stocks* intermedios necesarios

Para realizar el cableado serán necesarios los siguientes aprovisionamientos, medios de instalación y *stocks:*

- **Caja de herramientas con las siguientes herramientas:**

*Maletín de herramientas para el cableado, herramienta de presión para cable (ponchadora) y pinza telefónica para RJ-45*

- 2 sets de destornilladores, alicates y cúteres.
- 5 tijeras para cables eléctricos y electrónicos.

- 6 unidades de metros de cinta metálica de 5 metros de longitud y lápices de marcado.
- 3 pelacables.
- 3 pinzas telefónicas para RJ45 para colocar los conectores RJ-45 en el cable UTP.
- 3 herramientas de presión (ponchadoras) para colocar el cable UTP en el conector RJ-45.

- **Aprovisionamiento de material de cableado:**
  - 1 bobina de cable UTP de 305 m.
  - 1 bobina de cable de fibra multimodo de 300 m.
  - 100 conectores RJ-45.
  - 50 latiguillos de conexión.
  - 20 cajas RJ45

- **Aprovisionamiento del material de canalización:**
  - 4 tuberías de PVC blancas de 3 m de longitud cada una.
  - 30 canaletas de plástico PVC de 3 m de longitud cada una.
  - 40 metros de tubo forroplast para empaquetamiento del cableado.

- **Canalización del cableado:**
  - 1 soldador metálico para bandejas de canalización.
  - 2 sierras para corte de canaletas PVC.
  - 25 cajas de distribución de la canalización.

- **Equipos y accesorios:**
  - 1 máquina etiquetadora para el cableado y los equipos de red.
  - 1 tirador de cables para tuberías.
  - 2 taladros y 1 soldador.
  - 500 tornillos de fijación para canaletas y bandejas.
  - 400 bridas de plástico para fijación.

- **Equipos de pruebas de red y certificado del cableado:**
  - 3 multímetros para medición.
  - 2 generadores de tonos de identificación y localización de los cables.
  - 2 probadores de cable para cruzamientos.
  - 1 equipo de testeo para comprobación de continuidad del cable UTP y cruzamientos.
  - 1 analizador de redes para comprobar atenuación, armado de cable y defectos de armado.
  - 1 equipo de testeo analógico/digital de la red.

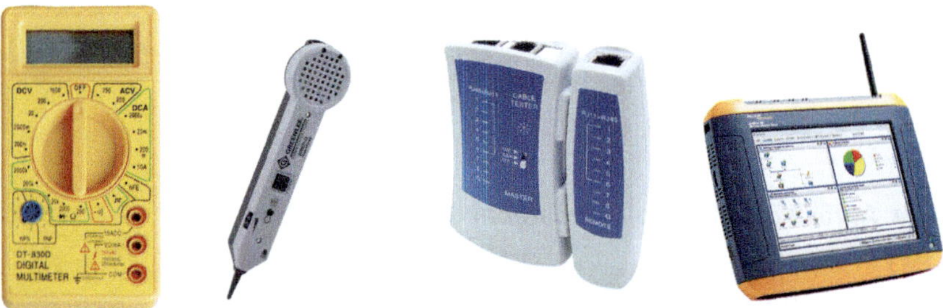

*De izquierda a derecha: multímetro, generador de tonos, testador del cableado y analizador de redes*

## 13. Resumen

Basándose en las distintas técnicas de programación de proyectos como Gantt y las técnicas de teoría de grafos se diseña la planificación de un proyecto de redes telemáticas.

Además de estas técnicas, se han usado diferentes tipos de diagramas para desarrollar la descomposición de tareas y recomendaciones para una correcta definición de las técnicas de análisis de tareas y la secuenciación de las mismas dentro del proyecto.

Se han realizado las estimaciones de las duraciones para cada tarea, estimaciones sobre la asignación de recursos y los costes que conllevan ejemplificados con distintos documentos que reflejan dicha información dentro de la documentación del proyecto.

La programación realizada y las estimaciones llevadas a cabo están directamente relacionadas con el alcance, los objetivos, el presupuesto y los recursos disponibles para poder ejecutarlo, de forma que una vez establecidas las dimensiones del proyecto de implantación de red telemática se debe proceder a generar toda la información que refleje la planificación establecida para el proyecto.

## Ejercicios de repaso y autoevaluación

**1. Indique cuál de las siguientes afirmaciones es verdadera o falsa.**

a. La utilización del diagrama de Gantt es adecuado para proyectos con pocas actividades.

- ☐ Verdadero
- ☐ Falso

b. En el método de la ruta crítica los tiempos de las actividades son probabilísticos.

- ☐ Verdadero
- ☐ Falso

c. Una de las ventajas de usar las técnicas basadas en la teoría de grafos es detectar las actividades críticas del proyecto.

- ☐ Verdadero
- ☐ Falso

**2. ¿Qué es la optimización de tiempos y costes dentro de un proyecto?**

______________________________________________________________

______________________________________________________________

______________________________________________________________

______________________________________________________________

______________________________________________________________

______________________________________________________________

______________________________________________________________

**3. ¿Qué es una tabla de decisión?**

a. La descomposición de tareas del proyecto.
b. La unión entre tareas secuencialmente representadas de forma gráfica.
c. Herramienta que sintetiza los procesos en los que se establecen un conjunto de condiciones y acciones a llevar a cabo.
d. Todas las opciones son correctas.

**4. ¿Qué es un cronograma de entregables?**

______________________________________________

______________________________________________

**5. Un hito se define como...**

a. ... un evento que indica el tipo de precedencia entre dos actividades.
b. ... una tarea de duración cero que representa la consecución de un logro o meta dentro del proyecto.
c. ... una actividad que se representa con línea discontinua dentro de la red de actividades.
d. Todas las opciones son incorrectas.

**6. ¿Cuál es el objetivo principal del método PERT?**

a. Optimizar el tiempo de ejecución del proyecto.
b. Optimizar los costes.
c. Optimizar los costes y el control de la ejecución.
d. Todas las opciones son incorrectas.

**7. Complete el siguiente texto.**

Para realizar el procedimiento de estimación del proyecto se puede recurrir al ____ ______________________________ externos o internos a la empresa y recopilar toda la información basada en la ______________ ______________ realizados con anterioridad.

**8. ¿En qué consiste la estimación en la asignación de recursos?**

______________________________________________

______________________________________________

9. ¿Qué dos tipos de recursos deben tenerse en cuenta dentro del proyecto? ¿En qué consiste cada uno de ellos?

10. ¿Qué es una hoja de estimación de recursos y una matriz de recursos?

11. Indique los tipos de documentos que se pueden realizar para llevar a cabo la estimación de costes de un proyecto de red telemática.

12. Indique el objetivo de la programación de un proyecto.

**13. Relacione cada coste con su grupo según el tipo de coste.**

a. Humanos.
b. Material.
c. Equipamiento.
d. Costes indirectos.

__ Viajes de comercialización del proyecto.
__ Ingeniero de telecomunicaciones.
__ Alquiler de un equipo de pruebas.
__ Cable de red UTP.

**14. Indique cuál de las siguientes afirmaciones es verdadera o falsa.**

a. El límite inferior en la relación duración-coste indica que asignando más recursos se seguirá disminuyendo la duración de actividades del proyecto.

☐ Verdadero
☐ Falso

b. El límite superior indica que por mucho que se alargue la duración de la actividad es necesario asignar unos recursos mínimos.

☐ Verdadero
☐ Falso

c. Los costes directos de mano de obra se determinan multiplicando los salarios de cada trabajador por el tiempo que se espera dediquen a la actividad del proyecto.

☐ Verdadero
☐ Falso

**15. ¿Qué tipos de ajustes se pueden realizar dentro del proyecto de implantación de una red telemática?**

______________________________
______________________________
______________________________
______________________________

# Bibliografía

## Monografías


- CASTRO Gil, M. A.: *Sistemas de Cableado Estructurado.* Madrid: Editorial Ra-Ma, 2006.

- DORDOIGNE, J.: *Redes informáticas Nociones Fundamentales.* Barcelona: Editorial ENI, 2022.

- PROJECT MANAGEMENT INSTITUTE (PMI): *Guía de los fundamentos para la dirección de proyectos (Guía del PMBOK).* 2021.

- PROJECT MANAGEMENT INSTITUTE (PMI): *Project Management body of knowledge (PMBOK guide).* Global Standard, 2021.

- VV. AA.: *Redes locales.* Madrid: Editorial Paraninfo, 2020.

- VV. AA.: *Infraestructuras comunes de telecomunicaciones en viviendas y edificios.* Madrid: Editorial Editex, 2019.


## Legislación


- Orden ICT/1644/2011: Reglamento regulador de las infraestructuras comunes de telecomunicaciones para el acceso a los servicios de telecomunicación en el interior de las edificaciones, aprobado por el Real Decreto 346/2011.

- Real Decreto 346/2011: Reglamento regulador de las infraestructuras comunes de telecomunicaciones.

- Orden ICT/1142/2010: Reglamento regulador de la actividad de instalación y mantenimiento de equipos y sistemas de telecomunicación. Instalador tipo F.

- Norma UNE-EN 50173-1:2018: Tecnología de la información. Sistemas de cableado genérico.

- Norma UNE-EN 50174-3:2013/A1:2017: Tecnología de la información. Instalación del cableado. Métodos de planificación de la instalación en el exterior de los edificios.

- Norma UNE-EN 50086-1:2008: Sistemas de tubos para la conducción de cables.

- Norma UNE-EN 50174-1:2018: Tecnología de la información. Instalación del cableado. Especificación y aseguramiento de la calidad.

- Norma UNE-EN 50174-2:2018: Tecnología de la información. Instalación del cableado. Métodos de planificación de la instalación en el interior de los edificios.

- Norma UNE-EN 50085-1:2006: Sistemas de canales para cables y sistemas de conductos cerrados de sección no circular para instalaciones eléctricas".

- Norma UNE-EN 61357:2007: Sistemas de bandejas y de bandejas de escalera para la conducción de cables.

- Norma de construcción comercial EIA/TIA-569-A para espacios y recorridos de telecomunicaciones.

- Norma TIA/EIA-568-0-D, estándar ANSI/TIA/EIA-568-0-D para el cableado comercial para productos y servicios de telecomunicaciones.

- Norma UNE 157001:2014: Criterios generales para la elaboración de proyectos.

## Textos electrónicos, bases de datos y programas informáticos

- Guía para la elaboración de proyectos, de: <https://www.pluralismoyconvivencia.es/upload/19/71/guia_elaboracion_proyectos_c.pdf>.

- Guía para la gestión y la planificación de proyectos, de: <http://whatisprojectmanagement.wordpress.com>.

- Herramientas informáticas para la gestión de proyectos, de: <http://es.scribd.com/doc/104106333/Herramientas-Informaticas-Para-Administracion-de-Proyectos>.

- Manual para administración de proyecto usando PERT y CPM, de: <http://es.scribd.com/doc/29566881/Metodos-PERT-CPM>.

- Manual detallado sobre el uso de diagramas con PERT, de: <https://docs.google.com/document/d/12e3_JwQKaQICz-yOY5Xg4RVgHGPfgTqwlOe_h9vqI/edit?hl=en>.

- Planificación de proyectos, E.P.S La Rábida, Universidad de Huelva, de: <http://www.uhu.es>.